农地流转管理研究

王琳琳 著

图书在版编目(CIP)数据

农地流转管理研究 / 王琳琳著. —北京：商务印书馆，2020
ISBN 978-7-100-19270-5

Ⅰ.①农⋯ Ⅱ.①王⋯ Ⅲ.①农业用地—土地流转—土地管理—研究—中国　Ⅳ.①F321.1

中国版本图书馆 CIP 数据核字(2020)第 255804 号

权利保留，侵权必究。

农地流转管理研究
王琳琳　著

商务印书馆出版
(北京王府井大街36号　邮政编码100710)
商务印书馆发行
苏州市越洋印刷有限公司印刷
ISBN 978-7-100-19270-5

2020年12月第1版　　开本 640×960　1/16
2020年12月第1次印刷　印张 15.5
定价：68.00元

献给我的父亲、母亲

序一

王琳琳博士的《农地流转管理研究》一书即将在商务印书馆出版。在该书即将付梓之际,她希望我写几句话,向读者推荐她的新作。我作为该书付梓前的读者,感觉该书的主题和内容均有较重要的理论和应用价值,确实值得从事这一领域研究的学者一读,特别是值得从事这方面实务工作的人士一读,故将我的尚不成熟的读后感呈上,与各位读者分享。

"民以食为天,地乃国之本。"农村土地"三权分置"、农村土地承包经营权流转既是管理学的重要研究课题,也是法学的重要研究课题。1978年,安徽小岗村的第一份农村土地承包合同,拉开了农村改革序幕。家庭联产承包责任制解放了农村生产力,调动了亿万农民的积极性。在城镇化进程加快、农村产业结构调整和农村劳动力外迁等新形势下,农村土地承包经营权逐渐允许出租、互换、入股,以发展多种形式的适度规模经营。现在,随着《中华人民共和国民法典》的制定,《中华人民共和国土地管理法》和《中华人民共和国农村土地承包法》的修正,农村土地的所有权、承包权和经营权"三权分置"结构以法律形式确定下来。

农村土地制度改革进程中,各地农地流转实践和制度创新生机勃勃,关于农村、农地和农民的研究成果也越来越多。与目前已有的成果比较,王琳琳博士的《农地流转管理研究》一书打破了固有学科边界,在坚持农村土地集体所有权根本地位不变的宪制前提下,以公共管理和行政法视角探讨农地流转中的良法与善治问题。本书提出,农村土地实际是占有、使用、处置、收益等权利集合而成的"权利束",农地流转管理的核心问题实际是政府在农地权利转移中的角色问题,此集中体现了政府作为积极推进者、中立维护者、被动规制者等三类角色，其履行的是服务引导、奖励支持、合同管理、权利登记、协调仲裁、审批管制，即供给并执行制度的职能。很显然，本书对农地流转管理研究的视角、命题、方法和结论在管理学和法学上都有一定创新。

学者应"把论文写在祖国大地上"。本书关注中国"三农"问题的核心，通过历史的、国际的比较分析，发现农地流转中政府角色的多元化和规律性。作者以坚强的意志和勇于探索的精神走入田间地头、深入访谈，获得大量第一手资料，并在此基础上总结当前中国农地流转中政府法定角色和实际角色的差异，分析政府主导型土地流转模式和管理型交易的成因，明确提出需通过"立法先行、政策配套、机构推进"的路径，转变管理模式，完善农地承包经营权流转制度。本书的研究成果，实质是法治政府建设标准"职能科学、权责法定、公开公正、守法诚信"的应用与延伸。在农地流转过程中，正确处理政府与市场、政府与规模经营者、政府与农户之间的关系非常重要。这就要求以法律规范设定政府行为的边界，政府应当依法履行职能，不越位、不错位、不缺位，保障程序正义和信息公开，并设计合适的救济机制。

40多年前，中国的改革自农村发轫。如今，全面深化改革仍激荡在广袤的田野上。农地确权颁证、土地经营权有序流转，处理好农民与土地的关系是当前农村改革的主线。这特别需要在农地流转中尊重农户意愿，注重公正公平、突出效率，正确定位并发挥好政府职能，真正让农民在农地流转中获得最大红利。

《农地流转管理研究》一书的出版发行，对于我们更全面、更深入地理解与思考中国农地流转中的良法与善治问题无疑将大有助益。

是为序。

姜明安

2020年9月3日

序二

《农地流转管理研究》即将出版,中国"三农"研究多了一本好书。出于角色职责,我有幸作为书稿的第一读者,并见证了作者十年心路历程。

一本好的社会科学著作,要有中国的问题意识和世界眼光,立足中国,提出、解释和解决中国问题,把作品写在中国的大地上。

《农地流转管理研究》是一本写在中国大地上的好著作。

该书从新的视角提出了中国问题。农民、农村和农业是国家的根本,核心是土地问题,关键是完善农地产权结构和政府治理模式。在保持现有农地所有权性质和"三权分置"的宪制前提下,如何进一步完善农地的产权结构、流转程序,及合理规范政府在其中的角色,促进形成最佳的农地资源配置形式和公平合理的分配机制,以达到最优的经济、政治和社会效益,是精准解决中国农地问题,促进国家"三农"治理体系和治理能力现代化的重要任务。

该书用新的理论解释中国问题。中国农地流转没有实现最大化目标,重要的原因是制度设计与政府角色的缺位和错位,导致农地流转中政府的应然角色和实然角色出现差异,形成政府主导型流转和管理型交易。通过引入公共选择理论和权利束理论发现,在既定的约束条件下,造成差异的主要原因是地方政府追求预算最大化、政府间竞争和官员的个体计算。

该书用新的方案解决中国问题。建立和完善农地流转良法体系,推动《中华人民共和国宪法》《中华人民共和国土地管理法》《中华人民共和国农村土地承包法》等相关法律进行增修,提出制定"农村土地承包经营权流转条例",以进一步完善土地产权结构和流转程序,构建公平、有效的农地流转体系。合理规范政府作为规则制定者、市场协调者和流转服务者的角色与治理结构。

为完成上述三项任务,本书对相关理论和素材驾轻就熟,特别对中国、日本、韩国、英国和美国农地流转的法律体系进行了清晰的描述与比较。

一本好书出自一位好的作者。王琳琳博士生在都市、心系田园,有一颗美丽的心灵和一个有趣的灵魂。文如其人,我的评价是否客观,请读者阅读审视。

包万超

2020 年 9 月 29 日

目 录

绪 论 1
 第一节 问题的提出 1
 第二节 研究回顾 2
 第三节 本书结构 11

第一章 理论框架：基于权利束的政府角色探讨 19
 第一节 权利束理论与农地流转 19
 第二节 政府角色研究的两个视角 32

第二章 农地权利束框架下政府角色的历史考察 43
 第一节 中国古代农地权利束结构与政府角色变迁 43
 第二节 民国时期农地权利束结构与政府角色变迁 52
 第三节 中华人民共和国成立以来农地制度与权利束结构变迁 54

第三章 农村土地承包经营权流转现状与政府法定角色分析 79
 第一节 农地流转现状分析 79
 第二节 农地流转过程中的政府法定角色 90
 第三节 农户流转决策中的政府因素：基于Logistic模型的分析 99

第四章 农村土地承包经营权流转中的政府实际角色：以山东省X县为例 111
 第一节 山东省X县农地流转现状 112

第二节　山东省 X 县农地流转的主要特征　　131
　　第三节　农地流转中政府实际角色与法定角色的差异及
　　　　　　成因分析　　144

第五章　农地流转中政府角色的国际比较研究　　155
　　第一节　日本农地流转中的政府角色分析　　155
　　第二节　韩国农地流转中的政府角色分析　　170
　　第三节　英国农地流转中的政府角色分析　　179
　　第四节　美国农地流转中的政府角色分析　　187

第六章　立法与政策建议　　199
　　第一节　立法先行：作为规则制定者的政府　　199
　　第二节　政策配套：作为市场协调者的政府　　209
　　第三节　机构推进：作为流转服务者的政府　　215

结　论　　219
参考文献　　221
后　记　　233

绪 论

本章主要介绍全书的研究问题,在综述已有研究文献的基础上,提出本书的核心命题,围绕这一命题界定相关概念,说明研究方法和研究框架。

第一节 问题的提出

"守夜人""保姆""服务者""掌舵者""裁判员"……自政府诞生之日起,关于其角色的争论从未停歇。新古典主义经济学和凯恩斯主义经济学将政府的经济职能分为两个极端,前者认为"管得最少的政府就是最好的政府",政府只需尽到"守夜人"的职责,由"看不见的手"支配市场;后者则在经济危机环境下,提倡由"看得见的手"解决"市场失灵"问题。随着行政权力扩张,行政国家出现,政府又履行起"从摇篮到坟墓"的保姆式职能。新公共管理运动、新公共服务、治理理论等新兴的公共行政理论对政府角色的定位层出不穷,令人眼花缭乱。

中国农耕史源远流长。作为传统农业大国,农业和农地等一直是统治者关注的焦点,政府行使职能的重要领域。"民以食为天,地乃国之本。"从"井田制"到"初税亩",从商鞅变法到管仲"相地而衰征",土地制度自古就是王朝统治的命脉,中国古代王朝多因土地而兴,又多因土地而亡。改革开放后,政府将"三农"问题作为工作的重中之重,2018年中央一号文件《中共中央 国务院关于实施乡村振兴战略的意见》(以下简称《乡村振兴意见》)提出:"农业农村农民问题是关系国计民生的根本性问题。没有农业农村的现代化,就没有国家的现代化。"农地制度是"农业农村现代化"的根本基础,也是解决"三农"问题的关键。于是,我们不禁要问,在影响政权稳定和国家发展的农地治理领域,当今政府扮演着何种角色?又应履行哪些职能?

特别是,在城镇化进程加快、农村产业结构调整和农村劳动力外迁等新形势下,农地经营低效甚至闲置,造成土地资源浪费;家庭联产承包责任制造成的细碎化生产阻碍了农业规模经营,难以适应现代农业的发展。针对这一情况,党的十七届三中全会决定指出,"允许农民以转包、出租、互换、转让、股份合作等形式流转土地承包经营权,发展多种形式的适度规模经营"。党的十八届三中全会决定进一步明确"鼓励承包经营权流转"。党的十九大报告指出,"深化农村土地制度改革,完善承包地三权分置制度,发展多种形式适度规模经营"。在中央政府的大力支持下,地方政府积极进行探索与试验,创造出形式多样的流转模式和途径,农地流转成为整部"农村土地制度改革"的序曲。

农村土地承包经营权流转,绝不仅是土地标的物的变动,而是农地蕴含的各种权利,尤其是财产权利的转移。借鉴法学和经济学的研究思路,可以将农地比喻为占有、使用、处置、收益等权利集合而成的"权利束"。于是,在权利束框架下,上述关于政府角色的追问可以进一步细化为农地权利束转移过程中,政府的作用、职能、权力界限及行为方式是什么?政府的角色是单一的,还是集合的,形成特定角色的动力机制是什么?以及应当如何改进当前政府角色,推进农村土地承包经营权依法、自愿和有偿流转?本书希望通过历史、规范、实证和空间比较分析,为回答并实际解决上述问题提供途径。

第二节 研究回顾

近年来随着中央大力鼓励农村土地承包经营权流转,国内经济、社会、法律、政治等专家学者,对这一领域给予了高度关注。国外学者虽较少聚焦中国农村土地承包经营权流转问题,但农地产权结构、土地及土地权利一直是经济学家、社会学家研究的兴趣所在。现有研究争论的核心问题主要有三类：第一，关于农地流转与政府关系的探讨，即农地承包经营权流转的性质，以及政府是否应当介入农村土地承包经营权流转；第二，关于政府在农村土地承包经营权流转中角色与作用的探讨；第三，关于其他制度设计对农村土地承包经营权流转的影响。

一、农地流转与政府干预

土地一方面是最重要的财产之一，另一方面又具有外部性，是关系到国家安全稳定的战略资源。与凯恩斯主义经济学和自由主义经济学的世纪之争相似，关心土地治理的学者们一直为政府是否应当介入土地交易市场而争论不休，形成两派比较鲜明的观点：一派赞同政府应积极介入农地流转市场；另一派则支持农地流转应遵循市场规律，由市场进行调节。

赞同政府应积极介入农地流转市场的学者认为，通过法律、政策、相应的登记和公告代理机构等正式制度保护和实现产权的价值，实现农地流转市场权利交换功能。[1] 只有政府而不是市场才能将农地所有关系，以及所有权中包含的各种权利界定清楚。[2] 戴宁格（Klaus Deininger）在 *Agricultural and Rural Development: Land Governance Assessment Framework* 一书中，深入讨论了为什么要建立土地治理系统，以及公共部门在土地治理系统中的作用。戴宁格认为，当今全球化趋势要求必须加强公共部门对土地的治理，出于以下几个原因：第一，其他商品不定期的波动，为投资农地或城市土地提供了动机。特别是城市和城市郊区的人口快速增长，使得有效界定和保护土地资源更为紧迫。第二，妥善利用土地规划及土地信息和地理信息工具，可以帮助政府缓和因气候变化带来的环境灾难。第三，只有给相

---

[1] G.Feder, D.Feeny, "The Theory of Land Tenure and Property Rights", *World Bank Economic Review*, vol.5(1993), pp.35－153.

[2] Matthew Gorton, "Agricultural Land Reform in Moldova", *Land Use Policy*, vol.7(2001), pp.269－279.

应土地权利者提供良好的保护,他们才能真正在实践操作层面为减少森林破坏和面积缩减有所作为。

中国几千年的历史经验表明,国家关于农地治理呈现严控与放松规律性的反复与循环。正如麦克米伦(Macmillan)所言,为防止土地进行公开买卖后出现的土地过度集中和动荡,政府需要干预市场以弥补缺陷。[①] 有学者认为,中国的农地流转市场仍然处于发展初级阶段,需要政府积极培育和建设农地流转市场。[②] 政府是流转制度的主要供给者,特别是中国改革开放路径证明,地方政府往往是创新农地流转制度的中坚力量。[③] 特别是农地流转市场起步晚、发育迟缓,如希望解决市场机制中的缺陷,必须借助政府的力量。政府需要利用政策法规等手段,制定正当流转程序,妥善处理流转中的纠纷问题,同时,加强对农地流转的监督。[④]

不赞成政府过多介入或不介入农地流转市场的学者认为,政府的干预行为将极大提升市场交易成本,使得市场效率降低。张五常在著名的《佃农理论》中就曾将政府制度安排等作为变量,考察农地中的契约行为。结果发现,没有政府制度安排时,交易费用将会对双方合约行为,以及风险金分配等有所影响。政府制度安排,又会影响交易费用的设定。[⑤] 具体来看,政府干预行为,例如制定流转的一些强制性制度安排,将从宏观层面和微观层面影响交易费用的设定。宏观层面是指制度或体制运行出现的交易费用,在不同的制度安排下,金额有所不同;微观层面是指技术或劳务标准引起的交易费用变化。[⑥]

[①] Macmillan D. C., "An Economic Case for Land Reform", *Land Use Policy*, vol.17 (2000), pp.49 - 57.

[②] 叶剑平、蒋妍、丰雷:《中国农村土地流转市场的调查研究——基于2005年17省调查的分析和建议》,《中国农村观察》2006年第4期,第36—48页。

[③] 王锦民:《浅析制约农村土地流转的因素及对策》,《农村经济》2009年第12期,第25—26页。

[④] 冷小杰:《农用土地流转中存在的问题及对策研究》,《平原大学学报》2005年第12期,第54—56页。

[⑤] Steven N. S. Cheung, *The Theory of Share Tenacy*, Beijing: China CITIC Press, 2010, pp.30 - 37.

[⑥] 朱巧玲:《寻租理论:产权理论的一个扩展——兼论新产权理论的构架及其现实意义》,《中南财经政法大学学报》2006年第4期,第12—17页。

依照政府是否介入农地流转市场,可以将流转方式分为直接流转和间接流转,又称为"直流式"和"间流式"。"直流式"是纯粹的市场行为,在出让方和受让方之间进行;"间流式"则有行政力量的干预,可能为地方政府和村集体寻租提供空间。① 而政府的税收政策、国家的制度因素均有可能阻碍农地流转进行。宋亚平经过对湖北省农村土地流转现状的调查认为,当前中国推行的农地流转模式,是以政府为主导的运动式经营行动,政府在流转中处于主导地位,依法、自愿和有偿的农地流转原则难以被贯彻实施,这一方式不适合当前中国国情。政府可能会出于政治、经济等追求盲目推进,应当重新思考政府的介入方式和农地规模经营战略。②

二、农地流转中政府的角色与作用

关于农地承包经营权流转中政府角色的讨论,总是被限定在农地流转应由市场主导,还是应由政府介入的框架之中。自由主义经济学派"守夜人"政府的主张,提倡给予经济活动最大限度的自由,由"看不见的手"支配市场,管得最少的政府就是最好的政府。20世纪30年代经济大危机之后,凯恩斯等经济学家倡导国家干预论,之后进一步发展成为新凯恩斯主义经济学。③ 青木昌彦通过研究东亚国家的发展模式,跳出政府与市场间的二元分割,提出"市场增进论"(market-enhancing view)的观点。从比较制度分析的基本前提来看,每一个经济都可以被视为相互依存的制度共同组合在一起的系统。在这一系统中,政府与市场不是相互排斥的替代物,而是整个经济体系的内在参与者。政府的功能是帮助民间部门进行制度发展、培育民间部门协调秩序,即帮助经济系统内的其他制度因素协调经济。④ 与市场增

---

① 邹伟、吴群:《基于交易成本分析的农用地内部流转对策研究》,《农村经济》2006年第12期,第41—43页。
② 宋亚平:《"祸兮福之所倚,福兮祸之所伏"——政府主导下的农村土地流转调查》,《研究报告》,北京大学中国与世界研究中心,2012年11月,第44—45页。
③ 张国庆:《公共行政学(第三版)》,北京大学出版社,2007年,第78—79页。
④ Masahiko Aoki, Hyung-Ki Kim and Masahiro Okuno-Fujiwara, *The Role of Government in East Asian Economic Development*, Oxford: Clarendon Press, 1977, pp.1 - 35.

进论类似,20世纪80年代后期新兴的治理理念,也将政府置于多元自主治理体系中,认为政府同市场、公共部门、私人部门具有平等的地位,都是治理行为主体。各个行为主体之间存在着权力依赖[①],政府不再是最高权威,与其他的主体是"同辈"关系。随着治理网络中其他主体的成长与扩张,政府最多可以作为"同辈中的长者"[②],解决各个主体之间"协调失灵"的问题,保障整个治理网络的运行。

具体到农地流转领域,有学者认为,地方政府首先应当承担起农地流转过程中的道德责任,做到遵守国家法律法规、公平分配流转土地的收益,诚实守信和按照当地情况进行流转,不强制流转。[③] 政府履行其道德责任时,需要协调好不同层级政府之间的利益分配,以实现公共利益为最高目标;同时需要协调好土地流转的政策目标,政府作为"守夜人",最关键的是依靠市场手段达成政策愿景,保护农民合法土地权利。[④] 根据政府在土地流转中的行为性质,郎佩娟将农地流转中的政府行为分为三类:抽象行为、具体行为、服务与指导行为。[⑤] 其中,抽象行为是政府制定农地流转的政策与法律;具体行为是政府在农地流转中的实际管理过程,例如日本和韩国的流转管制制度等;服务与指导行为则是政府构建土地流转平台、规范流转程序等。汤玉权进一步丰富了不同行为的具体内容,认为乡镇政府在具体行为方面肩负培训村干部和农民,维护农民土地流转利益的职责,应当邀请专家进行土地流转相关法律的普法教育;在服务和指导方面负有建立流转中介、监管流转土地使用和村干部行为的责任。同时,村委会需要尊重和发展土地流转方面的权益、监督流转和组织流转。他赞同由村委会作为主体进行"反租倒包",由村委会将从农民手中租

---

① Gerry Stoker, "Governance as Theory: Five Proposition", *International Social Science Journal*, vol.155(1998), pp.17-28.
② Bob Jessop, "The Rise of Governance and the Risks of Failure: the Case of Economic Development", *International Social Science Journal*, vol.155(1998), pp.29-45.
③ 徐黎明、李虎成:《土地流转中地方政府的道德责任》,《理论前沿》2009年第16期,第21—23页。
④ 陈敏:《土地流转中的政府责任思考》,《农村经济》2010年第8期,第37—39页。
⑤ 郎佩娟:《农村土地流转中的深层问题与政府行为》,《国家行政学院学报》2010年第1期,第28—32页。

赁的土地再次流转给其他主体。①

戴宁格通过对农地治理中政府角色的研究,建立了"LGAF"(Land Governance Assessment Framework)土地治理评估框架,提出政府应当在五个主题、二十一个指标、八十个维度中发挥作用。五个主题分别是:法律和制度框架,土地使用规划、管理和税收,公共土地的管理,土地信息的提供,土地纠纷解决机制。从这几个主题的划分中可以发现,戴宁格认为,对公共和私人土地等权利界定,树立明确、公正、惠及公众的土地利益管制条例,确立公开、透明的公共土地认证和管制系统,完整有效地提供土地产权权属信息,设置合理的土地纠纷解决机制是政府等其他公共部门应该承担和处理的土地治理任务。②

政府多个角色中,国内研究者对地方政府在农地流转市场中的服务角色关注较多,强调政府应当着手建立和完善农地流转市场交易平台。流转服务完善后,有助于降低交易成本、打破地理界线,弥合市场机制的不同。③ 但是,中国当前农地流转市场发展还极为欠缺。农地流转中介机构匮乏,导致流转双方信息不对称,难以实现农村土地资源的优化配置。④ 现行农村土地流转制度中,迫切需要法律咨询、资产评估、保险、信托等服务⑤,特别是需要建立值得让农地流转双方信任的组织,以实现农地流转高效进行⑥。

政府介入农地流转动机方面。农户、政府、村委会和流入方是农地流转的主要参与者。正如魏昂德(Walder)所言,在分税制背景下,

---

① 汤玉权:《农村土地流转中的乡村责任》,《安徽农业科学》2012年第3期,第11873—11875、11912页。
② Klaus Deininger, *Agriculture and Rural Development: Land Governance Assessment Framework*, World Bank Publications, 2011, p.57.
③ 刘国超:《农户土地承包经营权流转问题研究》,《华中师范大学研究生学报》2006年第1期,第129—132页;刘克春、苏为华:《农户资源禀赋、交易费用与农户农地使用权流转行为——基于江西省农户调查》,《统计研究》2006年第5期,第73—77页。
④ 杨国玉:《农村土地使用权流转理论与实践的思考》,《经济问题》2003年第11期,第44—47页。
⑤ 王继权:《试论农村土地经营权流转市场与中介组织建设》,《贵州财经学院学报》2003年第3期,第14—16页。
⑥ 吴郁玲、曲福田:《土地流转的制度经济学分析》,《农村经济》2006年第1期,第24—26页。

几乎地方政府的所有行动都是为了获得更大的财政收益。[1] 推进农地流转也是为了发展经济、提高税收,通过农地流转发展除粮棉种植外的优势产业,从而获得可观的税收。伍振军运用经济学分析方法建立地方政府目标函数,认为在流转市场完善(M 模式)、流转市场初步建立(M¯ 模式)、流转市场尚未建立(S⁺ 模式)和无流转市场(S 模式)等模式下,政府推动农地流转的动机各异,但总体上是在经济发展、政绩和税收等目标的推动下,鼓励农地流转。[2] 具体来看,在 M 模式下,政府主要以促进经济发展为目标推动农地流转,并会给予流转双方较高的奖励;在 M¯ 模式和 S⁺ 模式下,政府为了增加政绩,发展高效农业以增加税收;在 S 模式下,农地流转对推动当即经济发展和提高政府政绩作用有限,政府不会采取激励措施。村集体作为农地流转的直接介入者和一级流入方,在农地流转中可以获得政府奖励,以及协调费等经济利益。[3]

除绩效、财政收益等考量外,推进土地流转能够促进农地规模经营,降低农业生产成本、提高农业生产效率;有助于减少城市和农村收入差距,促进整个社会稳定。速水佑次郎在对比研究 21 个发达国家与 22 个欠发达国家的土地经营规模时发现,土地经营规模率越高的国家,农业生产效率也越高。土地规模经营可以解释 25% 的生产效率差异。[4] 针对中国的实证研究也发现,扩大农村土地经营规模,能够激发农业生产的潜在效率。[5]

---

[1] Andrew G. Walder, "Local Governments as Industrial Firms: An Organizational Analysis of China's Transitional Economy", *The American Journal of Sociology*, vol.101(1995), pp.263 - 301.
[2] 伍振军、张云华、孔祥志:《交易费用、政府行为和模式比较:中国土地承包经营权流转实证研究》,《中国软科学》2011 年第 14 期,第 175—183 页。
[3] 王俊沣、伍振军:《农地流转的市场模式与参与方动机解析》,《改革》2011 年第 2 期,第 77—83 页。
[4] 速水佑次郎、弗农·拉坦著,郭熙保等译:《农业发展的国际分析》,中国社会科学出版社,2000 年,第 183—185 页。
[5] Wang Jirong, Gail L. & Cramer E.J., "Production Efficiency of Chinese Agriculture: Evidence from Rural Household Datas", *Agriculture Economics*, vol. 15 (1996), pp.17 - 28.

三、农地流转与政府相关制度的探讨

产权制度和产权稳定性、政府流转补贴等相关制度均会对农户的流转决策产生影响。产权制度方面,科斯、德姆塞茨、阿尔钦等均强调,产权制度和产权的稳定性与农地产权交易之间有或紧或松的关系。著名的"科斯定理"指出,如果交易成本不为零,则不同的产权制度将产生不同的资源配置安排。产权学派研究发现,产权越稳定、越完整的制度下,土地投资越高,并且利用效率越高。但是如果产权结构受到制约和限制,则会提升整个农地市场交易费用,导致低交换效率。①

国外学者关注稳定的私有产权,特别是俄罗斯、印度等土地产权制度改革后,对农地交易的影响。俄罗斯于20世纪90年代实行了土地私有化改革,产权私有后,农地流转交易十分活跃。1995年流转交易的土地占土地总面积的25%,到2000年,又增加了25%,其中私有土地交易大约占到总交易量的42%。② 捷克与斯洛伐克虽然也进行了土地产权制度改革,但是效果并不明显。由于行政权力仍然对农地流转制度进行干预,使得20世纪90年代,捷克与斯洛伐克成为中欧农地交易率最低的地区。③ 20世纪70年代,印度也进行了农地改革,将农地分给少地农民,并通过登记制度和交易制度帮助农民确权,经农地交易实现收益。与农地买卖市场相比,农地租赁市场更为活跃,20%的农户通过登记成为佃农,租种农地。

政府奖励补贴农地流转是地方政府推进流转的典型手段。广东通过财税支持④、江苏根据面积实行一次性奖励⑤、上海对家庭农场

---

① Demsetz Alchian, "Property Right Paradigm", *Journal of Economic History*, vol.33, no.3(1973), pp.16-27.
② S.K. Wegern, "Why Rural Russians Participate in the Land Market: Socio-economic Factors", *Post Communist Economics*, vol.15, no.4(2003), pp.483-501.
③ Joshua M. Duke, Eleonora Marisova and etc, "Price Repression in the Slovak Agricultural Land Market", *Land Use Policy*, vol.21(2004), pp.59-69.
④ 吴霞:《广东财税支持农村土地流转的方法研究》,《安徽农业科学》2010年第25期,第14085—14088页。
⑤ 黄晓平、李建平、黄中茂:《创新财政投入机制推进农村土地流转》,《中国财政》2008年第6期,第47—48页。

进行扶持[1],有效扩大了农地承包经营的规模。从各地政府补贴的类型看,可分为直接财政补贴和财税支持补贴。在规定的流转面积、期限等条件约束下,直接补贴奖励符合以上条件的流转行为;间接补贴则是通过鼓励基础设施建设、贷款贴息、税收补贴等政策推进农地流转。[2]

有学者通过模拟流转补贴前后的供求曲线变动,以及四川省崇州市的实地案例发现,政府流转补贴导致了以下效果:第一,有效提高农村的土地规模经营程度和租金收入;第二,降低大规模转入者的出租成本,可能增加小规模经营者的转入成本,产生"提出效应";第三,降低大规模土地转入者的边际生产率。[3]虽然政府补贴能够在一定程度上达到促进规模经营的目的,但是目前各地方政府补贴的方式、额度等暴露出支持对象和形式单一等问题。[4] 奖励补贴与流转的发展不匹配,实际规模经营者与流转补贴获得者不一致[5];没能鼓励农地经营者增加投资,不利于流转后农业生产效率的提高。可以采用二次财政补贴、多种补贴形式混合补贴农业基础设施建设,并且纠正农业补贴过度。[6]

总的来看,土地作为人类最基本的生产资料和最重要的自然资源之一,与政治体制、社会结构、经济体系等根本问题息息相关,一直是各领域学者研究的重点。总结上述研究成果发现,关于农村土地承包经营流转中政府角色的探讨,以经济学和社会学研究较多,从行政学领域探讨的较少;以土地有形实体物作为讨论对象的较多,关注农地蕴含权利和权利流转的较少;关注政府介入对市场交易成本等

---

[1] 马志远、孟金卓、韩一宾:《地方政府土地流转补贴政策反思》,《财政研究》2011年第3期,第11—14页。
[2][3] 黄祥芳、陈建成、陈训波:《地方政府土地流转补贴政策分析及完善措施》,《西北农林科技大学学报(社会科学版)》2014年第2期,第1—6页。
[4] 吴霞:《广东财税支持农村土地流转的方法研究》,《安徽农业科学》2010年第25期,第14085—14088页。
[5] 冯锋:《基于土地流转市场的农业补贴政策研究》,《农业经济问题》2009年第7期,第22—25页。
[6] 肖大伟:《关于实施土地流转补贴政策的研究》,《中国土地科学》2012年第12期,第11—14页。

经济学分析的较多,探讨政府干预行为动机的较少;聚焦政府抽象行为描述的较多,从实证角度观察政府真实角色的较少。因此,本书主要从行政学,结合法学和经济学理论,以农村土地"权利束"为研究框架,探讨政府在农地流转过程中的角色和治理权利束的作用,具有一定的理论意义和实践价值。

第三节 本书结构

一、本书的命题

农民、农村和农业是国家的根本,核心是土地问题,关键是完善农地产权结构和政府治理模式。在保持现有农地所有权性质和家庭经营主导方式的前提下,如何进一步完善农地产权结构、流转程序及合理规范政府在其中的角色,是完善有效率的农地资源配置形式和公平的土地财富分配机制的重大课题。本书以财产权的"权利束"隐喻作为研究的逻辑起点,将农地视为其承载的占有、使用、处置和收益等权利的集合,将农村土地承包经营权流转视为农地全部或部分权利转移的过程,从整体的公共利益视角和个体的经济人视角,探讨政府在农地承包经营权一项或多项权利转移过程中的角色与动机。

本书从国情出发,基于历史和空间比较研究,试图提出和论证这样一个基本命题:在保持中国农地产权归属与使用属性基本稳定的前提下,基于权利束理论对中国农地的产权结构和流转程序进行调整和完善,并基于不同的权利形式和流转程序,合理规范政府作为规则设计者与制定者、流转市场协调者和维护者,以及流转服务者的角色与治理结构,以促进最佳的农地资源配置形式和公平合理的分配机制,达到最优的经济、政治和社会效益。

研究上述命题,需要澄清几个概念:一是农村土地承包经营权,二是农村土地承包经营权流转,三是政府角色及政府一词所涉及的范围与边界。

（一）农村土地承包经营权

《中华人民共和国农村土地承包法》第一章第二条中明确规定："本法所称农村土地，是指农民集体所有和国家所有依法由农民集体使用的耕地、林地、草地，以及其他依法用于农业的土地。"但是《中华人民共和国土地管理法》第四条规定，土地按照用途可分为农用地、建设用地和未利用地。按照这一分类，"农村土地"也应包括以上三类，但是《中华人民共和国农村土地承包法》强调农村土地的农业用途，只包括土地用途分类中的农用地。根据《中华人民共和国宪法》第八条，农村集体经济组织实行家庭承包经营为基础，统分结合的双层经营体制。

农村土地承包经营权是承包者所有的独立用益物权，主要通过两种方式进行承包。一是，适合家庭承包方式的已开垦土地，由村集体经济组织、村民委员会和村民小组等发包方发包给本集体成员。根据《中华人民共和国土地管理法》第十三条，承包经营权以成员权为前提，即只有本集体经济组织的成员才有权承包经营集体所有土地，进行种植业、林业、畜牧业等生产活动。特殊情况下，《中华人民共和国农村土地承包法》第五十二条规定，"发包方将农村土地发包给本集体经济组织以外的单位或者个人承包，应当事先经本集体经济组织成员的村民会议三分之二以上成员或者三分之二以上村民代表的同意，并报乡（镇）人民政府批准"。由于这种情形出现较少，本书主要探讨本集体经济组织内成员承包经营农村土地的情况。值得注意的是，虽然党的十七届三中全会决定中提出农地承包经营权长久不变，但在法律规范中仍未改变承包期限。《中华人民共和国民法典》第三百三十二条规定承包期限耕地为三十年，草地为三十至五十年，林地为三十至七十年。

第二种承包方式是通过招标、拍卖、公开协商等途径，承包荒山、荒沟、荒丘和荒滩等"四荒"土地。《中华人民共和国土地承包法》第四十九条规定，"当事人的权利和义务、承包期限等，由双方协商确定"。此类承包不限于本集体成员，也包括外来竞争者。但是在同等条件下，本集体经济组织成员有权优先承包。

本书研究主要关注第一种承包方式中的本集体成员承包。因此,将农村土地承包经营权定义为:以集体成员权为前提,集体经济组织、村民委员会或者村民小组作为发包方,将农民集体所有的农业生产用地发包给本集体成员后产生的,具有一定期限、以承包经营权证作为权利证明、受土地承包经营权人直接支配的权利。

(二) 农村土地承包经营权流转

关于农村土地承包经营权流转的界定,有众多不同的观点。丁关良认为,农村土地承包经营权流转是在不改变农村土地所有权权属性质、主体种类以及农村土地用途的基础上,原承包方(流出方)依法将物权性质的土地承包经营权等权利转移给他人的行为。[1] 黄河等则强调,承包经营权流转转移的是农村土地承包经营权及其上的各种负担,是转让、转包等法律行为的总称。[2]

延续上文定义农村土地承包经营权的思路,根据农村土地承包经营权获得的途径不同,农村土地承包经营权流转也可分为两部分。一是适合家庭承包,由本集体成员承包的农地进行流转;二是"四荒"土地承包经营权的流转。正如上文对"农村土地承包经营权"的分析,"农村土地"专指用于农业的土地。所以农村土地承包经营权流转,又可简称为"农地流转"。在本书中,这两个短语相互替代,无内涵和外延的差别。蒋月等认为,流转家庭承包经营土地是物权转移行为;流转其他方式土地经营权是债权转移行为。[3]

《中华人民共和国农村土地承包法》第三十八条规定,土地经营权流转应当遵循以下原则:第一,依法、自愿、有偿,任何组织和个人不得强迫或者阻碍土地经营权流转;第二,不得改变土地所有权的性质和土地的农业用途,不得破坏农业综合生产能力和农业生态环境;第三,流转期限不得超过承包期的剩余期限;第四,受让方须有农业

---

[1] 丁关良:《农村土地承包经营权的法律思考》,《中国农村经济》2003年第10期,第17—23页。
[2] 黄河等:《农业法视野中的土地承包经营权流转法制保障研究》,中国政法大学出版社,2007年,第1页。
[3] 蒋月等:《农村土地承包法实施研究》,法律出版社,2006年,第75页。

经营能力或者资质;第五,在同等条件下,本集体经济组织成员享有优先权。同时《中华人民共和国民法典》第三百三十五条、第三百三十九条和三百四十二条规定,土地承包经营权流转主要有互换、转让、出租、入股、抵押等方式,并强调土地承包经营权所有者自主决定流转方式和流转对象。虽然原《中华人民共和国农村土地承包法》只允许"四荒"土地承包经营权可以抵押,但新修正的《中华人民共和国农村土地承包法》增加第四十七条,承包方以及通过流转获得土地经营权的受让方经承包方同意并向发包方备案后,可以向金融机构融资担保。

流转形式中,出租[①]、入股不涉及承包权的变动,可称为承包权保留型流转;转让和互换涉及承包权变动,可称为承包权移动型流转。根据《中国农村经营管理统计年报》的划分,出租是指农户家庭承包耕地流转中,承包农户将所承包的土地全部或部分租赁给他人从事农业生产的流转形式;转让是指农户家庭承包耕地流转中,承包农户经发包方同意,将承包期内部分或全部土地承包经营权让渡给第三方,由第三方履行相应土地承包合同的权利和义务的流转形式,转让后原土地承包关系自行终止,原承包户承包期内的土地承包经营权部分或全部失去;互换是指承包方之间为各自需要和便于耕种管理,对属于同一集体经济组织的承包块地进行交换,同时交换相应土地承包经营权的流转形式。从上述阐释来看,虽然互换和转让都涉及农村土地承包经营权的变动,但是互换仍然是集体内承包经营权的延续,而转让则是承包经营权的终止,必须经过发包方的同意。

在本书中,农村土地承包经营权流转是指基于集体成员权获得的、适合家庭承包经营的耕地、林地、草地,以及其他依法用于农业的土地,在不改变农地所有权性质和农业用途的基础上,不违背平等、自愿、有偿等原则下,依法经转让、互换、出租、入股等保留承包权或

---

① 根据《2017年中国农村经营管理统计年报》,已将转包并入农地出租进行统计,故此处将二者一起进行解释说明。

不保留承包权方式,将部分或全部承包经营权权能转移给他人的行为。

(三) 政府角色

"角色",最初指电影戏剧等舞台角色,后被社会学家米德(George Herbert Meed)借用到社会心理学的研究之中,重点探讨"自我"与角色之间的关系。之后林顿(Ralph Linton)、戈夫曼等继承和发展,用角色这一概念分析社会舞台的个人行为,以及不同角色组成的社会关系与结构,形成了较为完整的角色理论。社会学对角色的探讨由来已久,但并未形成一致的角色概念。"政府角色"(role of government)是政府人格化的一种表现方式。西方学者在研究政府干预、政府机制、政府与市场关系等领域时,一般将政府角色与政府职能或政府作用相等。[1] 斯蒂格利茨在《政府为什么干预经济》中谈到政府角色问题,但是并没有对政府角色做出明确的定义。在书中之后的论述中,政府角色与政府作用、政府行为相互借用。王邦佐、桑玉成[2]、顾海兵[3]等虽然详细划分了市场经济中的政府规则制定者、秩序维护者、社会服务者等具体角色,但是仍然没有对政府角色做出明确的定义。彭彭在《政府角色论》一书中,将政府角色定义为,与政府的性质、地位、权力、功能、任务等紧密相关,涉及政府的权力界限、功能范围、行为方式等研究内容。

借鉴前人的研究成果,本书认为政府角色是指农村土地承包经营权流转过程中政府行使权力时表现出来的行为、履行的职能,以及产生的作用的总和。政府角色的研究范畴不仅包括狭义的行政权力机关,也包括广义的立法与司法机构。

为合理探讨上述命题,本书采用法规分析方法、实证分析方法和

---

[1] Owen E. Huges, *Public Manengement and Adminsitration: An Introduction*, New York: ST.Martin's Press, 1994, pp.88 - 119.
[2] 王邦佐、桑玉成:《市场经济条件下政府角色的转换》,《上海师范大学学报(哲学社会科学版)》1993年第4期,第14—18页。
[3] 顾海兵:《市场经济中政府角色研究的回顾与展望》,《中国社会科学院研究生院学报》1994年第3期,第14—16页。

比较分析方法进行研究。

法规分析方法。农村土地承包经营权作为静态权利束,主要由《中华人民共和国宪法》《中华人民共和国民法典》《中华人民共和国土地管理法》《中华人民共和国农村土地承包法》等法律和《农村土地承包经营权流转管理办法》《农村土地承包经营纠纷仲裁规则》等部门规章,以及国务院和相关政府部门出台的重要文件,例如每年的中央一号文件和规范有序流转文件等,规定权利束的构成、每个权利支的分属以及权利转移程序等问题。通过法规分析的方法,探讨农村土地承包经营权的本质属性,对法规文本中的政府规范角色进行类别分析,讨论现有农村承包经营权流转法律制度的缺陷并提出解决建议。

实证研究方法。研究过程中,对山东省 X 县农地流转现状以及流转中的政府角色进行了实地访谈和调查。分析地方政府整体和官员个体在动态农地权利束交换中的行为方式及动机。并通过定量研究,借助 CGSS 2010 调查数据,探讨政府行为与农民土地流转决策间的关系。

比较分析方法。对比日本、韩国、美国、英国等农业先进国家农地权利束的构成和农地流转中的政府作用。研究不同政治体制、不同土地产权体系和不同发展阶段下,政府在土地流转管理职能、管理方式和管理手段等方面的差异。为转变政府职能、保护农民土地权益,推进土地规模化经营提供有益的经验或教训。

二、本书的结构

在中央政策的大力推动下,地方政府积极推进农地流转,产生了多种流转模式,但同时也出现了强制流转、管理型流转等问题,特别是在农村土地承包经营权流转过程中,政府缺位、越位和兼做"裁判员和运动员"的现象时有发生。推进农地承包经营权流转,是为了赋予农民更多的财产权利,并由财产权利带来更多的财产性收入。但是政府的不当行为将严重损害农民的合法利益,与农地流转政策意图相悖。另一方面,农地流转由禁止到鼓励,经历了自上而下的强制性制度变迁,市场机制仍不健全。再加上农地与粮食安全、社会稳定息息相关,具有一定的外部性,需要政府提供农地流转制度等公共物品以确定交易原则、规范流转过程。

借助财产权的权利束隐喻,从整体公共利益和公共选择理论视角探讨农地权利束交换的政府角色,主要希望回答以下几个问题:第一,自古以来,中国农地的权利束结构是如何变迁的,其中农地交易中政府的角色是什么,是否有规律可循?第二,中国农地流转现状如何,存在什么问题?法律规范和政府文件中对政府在农村土地承包经营权流转过程中的角色是怎样规定的?政府行为是否会影响农户流转土地的决策?第三,现实世界中,中国地方政府,特别是县及乡镇等基层政府在推动农地流转时起了何种作用,政府的法定的角色与真实角色之间是否有差距?第四,日本、韩国、英国、美国等国家的农地权利束是如何构成的,政府在农地流转中起到了何种作用,形成了何种模式,有哪些值得中国借鉴?第五,基于对前四个问题的回答,政府应该如何通过完善立法、政策和机构,确立适宜农地流转的角色?本书的第二章到第六章尝试分别对上述问题做出回答。

相信对上述问题的回答,将有助于达成农地流转政策的政策目标,在保护农民合法权利的基础上,推进农地权利流转和规模化经营,实现农业生产现代化。同时规范和完善政府行为和角色,对建立清晰明确的农地权利体系、公正高效的农村土地承包经营权流转制度,具有重要的现实和理论意义。

第一章 理论框架：基于权利束的政府角色探讨

本章借鉴法学对财产权和经济学对产权的研究思路，引入权利束理论。从公共利益和个体经济人视角探讨政府行为与动机，构建研究分析的理论工具。

第一节 权利束理论与农地流转

法学和经济学关于财产权、产权的研究争论悠久而漫长。由自然主义下强调的对物权，到实证分析法学家提出财产权的权利束观念，由产权交易中的交易成本、权利束序位转换，到实现效率最大化的产权结构配置，法学家和经济学在财产权与产权的研究领域中辛劳耕耘，成果丰硕。尽管财产权与产权的研究不断推进，但仍未有统一、明确的概念界定产权的边界和内涵。倒是财产权的权利束隐喻，即财产权是由各种权利构成的集束，成为法学探讨财产权和经济学探讨产权的一个较有共识的基础，也为本书研究农地流转中的政府角色问题提供了一个新的切入点。

一、权利束隐喻的演进与内涵

与"理论"这一约束性更强的词汇相比，权利束提出伊始，被视为一种"隐喻"。"权利束"一词最早出现在约翰·刘易斯（John Lewis）关于土地征用权研究的论文中。在探讨土地权利时，他写道："最愚钝的个人都可以知道并了解他拥有某物实际上是有一束权利。"[①]虽然约翰·刘易斯最先提出了权利束这一词汇,但是韦斯利·霍菲尔德(Wesley Hohfeld)[②]才是公认的权利束概念的创造者。他认为权利既可以是物权也可以是请求权,还可以是人与物之间的法律关系。对物关系实际上可以直接描述为若干人权的关系集合,成为"权力—豁免、无权—义务、无资格—责任"等一束法律关系。而且这束权利包含诸多非整体明确的,或者模糊的组成部分。这一表述,被喻为权利束隐喻的雏形。[③]

权利束有两个基本要素,呈现出两种基本形态。基本要素是权利(rights)以及组成权利的"权利支"(sticks of rights)。静态权利束下,各类研究重视权利束中各个权利及权利支的构成,例如所有权以及其包含的具体权能;动态权利束下,关注权利束之间及构成权利束的各个权利支之间的重组与交换。不同政治社会环境下,权利支可能发生新的创设与耦合,从而生成不同的权利束结构。例如,图1-1以所有权为例展示权利束、权利支的组成。以所有权为例,一般情况下所有权可分为占有、使用、处置、收益等不同权利,各个权利又由不同权利支组合而成。在承包经营权流转过程中,原使用权、处置权和收益权依照流转形式,全部或部分转移给他人,形成独立的承包权、

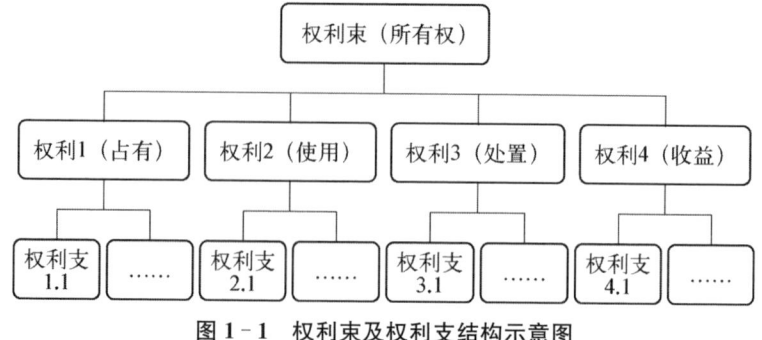

图1-1 权利束及权利支结构示意图

[①] John Lewis, *A Treatise on the Law of Eminent Domain in the United States*, Chicago: Callaghan & Company, 1909, p.43.
[②] Wesley Newcomb Hohfeld, "Some Fundamental Legal Conceptions as Applied in Judicial Reasoning", *Yale Law Journal*, vol. 23(1913), pp.16-59.
[③] Adam Mossoff, "The use and abuse of IP at the Birth of the Administrative State", *University of Pennsylvania Law Review*, vol.157(2009), pp.2001-2050.

经营权等新型权利。如果依照梅里尔(Merrill)的形象比喻,财产权是塞满了各种人性义务使用权的空箱子[1],那么权利束理论不仅关注箱子中都装了哪些权利,也关注箱子与箱子之间、箱子中的权利与权利之间的交换方式和成本。

(一) 静态权利束构成与财产权观念变迁

《世界人权宣言》中写道:"人人有权拥有财产或与别人共有财产。"土地作为最重要的财产权之一,其静态权利束的构成随着财产权观念的演进不断延展。

罗马法是大陆法系的发端,将物分为"有体物"与"无体物"。只有事实存在形态、触觉可感知的土地、奴隶、牛马等有体物才可以被所有形成"所有权"(properietas);无实体存在的"无体物"只可形成其他财产性权利,例如他物权、债权和继承权。[2] 其中所有权是物法中最为核心的概念。所有权指对物最一般的实际主宰或潜在主宰。[3] 所有者可以对属于他的所有权物施行任何权利。这种权利行使充满了无限可能性,难以列举、变化无穷。但从《法学阶梯》的阐释来看,所有权包括使用权、转让权、继承权等。周枏在《罗马法提要》中总结,所有人有权对其物使用、收益和处分,并禁止他人对其物有任何行为。[4] 大多现代意义上的所有权,例如转让权、请求返还权、永佃权等,在罗马法立法者的视线里都无法脱离所有权单独存在。仿佛所有权是拴着很多个弹力小球的盒子,这些权利作为小球可以弹出很远,但一旦相关权利转让或者关系终止,还是要"当然地"(ipso iure)回到盒子中来。即使所有的小球都已弹出,只要还拥有盒子就拥有所有权。现代学者称之为"所有权的弹性"[5]。所有权的盒子是绝对的,表现为在一物一权原则下,对物完整的、全面的、不可分割的所

---

[1] Thomas W. Merrill & Henry E. Smith, "What Happened to Property in Law and Economics?", *Journal of Yale Law*, vol.111(2001), p.385.
[2] 优士丁尼著,徐国栋译:《法学阶梯》,中国政法大学出版社,1999年,第137—138页。
[3] 彼德罗·彭梵得著,黄风译:《罗马法教科书》,中国政法大学出版社,1992年,第195页。
[4] 周枏:《罗马法提要》,北京大学出版社,2008年,第57页。
[5] 彼德罗·彭梵得著,黄风译:《罗马法教科书》,第195页。

有,所有权权利束呈现出所有权主导下的合一性,具体权利分属并不明确。

西罗马帝国衰落后,日耳曼法中关于所有权的观念居于主导地位。日耳曼法中的所有权与罗马法具有本质上的不同,表现出封建土地分封制下的可分性、有限性、共同性等特征。[①] 从"一物一权"转变为"一物多权"。封建分封制下,领主及下级封臣不再所有(own)土地,而是持有或保有(hold)土地,因为按照盎格鲁—撒克逊习惯法,土地均属于国王,领主及封臣只可以直接或者间接地持有土地。正如布莱克斯通所言:"封建土地所有制下的所有土地均来自君主的封赏。封赏者保有土地的所有权,受封者只有使用权和占有权。"[②]受封者不可任意对土地进行处分和处置,没有国王或上级大领主的允许,不可将"封土当做是自己的所有物"[③]买卖、抵押。持有人只拥有占有和利用土地的权利,即法律上的"地产权"。

按照占有使用的期限,以及是否必须由直系亲属继承,将地产权分为继承人继承的不限嗣继承地产权(fee simple),和仅限直系亲属继承的限嗣继承地产权(fee tail)。如果权利不可继承,则称为终身地产权(life estate)。[④] 由于权利丧失时间无法确定,这三种权利又被称为自主地产权(freehold)。另外,如果地产权的时间可以确定,则被称为租赁地产权(leasehold)。[⑤] 土地持有者可以将自身地产权所蕴含的使用权、收益权、占有权等授予不同主体,分享土地持有权。但是,这种持有具有严格的等级限制,有学者又称其为高级持有权或低级持有权。[⑥] 高级持有权主要指领主和封臣对封土的支配权,例如处分、管理、制定佃租金额等权利;低级地权是指对于土地的使用权,

---

[①] 哈德罗·J.伯尔曼著,贺卫方译:《法律与革命:西方法律传统的形成》,中国大百科全书出版社,1993年,第381页。
[②] William Balckstone, *Commentaries on the Laws of England: in Four Book (of Private Wrongs)*, Boston: Beacon, 1962, pp.10-12.
[③] 布洛赫著,张绪山等译:《封建社会》,商务印书馆,2004年,第37页。
[④] E.H.Burn, *Cheshire and Burn's Modern Law of Real Property*(16th ed), London: Butterworths, 2000, pp.26-32.
[⑤] Jesse Dukeminier and James E.Krier, *Property*, New York: Aspen Publishers Inc., 2002. pp.445-451.
[⑥] 梅因著,沈景一译:《古代法》,商务印书馆,1959年,第167页。

例如土地享有权并取得收益的权利,以及为获得这一权益需对上级封臣履行交付租金的义务等。另外,地产权的行使不再是绝对的、无限的,而是有限的、非排他的,所有对分封土地的处置都要受到上级领主和封臣的干预。

资本主义兴起后,中世纪日耳曼法多重有限的所有权体系无法适应新兴资本主义经济对生产要素自由流转和配置的要求。契约的发展和对自由的认知,促使近代社会所有权观念向罗马法时代的个人主义观念回归,奠定了绝对私人所有权、私有财产神圣不可侵犯和私人财产权利自由行使的基本财产权利体系。[1] 土地不再依靠封建社会的人身依附关系建立所有框架,而是成为人人都有同等能力获得的社会财物。[2] 约翰·洛克等自然法学家的个人自然财产权理论是近代绝对财产权观念的基础。个人自然财产权理论认为,人类的财产本是上帝赐予的共有财产,人类通过劳动改造和征服自然,"掺进自己的劳动、加入他自己所有的某些东西,使它成为他的财产"[3]。获得财产后,"人们在自然法的范围内,按照他们认为合适的办法,决定他们的行动和处理他们的财产和人身,而毋需得到任何人的许可或听命于任何人的意志"[4]。国家和政府的起源就是为了弥补自然状态下不稳定、不断受到侵犯的财产权,以达到保护个人财产权利的目的。[5]

基于个人主义的主观财产权观念对大陆法系和英美法系产生了决定性的影响,绝对所有权成为近代民法的三大原则之一。1804年的法国《民法典》第544条规定,"所有权是对于物绝对无限制地使用、收益及处分的权利,但法令所禁止的使用不在此限"。德国《民法典》第903条规定,"在不违反法律和第三人利益的范围内,物的所有权人可以随意处分其物,并排除他的任何干涉"。英

---

[1] 赵文洪:《私人财产权利体系的发展》,中国社会科学出版社,1998年,第33页。
[2] 泰格、利维著,纪琨译:《法律与资本主义的兴起》,学林出版社,1996年,第162—166页。
[3] 洛克著,叶启芳等译:《政府论(下篇)》,商务印书馆,1964年,第19页。
[4] 洛克著,叶启芳等译:《政府论(下篇)》,第5页。
[5] 洛克著,叶启芳等译:《政府论(下篇)》,第77页。

国自《大宪章》始,《权利请愿书》《权利法案》及 1988 年的《人权法案》,美国《人权宣言》和《宪法第五修正案》均反映了私有财产不可侵犯的原则。

进入 20 世纪后,所有权的社会功能日益受到关注,自然法状态下绝对自由的所有权重新受到检视。耶林曾在书中表示,在社会共同体中,不仅需要考虑个人财产权利的自由,更需要考虑公共利益的实现,不允许私人财产的不当使用。狄骥强调,所有主有义务且有权利使用他的物品以满足国家团体或次一等团体的公共需要。这是所有社会组成者都应该完成的社会功能和义务。[①] 在社会功能论下,财产权不仅仅是个人权利,更是所有权人应尽的社会义务。主要表现为所有权的使用不应侵犯他人利益和社会公共利益。在社会功能论的导向下,大部分国家的法律将财产权的行使规定在不损害公共利益的框架内。例如德国《魏玛宪法》第 153 条规定所有权也负有义务,财产权的行使要以公共福祉为目的。

随着人类政治经济和社会的发展与博弈,对财产权的认知反复起伏。最终,罗马法中"个人财产所有权"的理念和日耳曼法中"一物多权"的框架沉淀下来。再加上近现代对公共利益与社会福祉的深入理解,在不侵犯公共利益和其他人利益的框架下,最大化保护财产权以及权利所有者自由行使财产权的各个组成权利,成为英美法系和大陆法系的共同认知。延续日耳曼法"一物多权"的分割体系,现代财产权已不再是罗马法中的单个个体的"绝对权利"(absolute right),而是可以由多个权利构成的一组权利,20 世纪的法学家和社会科学的研究者们习惯称其为"权利束"(a bundle of rights)。

虽然财产权的权利束结构成为流行认知,但是关于权利束的具体构成仍争论不休。奥诺雷(A. M. Honoré)在论文中详细列举了所有权权利束的十个权利支:占有权、使用权、管理权、收益权、处分

---

① 狄骥著,徐砥平译:《〈拿破仑法典〉以来私法的普通变迁》,中国政法大学出版社,2003 年,第 148—150 页。

权、安全保障权、转让权、有害使用之禁止权、义务和剩余权。虽然权利组成不一定局限在上述十个权利支之内,但无法否认,财产权是一束权利。① 虽然奥诺雷试图列举财产权内涵,但是权利束的组成却是无穷无尽的。在不同的情况下,权利束会显示出不同的结构。"它就像一个主妇的洗衣列表,能够尽情延展。"②本书中,我们并不试图界定农地权利具体的权利支构成,因为它与财产权权利束一样拥有无限扩充性,并随着经济社会环境变化,权利支不断消亡与重组,而是希望借用财产权的权利束框架,发现农地权利束变化与政府角色之间的动态变化与组合。

(二) 动态权利束交易与产权理论

关于动态权利束交易的研究,以西方产权理论为代表,着重探讨产权、激励和经济行为的关系,分析不同的产权结构对成本—收益以及资源分配的影响。③ 科斯《企业的性质》和《社会成本问题》两部著作吸收古典经济学、新古典经济学及制度经济学观点,分析探讨产权内容、性质及交易问题。按照产权理论的观点,完整的产权结构包括对排他的资源使用权与享用权,以及自由转让权和收益权的独享权。④ 根据产权学派的界定,农村土地承包经营权的所有者,一般为农户承包方,也拥有农村土地承包经营权的使用权、享用权和流转经营权并因此获得租金等收益的权利。因此,农地流转的过程实际上是农村土地承包经营权所有者进行权利交易的过程。

产权的属性与法学绝对财产权的属性基本一致,强调绝对财产权利,具有排他性、分割性、转让性、继承性等。第一,排他性,指组成

---

① A.M.Honoré, "Ownership", A.G.Guest ed, *Oxford of Essays in the Jurisprudence*, Oxford: Clarendon Press, 1990, pp.370 - 375.
② Jane B.Baron, "Rescuing the Bundle of Rights Metaphor in Property Law", *University of Cincinnati Law Review*, vol.8(2013), pp.58 - 101.
③ 埃瑞克·G.菲吕博腾、斯韦托扎尔·平乔维奇:《产权与经济理论:近期文献的一个综述》,罗纳德·科斯等著,刘守英等译:《产权利与制度变迁:产权学派与新制度学派译文集》,上海三联书店,2014年,第276—278页。
④ Steven N.S.Cheung, "The Structure of a Contract and the Theory of a Non-Exclusive Resource", *Journal of Law & Economics*, vol.4(1962), p.12.

产权权利束的使用、转让、收益等权利支都由产权所有者支配，不受外部侵犯，所有者可以独自占有收益。根据科斯等产权学派的理论，在产权界定足够清晰、交易成本为零的情况下，根本不需要政府征收类似"庇古税"来治理外部性，市场完全可以实现资源配置的最优结果。第二，分割性，指产权作为权利束结构，可以分割成不同权利支，产权所有者可以将不同权利支分割或转让给不同主体。中国农村土地归集体所有，但是承包经营权归个体所有，这是典型的产权分割过程。权利可以无限细分，承包经营权所有者又可将自己的经营权分割出去。这种方式有利于实现权利利用的最大化。第三，转让性。转让性是在分割性的基础上，将权利束剥离、分割出来的权利进行转让。比如流转中的转让、出租、抵押等方式，促进资源向高效率生产者集中，创造更多的社会价值。第四，继承性，即产权整体权利束，或分割出来的不同权利支可以继承。例如英美财产法中设计的限嗣继承权、非限嗣继承权等。

产权权利束或权利支所有人相互交易，产生农地产权交易市场。产权交易市场与任何经济学视野中的市场一样，会产生交易成本、外部性等问题。交易成本理论是产权经济学的支撑。科斯在《社会成本问题》中建立了交易成本与产权之间的联系，并由后来者将其总结为著名的"科斯定理"。科斯第一定理认为，"如果定价制度的运行毫无成本，最终的结果（产值最大化）是不受法律状况影响的"[1]，即在零交易成本的情况下，政府等制度安排对资源配置没有影响，市场会保持产值最大化。[2] 科斯第二定理认为，"一旦考虑到进行市场交易的成本，合法权利的初始界定会对经济制度的运行效率产生影响"[3]，即政府初始的产权制度安排，在日常交易成本存在的情况下，能够对资源配置产生影响。[4] 产权理论学家提出的交易成本有多种类型。例如，林毅夫将产权交易成本分为直接成本和间接成本。直接成本

---

[1][3] 罗纳德·科斯著，刘守英等译：《社会成本问题》，《财产权利与制度变迁：产权学派与新制度学派译文集》，第3—44页。
[2] 罗纳德·科斯著，盛洪等译：《论生产的制度结构》，上海三联书店，1994年，第315页。
[4] Steven N.S.Cheung,"The Structure of a Contract and the Theory of a Non-Exclusive Resource", *Journal of Law & Economics*, vol.4(1962), p.12.

是交易中形成的成本,而间接成本则指使将所有权规则进行落实的成本。①

正如德姆塞茨对产权的定义:"产权包括一个人或其他人受益或受损的权利,产权是界定人们如何受益和如何受损,因而谁必须向谁提供补偿以使他修正人们所采取的行动。"②因此,探讨农地权利束动态交易的关键点,是政府作为规则制定者、市场协调者和流转服务者如何通过一系列的制度设计,明确交易双方的行为边界,形成合理的产权安排,降低产权主体达成一致耗费的成本,帮助实现资源配置。

二、政府干预农地权利束交换的正当性探讨

市场失灵是政府介入市场运行进行干预和管制的天然理由和当然借口。凯恩斯主义的学者们认为搭便车、道德风险、外部性等令市场机制无能为力的问题都需要政府来干预。但是保守学派和古典自由学派的经济学家们却坚持,外部性等市场失灵问题并不经常出现,可以通过完善和扩张市场来解决。③ 从政府干预论来看,由于农村土地承包经营权交易制度是典型的公共物品,并且交易过程具有显著的外部性,需要政府介入其中进行干预以推进公共利益的达成。

(一) 公共利益

根据洛克契约论的主张,人们之所结成利益共同体,将自己置于政府之下,"最主要的目的是维护他们的财产"④。维护个人合法财产不受侵犯,是政府的天然职能,也是实现公共利益的主要途径。农村土地承包经营权流转市场化运行的前提条件是对市场参与者权利的界定和交易市场制度的完善。因为交易是一种与物有关的人与人之

---

① 林毅夫:《关于制度变迁的经济学理论:诱致性变迁与强制性变迁》,罗纳德·科斯等著,刘守英等译:《财产权利与制度变迁:产权学派与新制度学派译文集》,第 276—278 页。
② 罗纳德·科斯著,刘守英等译:《社会成本问题》,《财产权利与制度变迁:产权学派与新制度学派译文集》,第 32 页。
③ Coase Ronald, "The Lighthouse in Economics", *Journal of Law and Economics*, no.17(1974), pp.357-376; Rowley, C.K. and A.T. Peacock, *Welfare Economics: A Liberal Restatement*, New York: John Wiley & Sons, 1975.
④ 洛克著,叶启芳等译:《政府论(下篇)》,第 77 页。

间的关系,清晰的权利界定是交易的基础。产权理论认为,正是由于产权界定不清,才会产生外部性,造成交易障碍,使得由产权市场进行的资源配置效率低。无论是定义权利的法律规范,还是程序正常的交易市场制度,都属于典型的公共物品,具有非排他性和非竞争性。市场自身并不能在不完备和不完全信息的条件下,达到公共物品的有效供给和达成公共利益,需要政府干预。

首先,政府需要供给保护个体财产权利的制度。农地流转交易市场上,虽然个体享有个人所有农地自由交换的权利,但是这些权利来自个体受到政府提供的公共服务,如警察和军队的保护。假设没有政府对个人财产的保护且排除市场参与者自愿进行自我约束,则市场将变成一个恃强凌弱的世界。最强壮和最有力的人将掠夺和侵占别人的财产。如科斯定理的主张,如果交易成本不为零,则交易制度选择和安排是重要的。[①] 由于没有公平交换可言,则每个人的创造动机将受到抑制,最后可能导致整个社会的无效率。

其次,政府需要供给维护公共利益的交易制度。市场运行虽然以自由和交换为基础,但是仍然要在一定的框架内,不得损害公共利益。虽然如上文所述,公共利益没有明确的概念,但是却可以列举出哪些属于公共利益的范畴,比如食品供给与国家粮食安全等。产权交易市场中交易者都是追求效用最大化的经济人。建设用地与农用地之间的经济利益,导致农地权利所有者希望向收益较高的建设用地转移,改变农地用途,但是,耕地的数量和质量与国家粮食安全、生态环境等息息相关,要求政府在公共利益框架内对个体财产权利进行限制。

最后,政府需要供给市场力量限制政府权力的途径。政府既然可以是个体财产权利的保护者,则同时也可能成为财产权利的侵犯者。所以在"大政府"的概念中,需要权力的相互制衡和监督,也需要设计政府外部力量限制政府权力的途径。例如,如果农村土地承包

[①] 罗纳德·科斯著,刘守英等译:《社会成本问题》,《财产权利与制度变迁:产权学派与新制度学派译文集》,第23页。

经营权流转过程中,出现地方政府强制流转、非法流转的情况,则需要建立政府内部和外部的监督举报机制与惩罚机制,遏制政府掠夺弱者、滥用权利的越权行为。

(二) 外部性

至今为止,外部性并没有一个明确的界定,但是总体可以分为两类。一类是从外部性的产生客体角度定义,外部性是当一个行动的某些效益或成本不在决策者的考虑范围内的时候所产生的一些低效率现象,等于成本转嫁给并没有参加行动的决策者。[①] 例如科斯在《社会成本问题》中提及的化工厂污染与居民纠纷的例子。第二类是从外部性的主体视角定义,指主体的消费对其他团体的影响。外部性可以分为"正外部性"和"负外部性",也称为"外部经济"和"外部不经济"。马歇尔在《经济学原理》中曾提到,因为工厂生产分工日趋专业化,导致生产效率的提高。庇古在马歇尔的基础上阐释了外部不经济,比如生产者因为生产活动给周边居民、企业带来的不利影响。

农地利用附带的外部性是显著的。土地作为人类最基本的生产资料和生活资料,既具有自然属性,又具有社会经济属性。土地自然属性中的位置固定性、区位差异性、稀缺性等固定的属性,限制了人对土地的利用行为。基于历史原因、传统观念、制度设计等原因,中国的农地不仅是重要的生产资料,更担负着资产功能和养老、就业保障等社会功能。由于农地的自然属性和社会经济功能,农村土地承包经营权流转过程中不可避免地会产生交易型外部性。

承包经营权流转能够促进规模生产、降低农业生产成本、提高土地集约利用程度、调整和规划土地经营结果、实现农业现代化和推进国家现代化建设。但同时,农村土地承包经营权流转也可能具有负外部性。首先,在流转过程中为追求经济利益,改变原农地的使用用途,将会对国家粮食安全和其他食品供给、生态环境等产生影响。其次,如果政府采用管理型交易方式强制性流转,将会侵害农户承包方

---

① 阿兰·兰德尔著,施以正译:《资源经济学》,商务印书馆,1989年,第263页。

的实际利益,导致农民权益受损。负外部性影响土地发挥社会保障功能,可能会产生导致社会不稳定的潜在因素。

人的经济行为具有依赖性,产权实际上是抑制他人需求的强制能力。① 如果从这一视角出发,外部性也可以被定义为生产或消费对其他团体强征了不可补偿的成本或给予了无须补偿的收益的情形。② 农户承包方行使财产权利流转土地,所带来的外部性不仅包括影响农业生产和粮食安全等针对其他客体的外部性,也包括对他人有限度的不受其行动后果的影响。例如,土地流转后用于种植其他作物,可能会对未流转的相邻土地产生影响;或者因为已经流转这一片土地,则不会考虑其他土地的流转,一部分人行使权利意味着另一部分人权利的丧失。正如产权理论的基础所支持的③,权利行使带来外部性本质是人与人之间的关系,由于不同权利人之间相互制约与相互作用而产生。

削减执行个人产权机会集的负外部性,一方面需要法律的约束,由法律和规范约定每个权利所有人机会集中的权利类型和行使界限;另一方面需要行使者的自我约束,这种方式更倾向于市场的伦理选择。第一种方式已经在前一部分讨论,在此不再赘述。但是后一种方式则是斯密德等学者特别推崇的。"一个人在市场中的财产权利并不依赖于他对其他人绩效的要求,而是依赖于其他人对他们自己容忍性的要求。"④权利主体行使权利时应将别人的权利机会集看作对自我的行为约束,"应当通过谈判,而不是偷窃来达到目的"⑤。捐赠物品时,也不能捐赠那些不属于自己的东西。因此,政府介入农地流转市场,不仅是为了解决因外部性带来的市场失灵问题,更是对权利行使机会集的界定和创造有利于培养权利行使者自我约束意识的社会环境。

---

①⑤ A.爱伦·斯密德著,黄祖辉等译:《财产、权力和公共选择——对法和经济学的进一步思考》,上海三联书店,2006年,第12页。
② 萨缪尔森、诺德豪斯著,萧琛等译:《经济学》,华夏出版社,1999年,第155页。
③④ A.爱伦·斯密德著,黄祖辉等译:《财产、权力和公共选择——对法和经济学的进一步思考》,第10页。

三、权利束理论下农地流转再定义

基于法学和经济学对财产权和产权的探讨,财产权与产权是一系列权利组成的权利束。农地不仅包括土地本身,更包括农地所承载的各项权利。法学对于财产权的研究和经济学对于产权的研究,都是基于(财)产权的权利束隐喻。正如克拉克(Clark)所言,"大多数人认为财产是一种有形物,但更为重要的问题是,财产的所有权是什么? 所有权包含一系列范围宽广、种类多样的权利和自由"[1]。科斯在《社会成本问题》中也曾指出,"我们谈到一个拥有土地的人将土地用作生产要素,但事实上土地拥有者真正所有的是进行一系列有限制的行动的权利"[2]。这一系列所有者行动的权利就是组成财产权权利束的各个权利支。德姆塞茨指出:"市场交易实际上就是两束权利的交换。权利的价值决定了交换物品的价值。所以,探讨权利束的形成与构成问题显得尤为重要。"[3]

在财产权权利束的隐喻中,农地是其所承载的一系列权利的集合,包括土地的所有权、使用权、抵押权等权利。根据《中华人民共和国民法典》规定,土地承包经营权属于用益物权;第三百二十三条规定,用益物权对他人所有的不动产或者动产,依法享有占有、使用和收益的权利。农村土地承包经营权实质上是由占有、使用和收益权利组成权利束,作为独立物权,理论上权利所有人拥有绝对的支配权,具有排他性等财产权利的共有特点,受法律保护。

农村土地从承包经营,再到承包经营权流转,实质上经历了两次权利束分离的过程。集体土地承包给农户,同时将集体所有权权能的占有、使用和部分收益权分离出来,转移给承包户。但是,土地处分权仍然归农民集体所有。土地承包经营权流转使农村集体土地权利

---

[1] John Maurice Clark, *Social Control of Business*, Chicago: Chicago University Press, 1939, p.94.
[2] Ronald Coase, "The Problem of Social Cost", *The Journal of Law & Economic*, no.3 (1960), p.44.
[3] Harold Demsetz, "Towards a Theory of Property Rights", *The American Economic Review*, vol.57, no.2(1967), pp.347–359.

束发生第二次分离,承包经营权被分解为承包权和经营权,经营权主要指农地的使用权。《中共中央关于全面深化农村改革加快推进农业现代化的若干意见》中也指出:"落实集体所有权、稳定农户承包权、放活土地经营权。"所以,结合本书绪论部分对农村土地承包经营权流转的定义,在农地权利束框架下,农村土地承包经营权流转可进一步界定为:在坚持农村土地集体所有的基础上,农村土地承包经营权人将基于集体成员权获得的、家庭承包经营土地的部分或全部占有、使用、收益等权利,通过转让、互换、转包或出租等方式依法、自愿转移给其他自然人或法人,从事种植业、林业、畜牧业等农业生产经营活动的行为。

第二节 政府角色研究的两个视角

自古希腊、罗马始,长达几个世纪的政府价值讨论,其实是公共利益与个人权利、集体主义与个人主义的争论过程。特别是在公共选择理论将经济学的分析方法引入政治领域后,形成两个较为典型的研究政府的视角:一是以传统善意政府为代表的、整体的公共利益的视角;二是以公共选择理论为代表的个体的经济人的视角。本书在探讨政府角色时,将以这两个视角作为分析、判断政府行为的基点。

一、整体的公共利益视角

公共利益是政府根本的宗旨与目标,这一点在行政学领域几乎是无须证明的"定律"。阿普尔比在定义公共行政时,阐释"公共行政以关注追求公共利益的公共部门的行为通则而著称"[1]。自古希腊、罗马时期,公共利益就是政府所希望达到的"最高的善"。柏拉图在《法律篇》中曾阐释,法律的最终目的就是实现"善"。[2] 亚里士多德明

---

[1] 阿普尔比:《公共行政与民主》,转引自乔治·弗雷德里克森著,张成福等译:《公共行政的精神》,中国人民大学出版社,2003年,第195页。
[2] 柏拉图著,张智仁、何勤华译:《法律篇》,上海人民出版社,2001年,第6页。

确政治学中的"善"就是公共利益,城邦的组建与运行以维护全体公民的共同的善(利益)为核心,从而实现政治上的公平与正义。① 公共利益是政府合法性和正当性的来源。政府的一切政策与行为都是为了实现公共利益而存在的,以公共利益最大化为目标,为推进和实现社会利益而行动。传统善意政府是超乎个体的集体存在,组成政府的个体为追求公意可以因实现公意而放弃追求自身的利益。

(一) 公共利益理论的演进

自古希腊、罗马时期开始,公共利益就成为判断政府正当性的唯一标准。苏格拉底在驳斥色拉叙马霍斯"正义就是强者的利益"时,曾表明自己的观点——统治者担任公职,应该实现广泛的被统治者的利益,而不是求取强者的利益。亚里士多德对不同政体进行了分类,认为君主政体、贵族政体、共和政体等正宗政体组织,都是为了照顾"全邦的共同利益"②。如果只是以"富人利益为皈依","无法照顾城邦全体人民的利益"等僭主政体和寡头政体,则是变态政体。中世纪公共利益理论的代表人物是阿奎那。在宗教统治遮蔽了古希腊、罗马时期的公共认知时,他将亚里士多德的公共利益理念与神学结合,用神学语言重新进行阐释。上帝给予人理性,理性的人意识到社会分工、相互合作的重要性,为实现共同利益组成协作团体,后来发展成国家。所以,"公共幸福"将个体团结在一起,安排"公共幸福的事务是整个社会的事务"③,是世俗统治者应尽的责任。

近代挣脱宗教枷锁,社会契约理论基于国家与公民契约关系形成中发展出来的公共利益观念成为主流,产生深刻的影响。社会契约理论认为,国家由一大群人相互订立契约,"每个人都对它的行为授权,以便使它能按其认为有利于大家的和平与共同防卫的方式运用全体的力量和手段的每一个人格。承担这个人格的人即国家被称为主权者,其余的每一个人都是他的臣民"。主权者和臣民是一体两

---

① 亚里士多德著,吴寿彭译:《政治学》,商务印书馆,1965年,第153页。
② 亚里士多德著,吴寿彭译:《政治学》,第132—134页。
③ 阿奎那著,马清槐译:《阿奎那政治著作选》,商务印书馆,1982年,第45、105页。

面的关系,每个共同体的成员都具有这两重身份。作为主权者的一员,共同体的成员是"公意"(generate will)的缔造者;作为主权者的对象即臣民,共同体的成员是公意的遵循者。公众让渡权利,形成公意①建立国家共同体,国家又将实现公意的权力授予政府。个体以放弃权利②为代价寻求集体社会的保护,并将这些放弃的权利交给一个共同体,组成政治社会,即"组成一个国家,置于有效最高统治权的政府下"。所以,从权利到权力这一转化过程来看,政府本质上是国家的产物,作为主权者的执行人,充当国家与主权者之间的联系者③,必须遵从主权者的公意。

19世纪,西方国家基本建立了以社会契约论为主导的政治制度,政治发展中的革命被改良取代,焦点聚集在如何应对现实中的种种问题,功利主义公共利益观念替代了契约制公共利益观念。边沁和密尔是这一时期的代表。边沁批判契约理论是虚念或者幻想,"从未见过哪一页史书记载了契约签订的隆重仪式"④,公共利益不应该建立在抽象原则的基础上,而是可感知的和可证实的。对于趋利避害的个体,政府一切正当行动根据"最大多数人的最大幸福"⑤这一标准进行判断。边沁抛开了公共利益的整体框架,以个人利益为切入点,认为个人利益是公共利益的基础,个人利益的总和即公共利益。这与公共选择理论中方法论上的个体主义产生了共鸣。密尔虽然承继了边沁的理论观点,但他认为人虽然自利,却仍然会为他人牺牲自己的利益,只要牺牲能够增加别人的幸福,就是有价值的。⑥

进入20世纪后,在凯恩斯主义、新自由主义和社群主义的交锋

---

① 公意是由于公民让渡、放弃或是奉献权利后形成的,也是社会契约所要传达的全部精神,"每个人自身及其全部的力量共同置于公意的最高指导之下"。参见卢梭著,徐强译:《社会契约论》,商务印书馆,2003年,第20页。
② 主要指自由权和立法、司法、行政等权利。
③ 卢梭在《社会契约论》中指出,政府这个人为共同体是另一个人为共同体(国家)的产物,而且在某种方式上还只不过是具有一种假借的和附属的生命。
④ 边沁著,沈叔平等译:《政府片论》,商务印书馆,1995年,第150页。
⑤ 边沁著,沈叔平等译:《政府片论》,第92页。
⑥ 龚群:《对以边沁、密尔为代表的功利主义的分析批判》,《伦理学研究》2003年第4期,第56—63页。

中,对公共利益的理解变化更加频繁。在德国《魏玛宪法》和日本《宪法》里,公共利益成为一种单独的利益形态并且有着实质的内容,主要包括国家作为法人的利益和国家作为政治组织的利益①,而不仅仅是功利主义宣称的个人利益的总和。随着社会的变迁和新问题的产生,公共利益的范围大大拓展,土地规划及用途管制、土地政策等都被纳入公共利益的范围,与此相适应,政府行政职能也大幅扩张,产生"行政国家"现象。之后新自由主义重新扬起个人权利的大旗,认为自由和个人权利优先,以"社会整体之名剥夺个体利益不是正当的,不能认为大多数人的得利能有效补偿少数人的牺牲"②。并且,公共利益的实现不应该是以政府主导的供给模式,而是应该由市场机制实现,政府干预只起到保障作用。之后,社群主义与公共利益相互对峙,社群主义者认为"个人利益不能离开群体自发地实现,也难以自动实现公共利益"③。政府应当放弃中立原则,积极提供社会服务,以达成公益。

(二) 政府有机体的共有取向

在传统善意政府的框架下,政府是"人格化"的有机体。实现公共利益是这个有机体天然的共有取向。由于人是社会的动物,他无法全部仅依靠自己的能力就获得自身追求的全部价值,例如自由和安全等。所以个体会产生希望融入集体的愿望,通过与其他个体之间的沟通与合作,达成自己的价值。并且人的共有取向可能会随着与社会交往联系的加深而不断扩展,尊重他人的情况不断增长。这种假设继续延伸,发展成为一个更为理想化的情境。当个体进入政府这个群体之后,个体便失去了他原有的身份,正如唐斯所言,"国家是一种可以和个人分开的东西"④,个体将自动获

---

① 庞德撰,邓正来译:《社会哲学法学派》,《法制与社会发展》2004年第1期,第124—150页。
② 罗尔斯著,何怀宏等译:《正义论》,中国社会科学出版社,1988年,第1—2页。
③ 俞可平:《社群主义》,中国社会科学出版社,1998年,第1页。
④ A.Downs, *An Economic Theory of Democracy*, New York: Harper and Row, 1957, p.57.

得所有政府群体的标签,比如个体与政府组织一起将公共利益作为自己的行为导向。

这种导向的建立有两种途径,一种是在政府官僚组织中,被动的、服从权威的结果;另一种则是基于伦理信仰,能动的、主观选择的结果。马克斯·韦伯认为,个体进入政府后,应该保持中立和服从,放弃自己的价值判断,时刻与政府行为的目标,即公共利益保持一致。在韦伯的官僚制理论中,政府不是虚无的,而是实质性的权威。政府中的个体为了更好地服从权威,遵守规章制度,应该抛弃自身的偏好,成为官僚制组织机器中的一个部分。官员在行政组织中完全与个人行为划清界限,遵循公私分明的政策,不能掺杂个人情感与因素。韦伯主张,"机关财富与私人财富完全分开,办公场所与住所完全分开……保证任何人都不会占有职位的任何东西"[①]。

以弗雷德里克森(H.George Frederickson)等为代表的新公共行政学(New Public Administration)学家在反思传统公共行政学的基础上提出,政府及成员应当主动打破公共组织和私人组织的通则,重归以"公共利益"为主的公共观,突出政府行政管理的"公共"性质。20世纪六七十年代,政府的公共导向在多元主义、公共选择理论等观念的围剿下渐失垄断地位。新公共行政学认为,以追逐私利为导向的公共选择理论有两个缺陷:第一,将公共过程看成一个群体之间相互争斗的过程,并不完全准确,因为没有完全反映公共行政的全貌。例如有一大批官员都在竭尽全力促使他们心中的公共利益最大化。第二,公共选择理论对官员持有玩世不恭的犬儒主义态度。[②]

新公共行政学认为"公共"是政府全部要义之所在,公共目的、公共利益、公共权利等公共性质是政府公共管理与私人公共管理的根本区别。公共利益,而不是个人私利应该作为政府及官员在公共行政管理过程中的价值观和伦理观。这种公共行政的公共观念基于五个要件,分别是宪法、品德高尚的公民、对集体的和非集体的公共利

---

① 马克斯·韦伯著,林荣远译:《经济与社会(上卷)》,商务印书馆,1997年,第314页。
② 乔治·弗雷德里克森著,张成福等译:《公共行政的精神》,第32—33页。

益的要求并做出回应、乐善好施与爱心。① 在总结新公共行政学的八条原理时,弗雷德里克森等新公共行政学家再次强调,政府等公共管理机构的存在是为了维护全体公民的利益而维护政体的价值。② 如要真正践行以公共利益为主的公共观念,具体措施包括重视社会正义和公平,将行政学改革为入世的、积极进取的,改变政府组织形态,推行民主行政。

新公共行政学和韦伯官僚制理论中都要求政府组织及成员追求组织目标,但是两者有着本质不同。新公共行政学并不认为政府组织中的个体是中立的、去人格化的存在,而是正常的、具有判断能力的个体,而且这一个体自愿、能动地去追求公共利益,将公共利益作为价值观和伦理导向。政府与成员目标一致,都坚持公共目的,承担公共义务或公共责任,具有整体性。

二、个体的经济人视角

现实与善意政府的匹配总是不那么完美。个体不会因为结成团体就变成了另外一种完全不同的东西。③ 成为政府集体中的一员并没有改变个体能动的"选择"意愿和追求私利的经济人本质。自然"追求公共利益"或"公意"的完美政府设想屡屡受到腐败、寻租和公共物品提供低效等"政府失灵"问题的挑战。在理想和现实的差距下,公共选择理论的研究者为研究政府行为提供了一个新的视角,即以古典政治经济学中"法律与制度"等秩序作为构建基础,在反思凯恩斯主义、福利国家论的基础上,探求"福利函数",关注"市场失灵"和公共财政等领域④,将经济学方法引入国家、政府等公共治理领域,探讨如何订立政治市场上的最优博弈规则⑤。比如在涉及财产权时

---

① 乔治·弗雷德里克森著,张成福等译:《公共行政的精神》,第39—42页。
② 乔治·弗雷德里克森著,张成福等译:《公共行政的精神》,第199页。
③ 包万超:《行政法与社会科学》,商务印书馆,2011年,第105页。
④ 邓利维·奥利里著,欧阳景根译:《国家理论:自由民主的政治学》,浙江人民出版社,2007年,第54页。
⑤ 詹姆斯·M.布坎南:《财产是自由的保证》,查尔斯·K.罗利编,刘晓峰译:《财产权与民主的限度》,商务印书馆,2007年,第27页。

就应该遵循一致同意的规则,而非相对多数的规则。

从公共选择理论探讨农地流转中的政府角色,与前文传统"善意"政府的讨论有着方法论上或者可以称为价值基点上的根本不同。一个以整体的、超越个人的公共利益为视角,另一个则以个体的、基于理性个人的自利追求为视角。

(一) 个体主义方法论

方法论上的个体主义是指以微观个体行动作为研究集体行动的切入点,并将其运用于政治和政府治理领域,认为"集体行动"(collective action)是"个体行动"(individual action)的集合①,将个体作为关注点,"拒绝对集体做任何有机体的解释"②。事实上,西方哲学本就以人类个体作为主要的哲学实体,传统契约理论也将个体选择作为集体决策的桥梁,公共选择理论的个人主义,也可认为是对这两者的回归。值得注意的一点是,方法论上的个人主义并不等同于日常研究中涉及的社会活动规范的个人主义。③ 前者是价值中立的,不包括接受或批判某些价值和意识形态,公共选择理论中的独立个人既可能是利己的,也可能是利他的,或者是利己与利他的组合。

与公共利益理论集体自然同化个体的观点不同,公共选择理论认为个体组成集体后,个体仍然会按照已有的价值观、动机、偏好和模式进行决策。正如哈耶克在《个人主义与经济秩序》一书中的观点,人的个体是政治、经济和社会生活中的唯一积极主动参与者。④ 集体行动不过是个体选择集体地进行行动,而不是个体地进行行动。个体是一组由集体行动规则指导下的社会集体成员。⑤ 政府也不是

---

① 詹姆斯·M.布坎南、戈登·塔洛克著,陈光金译:《同意的计算——立宪民主的逻辑基础》,中国社会科学出版社,2014年,前言第3页。
② 詹姆斯·M.布坎南、戈登·塔洛克著,陈光金译:《同意的计算——立宪民主的逻辑基础》,第11页。
③ 詹姆斯·M.布坎南、戈登·塔洛克著,陈光金译:《同意的计算——立宪民主的逻辑基础》,第4页。
④ 哈耶克著,邓正来译:《个人主义与经济秩序》,生活·读书·新知三联书店,2003年,代译序第6页。
⑤ 詹姆斯·M.布坎南、戈登·塔洛克著,陈光金译:《同意的计算——立宪民主的逻辑基础》,第14页。

"超越个体"并附有人格的有机体,而是允许个人选择的集体行动发生的诸过程的集合或机器而已。① 在个体选择的集体活动框架中,集体活动就如同市场活动一样,是不同个体间真正努力的合作,也必然有所收获。②

方法论上个人主义是公共选择理论的研究基础。在这一视角下,公共选择理论学家们与传统的公共利益假设和阶级分析方法划清了界限;经济学和政治学研究就个体选择和集体选择这一框架达成了一致,个人主义的经济学分析方法为政治领域的思考"打开了一扇窗"。在个人主义方法论的启发下,对政府角色的探讨也可以基于另一个视角——政府组织中的官员个体。在农地承包经营权流转过程中,官员个体的决策是什么,起到了什么作用? 以及官员个体的行为动机是什么?

(二) 经济人假设

经济人假设是西方经济学的理论基础和前提。正如亚当·斯密在《国富论》中的阐释,日常生活中人们获得食品,是酿酒师、屠户等"出于自利的打算",而不是来源于他们的恩惠。公共选择理论认为,经济人假设包含三个主要部分:个体是自利的、理性的和追逐效用最大化的。③

自利个体是指人行动的根本目的是逐利。逐利的范围不仅是经济利益,也包括承认、尊重等心理上的认同。古典经济学中对自利的重视其实与法学对个体权利的回归基于同一个契机,都是反对封建专制统治,个人主义思潮和自由主义思潮在经济学和法学理论中的体现。④ 因此,自利的个体要远比只"追求经济利益"的个人包含更多含义。

---

① 詹姆斯·M.布坎南、戈登·塔洛克著,陈光金译:《同意的计算——立宪民主的逻辑基础》,第 13 页。
② 詹姆斯·M.布坎南、戈登·塔洛克著,陈光金译:《同意的计算——立宪民主的逻辑基础》,第 292 页。
③ 包万超:《行政法与社会科学》,第 111—114 页。
④ 赵成根:《经济人假设在公共领域的适用性分析》,《中国行政管理》2006 年第 12 期,第 91—96 页。

本质上,还是让个体走下绝对利他主义的神坛,尊重其在自主行动和自由选择的基础上,追逐个体利益。

理性个体是指普通个体能在可供选择的货物与服务组合里按照等级排列或者排序,并且排列是可以传递的。[①] 简单而言,即理性的人可以在"更多"与"更少"、"好"与"坏"面前选择"更多"和"好",而不是相反。于是,理性个体在遇到政府公共物品提供等集体选择时,会按照价格—需求和收入—需求的逻辑,在价格降低和税率攀升时,选择更多的"公共物品"。理性经济人的假设下,个体自然追求自身效用最大化。个人在集体行动的各种可替代结果选择前,也会选择自己效用函数中处于最高位置的。[②]

公共选择理论将理性经济人的假设应用在政府成员等国家机构代理人员的身上,以分析他们在复杂的政治范式中是如何"交易的",这可以称为这一理论的最大贡献。[③] 布坎南等公共理论学者将理性经济人假设运用到政治市场中,认为经济市场上的厂商或消费者,或是选举政治中的政治家与选民,都是理性的、逐利的和追求个人效用最大化的。个体不会因为所处领域不同,就会产生质的变化。所以,政府偏离公共利益政治分肥立法、设租、寻租等行为,是正常出现的活动,而不是例外。另外,将理性经济人假设引入公共领域并不是公共选择理论的首创,在马基雅维利、霍布斯和18世纪政治思想家休谟、边沁等人的论述中,都可以追寻到自利个体在政治领域中的活动轨迹。[④] 但是,公共选择理论在凯恩斯主义仍处于"盛世"的年代,借鉴经济学的方法论和假设探讨政治、政府与国家治理,并致力于形成普遍的"立宪规则",仍是突破当时环境限制的"勇敢之举",为探讨政府行为提供了一个新的视角和价值基点。

[①②] 詹姆斯·M.布坎南、戈登·塔洛克著,陈光金译:《同意的计算——立宪民主的逻辑基础》,第33页。
[③] 詹姆斯·M.布坎南、理查德·A.马斯格雷夫著,类承曜译:《公共财政与公共选择》,中国财政经济出版社,2000年,第6页。
[④] 赵成根:《经济人假设在公共领域的适用性分析》,《中国行政管理》2006年第12期,第91—96页。

(三) 交易经济学的方法

将个体主义方法论和经济人假设引入理论构建后,公共选择理论同构了经济市场和政治市场,认为政治市场的运作过程与经济市场相似。[①] 个体在经济市场上因交换货物和服务进行合作;在政治与国家领域合理完成共同目标,对两者都有好处。从根本来看,两者都是手段,个体通过这种手段进行交换,相互获益。但即使交易参与双方都是自利人,不关心其他对方利益(non-Tuism),客观上仍然可以促进对方目标的达成和实现。[②] 因此,政治市场选择交易制度和规则的主要任务变成如何达到政治市场的正和博弈(positive-sum game),保障集体行动对所有各方都是有利的。

与经济市场相比,公共选择理论中的政治市场具有几个特征:第一,政治市场是交易法律、政策等公共事务的相关议题,必须通过更为复杂的交易媒介在不同集体之间进行。第二,政治市场的交易主体是集体,个体通过集体的行动,某些时候可能经过妥协的方式,达成自己的意愿。个体之所以选择服从集体的强制,是因为通过集体行动增进的个体利益要远远大于他们因集体行动所受到的损害。第三,集体行动中,达成"全体一致"的规则成本是高昂的,可能会对少数群体产生损害,但是如果集体维护自身利益的成本远远低于个体维护自身利益的成本,个体仍然会选择服从集体,以换取集体的服务。[③] 第四,由于政府和公民之间的委托—代理关系,会产生交易不均衡和道德风险等问题,导致政治市场难以达成类似市场经济中的均衡。所以,公共选择理论解决的终极问题是"立宪"。此"宪"与日常语境下的宪法含义不同,而是指一套事先同意的规则,后续行动将在这些规则范围内进行。通过订立个体经济人在政治市场中合作规则,实现更好的博弈。

[①] 詹姆斯·M.布坎南、戈登·塔洛克著,陈光金译:《同意的计算——立宪民主的逻辑基础》,第18—19页。
[②] Philip Henry Wicksteed, *The Common of Sense of Political Economy*, London: Rutledge and Kegan Paul, 1933, pp.2-23.
[③] 方福前:《公共选择理论》,中国人民大学出版社,2000年,第15页。

第二章 农地权利束框架下政府角色的历史考察

"民以食为天,地乃国之本",农地问题是农业发展和社会稳定的基石。邓小平曾指出:"农村不稳定,整个政治局势就不稳定。"[①] 党的十九大报告明确提出,"巩固和完善农村基本经营制度,深化农村土地制度改革,完善承包地'三权'分置制度"。作为传统的农业国家,中国当前农地制度的形成,离不开历史的路径依赖和经验教训。本章将回溯分析古代、民国时期和中华人民共和国成立以来中国农地制度的发展、农地权利束结构的变迁,以及农地流转中的政府角色,试图发现农地流转中政府角色变迁的影响因素与规律。

第一节 中国古代农地权利束结构与政府角色变迁

一、农地权利束结构变迁

中国是一个农业大国,自第一个国家政权——夏建立以来,统治者就一直管控和介入农业种植活动,并根据环境条件的变化适时调整农地政策。总体来看,随着统治者管理哲学和土地所有制度的变迁,中国古代农地权利束结构日趋完整。在农地制度的演变过程中,农地的实际所有者和耕作者逐步享有更多的农地权利。

[①] 《邓小平文选(第三卷)》,人民出版社,1993年,第237页。

（一）农地所有制度的变迁

农地权利束的形成基础是土地所有制。原始氏族公社时期，土地归在同一地区居住或占有的全体成员共同所有，即实行氏族或部落的共同土地所有制。随着经济农业生产工具如石木制工具的出现，农业生产力明显提高，产生氏族内部以血缘关系构建而成的家族公社之间的贫富分化，产生以家族公社为主体的土地所有制，出现"侵畔""争居"等对氏族公有制的挑战。随后，原来的氏族公社所有制以及之后的家族公社所有制被打破。大禹治水后，将土地分配给贵族，再由贵族将土地分配给其他耕种者，由贵族根据所分配土地的自然条件和等级，向中央政府缴纳相应的贡赋。商与西周时期，"溥天之下，莫非王土；率土之滨，莫非王臣"，王作为国家代表，享有绝对的农地所有权。但是到春秋、战国时期，王的统治力减弱，诸侯之间相互纷争，失败者被夺去封地、丧失特权，土地公有制逐渐瓦解。与此同时，农民积极开垦、占有私田，以维持生活，打破了原来以井田制为基础的奴隶制生产方式，而代之以封建所有制下的小农生产方式。

秦国商鞅变法"废井田、开阡陌"，结束了"田里不鬻"的旧制度，正式确立了土地私有制。这一时期是土地私有制的发展阶段，编户齐民作为主要的税赋劳役承担者，被授予土地或允许经开荒自然占有土地，成为政权稳定和社会发展的基础。土地私有制度经过秦汉、魏晋南北朝的发展逐渐走向成熟。到隋唐五代时期，国有土地主要包括均田制下授予的口分田、职分田、公廨田、屯田、营田等；私有土地主要包括永业田、园宅地、墓田、私人田庄、寺院土地等。隋唐《田令》均规定，天下百姓皆授园宅地。唐《田令》规定："诸应给园宅地者，良口三口以下给一亩，每三口加一亩。"[①]明清时，田地也分二等。《明史·食货志一·田制》："曰官田，曰民田。初，官田皆宋、元时入官田地。厥后有还官田，没官田，断入官田，学田，皇庄，牧马草场，城壖苜蓿地，牲地，园陵坟地，公占隙地，诸王、公主、勋戚、大臣、内监、寺观赐乞庄田，百官职田，边臣养廉田，军、民、商屯田，通谓之官田。

---

① 《天一阁藏明钞本天圣令校证（附唐令复原研究）》，中华书局，2006年，第449—453页。

其余为民田。"根据这一表述,明朝时的官田包括宋、元时期的官田、百姓先占后由国家收回的田地,因违法犯罪被国家收回的田地等。《明史·食货志·田制》中虽将皇庄、赏赐给王公贵族的赐田归为公田,但实际上为私人所有。清代官田主要是供推行"九推之礼"的籍田、用作祭祀的祭田、清朝入关后赏赐给旗人的"旗地"、屯田等。清代私田的类型与明朝的基本一致。

自秦土地私有制建立到封建社会结束,几千年间,土地公有制和土地私有制、国有土地和私有土地长期共存。这两种类型土地数量此消彼长。唐中后期,特别是安史之乱之后,私有土地数量远远超过国有土地数量[①],原均田制度下的农民多死于战争或远迁他乡,私有田庄制占据主流。但是到元朝时,大量原宋朝官田以及王侯世绅的田地被收为官田,强制掠夺民田为官田,导致官田数量上升。明朝初期,原宋元官田和荒芜的田地都作为官田,国有土地数量不断增加。明中后期一直到清朝,赐田、"夺民田"情况日益严重,私人所有权土地数量上升。明弘治十五年,国家所有耕地面积占全国耕地七分之一,但是到清道光十五年,国有土地面积只占到全国耕地的十分之一。[②]

虽然国有土地和私有土地数量不断变动,但是自秦以后土地私有制已经作为一种所有制形态发展稳定下来。土地私有制下,土地所有者的权利日益受到重视与保护,逐渐形成私有制下的农地权利束体系,原本坚决禁止的农地流转行为也逐渐放开。

(二) 农地使用权与处置权变迁

农地使用权和处置权方面,随着农地私有制逐渐兴盛,拥有土地的农户(包括地主)和使用农地的佃户,拥有了更大的使用权和处置权行使空间。虽变迁过程中有所反复,但总体来看,权利束的构成日趋丰富,各个权利支的行使范畴也日益拓宽。

[①] 蒲坚:《中国历代土地资源法制研究》,北京大学出版社,2011年,第170页。
[②] 郑庆平:《明清时期的土地制度及其发展变化特征》,《中国农史》1989年第1期,第13—14页。

周朝起实行的分封制和井田制,将土地使用权分封给诸侯宗室和庶民。前者可以长时间占有和使用土地,并分享部分土地收益,但是没有土地处置权,不得进行农地交换、租借和买卖。如发现违法,王可以收回封地。井田制中的私田,赋予了庶民使用权和部分收益权。但是庶民必须预先完成公田上的劳动任务后,才可到小块私田上劳作。"田里不鬻"代表周朝对农地使用权和处置权具有严格的限制。

周王朝瓦解过程中,春秋战国各个政权对井田制进行了改良和变革。例如晋国将井田制中农地有授有还转变为"爰田制"下的只授不还,农户获得更为长久和稳定的农地使用权。土地被授予者允许自行安排经营土地的休耕或者提高土地资源的肥力,"自爰其处而已也",而不再强制执行。爰田制度下,土地所有者仍是国家,但是国家授权分配的土地可以子子孙孙代代相传,作为家族产业继承和延续。这种制度设计实际上已经非常接近土地私有制的运作形式。战国后期,甚至出现了公开的土地买卖交易,如董仲舒所言:"至秦则不然,用商鞅之法,改帝王之制,除井田,民得卖买,富者田连阡陌,贫者亡立锥之地。"

南北朝时期,面对地主豪强日益占有膏腴土地,农民颠沛流离的问题,拓跋珪等统治者重新把关注的焦点放到土地与农民的结合上来,实行"计口授田制",即按照人口授田,实际上为均田制。北魏颁布《均田令》,解决"富强者并兼山泽,贫弱者望绝一廛"的问题。通过"今遣使者循行州郡,与牧守均给天下之田,还以生死为断,劝课农桑,兴富民之本"[1]。《均田令》对授田的面积、土地的使用方式等都有详细的规定:"诸男夫十五以上,受露田四十亩,夫人二十亩,奴婢依良。"并对田地的使用做了具体规定:男子在所授田地中,第一年需要种植桑树五十棵、枣树五棵、榆树三棵,以发展农业。所授之田,不得的买卖,"皆为世业,身终不还"[2]。所以,均田制实际上是将全国土

---

[1] 《魏书》卷七上《高祖纪上》。
[2] 高敏:《中国经济通史·魏晋南北朝卷》,经济日报出版社,1998年,第298页。

地进行重新分配,"均天下之田"。授予农民土地的使用权,可以世袭罔替,但对土地的处置权和收益权有所限制,强制规定了农地上需要种植的作物、农地不得买卖。在"皆世为业"的继承体制下,所有权实际上是虚置的状态,国家虽称对农地有所有权,将国家之农地进行均分,实质上是农民握有使用权。

隋唐五代时期,基本上延续了均田制下将农地使用权授予农户的做法,并基本坚持了"皆世为业"的原则,永业田在私田中占很大的比例。虽然永业田为国家所授,但是可以买卖、出租、传子孙世代享用。"诸永业田皆传子孙,不在收授之限。即子孙犯除名者,所承之地亦不追。"①永业田授予之初,不许买卖典贴。"天下百姓口分永业田,频有处分,不许买卖典贴,如闻尚未能断,贫人失业,豪富兼并,宜更申明处分,切令禁止。若有违犯,科违敕罪。"②实际情况却是,土地交易市场自秦汉即已形成,虽唐政府明令禁止土地买卖,民间买卖情况仍层出不穷,政府管制捉襟见肘。唐中后期,允许永田买卖,只是对非法转卖进行规制。"口分永业,违法卖买。或改籍书,或云典贴,如以是无勋荫地合卖者,先用钱买得,不可官收。限敕到百日内,容其转卖。自今已后,更不得违法买卖口分永业田。"③

唐中后期,均田制被彻底打破。宋朝私有土地制度不断发展,与唐朝前期和唐之前的朝代相比,土地交易限制放宽,土地流转市场繁荣;完全与之前朝代的授田制不同,"民自以私相贸易,而官反为之司契券而取其直(值)"④。宋代规定土地买卖、租赁或抵押时应该满足几个条件。第一,亲戚邻居具有先买权。先问房亲和四邻,如果房亲、四邻不要,土地才可以卖给他人。如果房亲、四邻不知土地买卖等流转之事,在流转发生后三年内可以要回土地,三年之外则官府不会受理。第二,交易的土地必须有红契,即产权明确清晰。第三,交易土地需要订立土地交易协议,并在官府备案,上交印契钱。第四,

---

① 《通典》卷二《田制》。
②③ 《册府元龟》卷四百九十五《邦计部·田制》。
④ 《叶适集·水心别集》卷二《进卷·民事上》。

土地交易后,卖主卖出田地后必须离业,"凡典卖田宅,听其离业,毋就租以充客户"①。如果卖主出卖土地后,仍然在原有被卖出土地上当佃农,则土地交易不具有合法性。

明清时期,允许交易私田,禁止买卖官田。例如,清朝赐予旗人的"旗田",严禁售卖。《清会典》卷十规定:"八旗官兵所受织田,毋许越旗卖价及私售于民。违者,以隐匿官田论。"但是旗人善骑射,不善耕种,往往将"旗地"长租给普通民众耕种。转租、偷卖和盗卖官田的行为长期存在。咸丰二年时,"旗民交产"正式得到法律的认可。清朝《旗地买卖章程》规定:"无论京旗、屯居及何项民人,俱准互相买卖、照例税契升料。"旗人被授官田,也允许买卖,但必须要符合法律规范对农地流转的规定。

二、农地流转中的政府角色

中国古代农地流转中的政府角色变迁,受统治者实际掌握权力程度与社会经济环境的影响。秦之后,政府在农地流转中的作用随着国家发展变化呈现出多元性,并根据环境需要在允许与禁止、管制与放松之间进行弹性调节。

王朝新建时,多已经过多年战乱,此前农民多为避战乱远走他乡,致使农业生产荒废。新建国家希望通过调整农地制度,调动农民生产积极性,恢复生产、休养生息。往往采用授田、屯田、假民公田等方式,将农地分配给农户;或利用占田制、户调制等方式,赋予农户开垦荒地的权利。周灭商后,就以土地国有制为基础,"授民授疆土",将土地以及土地上的民众和生产工具、器物等分封给各个宗主贵族,实行分封制。东汉初年也曾尝试将公田分配给失去土地的自耕农,"假民公田"或者"赋民公田"。东汉末至三国时期,长期战乱,"民人分散、土业无主",为安置流民、解决粮食问题,魏蜀吴均实行屯田制。曹操在《置屯田令》中曾明确,"夫定国之术,在于强兵足食。秦人以急农兼天下,孝武以屯田定西域,此先代之良式也",通过学习汉武帝

---

① 《宋史·志》卷一百三十七《食货上一》。

西域屯田的举措,提供充足军粮。宋朝建立时,十地七荒,封建王朝建立者为巩固自身统治,减少赋税、鼓励流民垦荒,并利用军队屯田,规定地方政府监管的公田如果被民众租赁开垦,即可成为永业田。

一般授田制、均田制下的田地,由国家所授,为防止农地兼并、压抑农户耕种积极性,坚决禁止买卖交易。例如王莽篡汉后,实行王田制,主张恢复井田制中封赐土地不可交易的规定,对土地所有面积和流转行为进行控制。天下所有土地归王所有,一夫一妇,所占田地不可超过百亩,一户男丁不足八人,但是若拥有农田超过一井,需将多出的田地分给邻里。土地不可自行转让、买卖与出租。《汉书·王莽传》记载:"古者,设庐井八家,一夫一妇田百亩,什一而税,则国给民富而颂声作。此唐虞之道,三代所遵行也。……今更名天下田曰王田,奴婢曰私属,皆不得卖买。其男口不盈八,而田过一井者,分余田予九族邻里乡党。故无田,今当受田者,如制度。敢有非井田圣制,无法惑众者,投诸四裔,以御魑魅。"[1]隋唐时期由国家授予的口分田,按性别年龄分配,农民死后需还给国家,不得买卖、典贴。

伴随着国家衰落、政府等制约力减弱,交易农地和占用、兼并农地现象频现。例如,中唐后期,私人田庄进一步发展壮大,"比见朝士,广占良田",大量王公百官及富豪之间,相互攀比、购置田庄。"爱及口分永业,违法卖买,或改籍书,或云典贴"[2],导致百姓流离失所,或被迫成为各个田庄的"寄庄户"。虽然唐朝当时并不允许农地交易,但迫于违法农地交易现象屡禁不止,对农地流转的限制逐步放松。"自狭乡而徙宽乡者,得并卖口分田。已卖者,不复授。"[3]买田,则依据均田制下政府规定的限额,只要"不得过本制"即可。因此,纵观中国古代农地流转过程中的政府角色,事实上形成了一种循环,从严格管制农地流转、禁止农地兼并,到统治权力减弱、农地兼并盛行,放松管制,产生大量失地农民,影响政权稳定性,成为王朝覆灭的导火索,新朝代建立后,又进入新一轮的循环。

---

[1] 《汉书》卷九十九《王莽传》。
[2] 《册府元龟》卷四百九十五《邦计部·田制》。
[3] 仁井田陞著,栗劲等编译:《唐令拾遗》,长春出版社,1989年,第560页。

除农地交易管制者外,政府还是农地权利的保护者和农地流转制度的维护者。随着农地私有制的发展,政府作为农地权利保护者的角色逐渐形成。宋代就有"依法诉讼"等制度设计,保障私人合法的土地权利。个人可就田土纠纷和侵权等行为向官府提出诉讼。"如被上户侵夺田土之人,仰赴官陈诉。若干当人系白身或军人,即仰依条重行断遣;如有官人,即同形势、官户人家,并具情犯、姓名申朝廷,依法重作施行。州县观望,不为受理,仰监司按劾。"[①]从这则记载来看,如上户侵占了他人土地,被侵占者可以向官府提出诉讼。如果上户是军人或者官人,将会受到更为严厉的处罚。同时,注重交易的"自愿性"。《名公书判清明集》里记载"宋有诉谢知府宅侵占坟地案",民在知府的胁迫下订立田宅契约,致使被强行占地;后经官府判决,虽有契约画押,但由于强行买卖之前契约不合法规,知府需退还相应土地。

明清是封建王朝中法制较为健全的时期。立法重点在于对私人土地权利的保护,保障土地权利人使用、继承、买卖、租赁、抵押土地等权利。禁止通过强占、侵夺、强制"投献"等方式兼并公私田。明太祖时颁布《铁榜》和《大明律·户律·田宅》调整土地法律关系。清除制定《大清律令》《户部则例》和《大清会典》外,界定土地权利,并推行垦田法、更名田等法令,协调土地相关的各个利益主体之间的关系。《大明律》中《盗卖田宅》规定,如果"盗卖、换易及冒认,若虚钱实契典买及侵占他人田宅者,田一亩、屋一间以下笞五十,每田五亩、屋三间加一等,罪止杖八十,徒二年"。

政府作为农地流转制度的维护者,通过农地登记制度确定农地权利和行使范畴;通过规范农地交易程序保障交易正常进行。农地登记制度,自秦便已形成。秦兼并六国后,颁布"使黔首自实田"法令,进行全国性的土地登记,掌握原六国的土地所有权情况、

---

① 上户,是宋代户籍制度中主户中的一、二等户。宋代户籍制度可以分为城郭户和乡村户,其中乡村户根据田地数量、上缴田税数量等又分为一、二、三、四、五等,其中一、二等位上户,一般为地主;三等为中户,一般是中小地主和富农等;四、五等为下户,一般是佃农,无自己的土地。

个人对土地的占有情况。这一法令规定,土地所有权确定的前提为详细绘制土地的四至、形状等到官府进行备案。如果出现土地权利纠纷,则需要根据在官府备案的土地信息进行裁决评判,这些备案信息也成为之后解决相关纠纷的法律依据。

农地交易程序方面,隋唐时建立农地流转许可制,即农地交易申牒制度,要求农地交易必须经过官府许可。"凡买卖皆须经所部官司申牒,年终彼此除附。若无文牒辄买卖者,财没不追,地还本主。"①土地进行买卖交易必须制作申牒文书,经所属政府部门同意后才可买卖,完成土地权利转移。如果没向官府申报,擅自买卖,则交易不受法律规定保护,官府将买卖土地返还给卖者,买者无权要回已支付钱财。五代时,买卖程序更为严格,双方交易后需要向官府缴纳交易税,以减少私自买卖土地造成的土地纠纷等隐患。宋朝时,设有"输钱印契"制度。"输钱印契",即土地买卖和交易必须到官府部门办理,取得土地红契作为产权交易的凭证,在官府进行交易备案。向官府缴纳"印契钱",即交易税后,土地交易合同才能具有法律效力。上交完"印契钱"后,官府发放正式文牒,交易才算完成。

除流转许可制外,政府还对农地流转契约进行规定。宋朝以前,农地交易契约多由买卖双方私自按照格式自由协定。买卖双方有保人为证,制作契约,契约中标明买卖双方的基本信息、土地基本信息和保人的信息。宋朝后,出现了政府统一制定的官方土地契约,包括交易双方姓名、交易土地四至、出售或者典卖原因、交易金额等细节。契约上还需同时标注流转土地的租税等交接的具体情况。明代《田律》也规定,土地田产买卖时,交易双方需要依法制定契约。如《大明律·户律·田宅》规定:"买卖田宅、头匹,赴务报税,除正课外,每契纸一本,工料钱四十文。"买卖田产,需要订立契约,每份契约缴纳四十文铜钱的工本费,并且要向官府缴纳契税。如果违反土地买卖的规定,如典买不交契税、将一田重复卖予两家等,则用笞刑或者杖刑惩罚。

---

① 《通典》卷二《田制》。

第二节 民国时期农地权利束结构
与政府角色变迁

1912年,中华民国建立,以执政主体为界,可分为南京临时政府时期、北京临时政府时期,以及南京国民政府时期。民国是西方宪政理念和权利观念在中国的首次实践。民国时期虽然军阀混战、政权更迭,法制内容并不统一,形式也无法称完备,但却是中国民众权利意识的启蒙期和觉醒期,也是西方现代意义财产所有权观念的发展时期。

一、农地权利束演进

"平均地权""耕者有其田",承认农地私有制度,是民国时期农地制度的基本主题。正如孙中山《三民主义》所表述,"民生主义真是达到目的,农民问题真是完全解决,是要耕者有其田,这才是农民问题的最终结果……"早在1894年,孙中山就曾上书李鸿章,"使土地之生产无限增长,以与人口增殖相调剂"[①]。之后,平均地权思想发展成"耕者有其田",孙中山希望效仿俄国式的土地改革,平均分配全国土地,进行彻底的革命。

"平均地权"和"耕者有其田"的土地管理思想,强调保护农地所有者的合法财产权利。通过法律和土地登记制度赋予其更完整的权能。民国时期,第一次在法律上规定了私人财产权构成及权利行使的边界。《中华民国临时约法》第六条第三款规定:"人民有保有财产及营业之自由。"除宪法性质的《中华民国临时约法》外,内务部颁布了《通饬保护人民财产令》和《大总统令各都督保护人民生命财产电文》,强调保护所有私人财产,也保护不反对民国的原清朝官吏的财产。北京临时政府时期,《中华民国宪法》第十五条规定,人民之生存

---

① 《孙中山选集》,人民出版社,1981年,第3页。

权、工作权及财产权,应予保障。南京国民政府颁布第一部《土地法》,该法第十条规定,经人民依法取得所有权者,为私有土地。随后补充制定《土地施行法》《地政施行程序大纲》等一系列土地法律法规,作为保护和规范土地权利的依据。

民国虽然实行土地私有制,但是仍然保有公有土地。例如,原清政府的官有财产、没收的原清朝官吏的财产、原清朝皇族的不动产,以及"旗地"、湖滩地、湖边地等均属于国家所有土地。北京临时政府时期,浙江等地方政府曾颁布《清查官有财产章程》和《管理财产规则》等条例,规定所有非私有财产均属于官产。南京国民政府时期,规定凡私有土地所有权消灭者为国有土地。官产虽然可以根据需要进行买卖、出租和受让,但是其处置方式受到严格的限制,必须经过投标或其他公开程序进行。并且,为防止官员变卖官产、中饱私囊,规定管理官产的官吏不可承买、承租官产。

因此,与封建时期相比,民国时期的农地权利束更为完整,权利束分支也更为多元。农地个体所有者虽然兑现权利仍然受到政府的限制,但第一次拥有了不受王权侵犯的私有财产权利,可以根据自身意愿对合法财产进行处置。

二、农地流转中的政府角色

民国时期,政府需要在保护农地所有者合法财产权利不受侵犯,与实现土地利用公共利益和维护"自耕者"主体地位之间相互平衡。民国开创者极其重视法律维护社会秩序的作用,孙中山在会见记者时曾提及:"中华民国建立伊始,宜首重法律。"[①]通过土地权利登记制度保障个人土地权利。民国建立后,进行全国性的土地测量统计,依法对土地所有权、永佃权、地役权、抵押权等权利的获得、转移、变更、消灭等进行登记。秉持托伦斯土地登记制度的设计初衷,坚持只有经过登记的土地权利方才有效,如未登记,则无法受到法律保护。产生土地权利纠纷,也依照土地所有权状况、证明登记文件等文书裁定。

---

① 《孙中山〈在南京答大陆报〉记者问》,《孙中山全集》,中华书局,2011年,第14页。

政府除保护土地权利人合法权益外,还需保障公意的实现。《中华民国宪法》第十三条要求,人民财产权不受侵犯,但在公意必要时,需要依法进行处分。中华民国《土地法》第三章第十四条至第十九条规定,公共交通道路、海岸一定限度内之土地、名胜古迹等土地不得为私有,如果私有则须由国家依法征收;附着于土地之矿,不因土地私有而私有。土地私有权利的行使,不可妨害基本国策,否则中央地政机关有权制止。在私人土地所有和使用方面,中华民国《土地法》第二十八条至三十二条规定,私有土地应当按照土地种类及性质,限制个人或团体所有土地面积的最高额;如果超过最高额,需将额外土地出卖,否则由地方政府进行依法征收,补偿地价;另第十七条规定,农林渔牧和要塞军备区域等地,不得转移、设定负担或租赁于外国人。租金方面,限制土地租金的最高额度,法律规定地租不得超过总收益的37.5%,出租人不可以要求预先支付地租和收取押金。[①]

民国时期以"自耕论"为原则,为维护"耕者有其田"之自耕农的主体地位,限制农地自由流转。1935年召开的国民党五届九中全会强调农地需要所有者和家庭直接经营耕作,如将农地所有权转移,权利受让人必须同样具备农地经营耕作能力。如果违反规定转移农地,则由政府进行收买并通过佃租方式转移给其他人耕种。1945年国民党颁布的《修订扶植自耕农实施办法草案》要求,农场权利人将农地出卖、抵押或租与他人时,必须得到政府的核准,否则政府有权力收回农场,撤销原来的所有权。

第三节 中华人民共和国成立以来农地制度与权利束结构变迁

中华人民共和国成立以来,中国农地所有制度经历了土地私有制、土地公有制和土地集体所有制阶段;与农地所有制相统一,农地

---

① 蒲坚:《中国历代土地资源法制研究》,第438页。

经营政策由家庭自主经营、劳动互助经营、集体统一经营转变为家庭承包经营。农地流转政策则经过了自由流转、禁止流转、允许流转和鼓励流转几个阶段。从产权的规范视角来看,中华人民共和国成立以来农地制度调整事实上是对农地权利束中的核心权利支——占有权和使用权的调整,随即带来收益权与处置权的改变。以农地权利人所拥有的各项权利支为切入点,中华人民共和国成立后农地权利体系的变化可以分为权利统一、权利分离和权利分解几个时期。不同时期,政府对各个权利支的保护限制方式也不尽相同。

一、中华人民共和国成立以来农地制度与权利束结构变迁概述

自中国共产党领导土地革命始,"耕者有其田"就成为废除封建土地所有制和永佃制等经营形式的根本目标。《井冈山土地法》《兴国土地法》《土地问题论议案》等都以实现农民土地所有制为目标。中华人民共和国成立初期,在"耕者有其田"的土地制度下,农民个体经营成为最主要的经营模式,表现为生产资料与劳动者直接结合,农业生产资料的所有权、使用权及其劳动产品的直接分配权三权合一。[①] 1949年的宪法性文件《中国人民政治协商会议共同纲领》第三条和第二十七条明确:"有步骤地将封建半封建的土地所有制改变为农民的土地所有制……""实现耕者有其田"。1950年6月公布实施的《土地改革法》第三十条规定:"土地改革完成后,由人民政府发给土地所有权证,并承认一切土地所有者自由经营、买卖及出租土地的权利。"虽然法律规定农民可以出租土地,但是受到"反封建、反剥削"革命目标的影响,认为农民出租土地仍然是封建主义的生产方式,客观上会形成新的地主和土地兼并现象,这与农地改革的初衷相违背。所以,这一时期,只允许农民在一定程度上买卖土地,而不允许农民出租土地。到1953年底,土地改革基本完成,全国大部分贫雇农和中农都分配到土地,92.1%的贫雇农和中农占有了91.4%的耕地。

1953年,"三大改造"开始后,经过劳动互助组、初级合作社、高

[①] 姜爱林:《土地政策基本理论研究》,中国大地出版社,2001年,第167页。

级合作社和人民公社等几个阶段,农民土地所有制转变为集体土地所有制,家庭自主经营转变为集体统一经营,禁止一切买卖、出租等农地流转行为,农地的所有权、使用权、处置权、收益权等主要权利支都归公社所有。1962年通过的《农村人民公社工作条例修正草案》规定:"生产队范围内的土地,都归生产队所有。生产队所有的土地,包括社员的自留地、自留山、宅基地等等,一律不准出租和买卖。"1963年出台的《中共中央关于各地对社员宅基地问题作一些补充规定的通知》进一步明确:"社员的宅基地,包括有建筑物和没有建筑物的空白宅基地,都归生产队集体所有,一律不准出租和买卖。"1975年《中华人民共和国宪法》中确立了土地公有制和集体所有制框架,规定生产资料所有制只有两种形式:一是社会主义全民所有制,二是社会主义劳动群众集体所有制。人民公社集体化和平均化的生产方式中,也具有自留地等极少部分所有权和使用权相分离的制度补充。自留地由生产队或其他集体组织将房前屋后的小块土地分配给社员,生产副业。自留地仍然归集体所有,但是使用权和处置权归属社员。自留地面积一般较小,《农村人民公社工作条例(草案)》限定,自留地只可占用生产队耕地面积的5%—7%,由社员家庭使用。在主流的人民公社制度面前,自留地只是对于集体所有和经营制度的有限补充。

1978年发端于安徽凤阳小岗村的"包产到户"打破了人民公社时期农村土地所有权和承包经营权"大一统"的局面,农地的所有权和承包经营权相分离,后又进一步分解为承包权和经营权,权利支之间的界限日益清晰,权属明确。1980年《关于进一步加强和完善农业生产责任制的几个问题》中,虽仍然强调"集体经济是农业向现代化前进的不可动摇的基础",但同时鼓励"小段包工、包工包产"等专业承包联产计酬责任制等形式,允许"多种经营形式、多种劳动组织同时存在"。1982年中央一号文件正式明确包产到户、包干到户都是社会主义集体经济的生产责任制,实行家庭承包责任制。但在相当长的时间内,农地承包经营权流转仍被法律禁止。到1983年,根据吴敏先在《中国共产党与中国农民》一书中的叙述,全国实行包产到户、包干到户的生产队达到93%。生产责任制逐渐稳固。

家庭联产承包责任制实施后,农地的所有权和部分处置权归集体所有,农地收益权在集体和农户之间分割,农民拥有农地的承包经营权。随着农地政策演进,农地的使用权逐渐刚化,收益权和处置权不断向农民倾斜。首先,农地的承包期限由三年到十五年再转为长久不变。《中华人民共和国土地管理法》第十四条规定,农民集体所有的土地由本集体经济组织的成员承包经营。土地承包经营期限为三十年。农民的土地承包经营权受到法律保护。党的十七届三中全会《中共中央关于推进农村改革发展若干重大问题的决定》指出,现有土地承包关系要保持稳定并长久不变。党的十八届三中全会决定也强调,稳定农村土地承包关系并保持长久不变。其次,2006年废除农业税后,减轻了农民税费负担,对于农地产出和收入,农民拥有更大的自主权进行自由分配。最后,农地承包经营权由改革开放初期禁止流转,转为允许流转,在《中华人民共和国民法典》《中华人民共和国土地管理法》《中华人民共和国农村土地承包法》中明确规定,承包经营权属于用益物权,农地承包权利人有权将土地承包经营权采取转包、互换、转让等方式流转。最近几年,通过承包经营权确权颁证、农地抵押等方式,鼓励农民将承包土地进行流转和规模经营,创设农民将手中土地权利转换为实际利益的渠道,促进农民拥有排他的、可支配的承包经营权。

二、改革开放以来农地流转制度变迁

农地流转政策的制订与政策演进基于两个前提和两个目标。两个前提是农民土地权利保持长久不变和承包经营权的清晰界定。两个目标是农民向城镇和新型社区集中、农地向适度规模经营集中。改革开放初期,农地经历了由禁止流转向允许流转和鼓励流转演变的过程,农地权利逐渐稳固下来,特别是通过新一轮的确权颁证,土地承包经营权逐渐清晰,为实现农地流转的两个目标提供了保障。

(一) 禁止流转阶段

改革开放初期,农村土地制度由"劳动群众所有、集体统一经营"

的集体所有制,向"农村集体所有、家庭承包经营"转变,土地权利人被重新赋予了农地的使用权,但是使用权在相当长的时间内并没有进一步分化,仍然无法自由处置土地,进行农地流转与转让。1982年《中华人民共和国宪法》第十条第四款规定:"任何组织或者个人不得侵占、买卖、出租或者以其他形式非法转让土地。"同年中央一号文件指出:"全国农村已有百分之九十以上的生产队建立了不同形式的农业生产责任制,并且生产责任制已经转入了总结、完善、稳定阶段。"但是"社员承包的土地,不准买卖,不准出租,不准转让,不准荒废,否则,集体有权收回;社员无力经营或转营他业时应退还集体"[①]。1987年实施的《中华人民共和国民法通则》第八条也规定,"土地不得买卖、出租、抵押或者以其他形式非法转让"。直到1988年修正《中华人民共和国宪法》,才正式承认农民对农地的处置权,将使用权分解为承包权和经营权,并逐渐分离两权,允许承包权和经营权分别转让与流转。

1988年《中华人民共和国宪法修正案》第十条第四款规定,"土地的使用权可以依照法律的规定转让",正式赋予农村土地承包经营权流转相应的合法地位。同年,"土地流转"这一名词首次出现在《人民日报》的报道中,贵州湄潭作为改革开放后首批农村改革试验区,通过招标承包、征收土地使用费的办法允许农民土地使用权有偿转让,"使土地流转公开化、合法化"[②]。

(二) 允许流转阶段

改革开放后,农地政策从禁止流转转向允许流转,与当时乡镇企业发展等经济社会环境密切相关。20世纪80年代中后期开始,乡镇企业在发达农区和大城市郊区蓬勃兴起、发展迅速。[③] 据统计,乡镇企业单位数量从1985年的1 222.45万个迅速增长到1994年的

[①] 1982年全国农村工作会议纪要,2011年1月26日,见 http://money.163.com/10/0126/18/5TVOC6VJ002544P9.html,2014年3月1日访问。

[②] 胡跃平:《土地使用权可作为一种商品来经营——湄潭试验区土地制度建设有突破》,《人民日报》1988年4月28日。

[③] 蒋省三、刘守英:《中国土地政策改革:政策演进与地方实施》,上海三联书店,2010年,第31—33页。

2 494.47万个。根据 2013 年《中国劳动统计年鉴》的数据,大量农户从农业产业转移到乡镇企业就业,1985 年乡镇企业的就业人数为 6 979.03万人,1995 年增长到 12 862.06 万人,增长幅度达 84.3%。农村劳动力转移到第二、第三产业,原承包地粗放经营甚至撂荒。于是,村集体为完成国家粮食定购任务,将村中的土地集中起来免租或低额分配给几个大户种植,再由大户负责完成国家的粮食任务。① 中西部地区,乡镇企业虽不如东部沿海地区发展迅速、经营有效,但是农业税费等税负打击了农民的耕种积极性。同时,随着市场经济的发展,大量剩余劳动力到经济发达地区打工,导致农村承包地成为"鸡肋","食之无味、弃之可惜"。② 根据调查,内蒙古自治区巨巾号乡阿力善图村有耕地 2 266.7 公顷,1995 年撂荒的土地大概有 200 公顷,占到所有耕地面积的近 10%。③ 在此背景下,政府对试图通过土地流转、规模经营的方法,使进城居住或务工、经商农户的土地通过"反租承包、有偿转让、折价入股"等形式转移到"种田能手"手里,培植专业大户。④

1993 年,党的十四届三中全会《关于建立社会主义市场经济体制若干问题的决定》指出,"在坚持土地集体所有制的前提下,延长承包期,允许继承土地开发性生产项目的承包经营权,允许土地使用权依法有偿转让"。根据党的十四届三中全会提出的要求,中共中央、国务院出台《关于当前农业和农村经济发展的若干政策措施》,细化土地使用权依法有偿依法转让的具体细则,指出在"少数第二、第三产业比较发达,大部分劳动力转向非农产业并有稳定收入的地方,可以从实际出发,尊重农民的意愿,对承包土地作必要的调整,实施适度的规模经营"。1995 年,国务院批复农业部《关于稳定和完善土地承包

---

① 蒋省三、刘守英:《中国土地政策改革:政策演进与地方实施》,第 30 页。
② 匡明星、鲍振良:《立足于稳,着眼于流——土地流转在胶州》,《人民日报》1995 年 2 月 13 日第 10 版。
③ 常振亮、陈军林:《对农村土地撂荒问题的调查》,《农村牧区机械化》1995 年第 21 期,第 43 页。
④ 李长君、宋丽:《"饥饿"的土地在呼唤——农村土地"暗荒"现象不容忽视》,《人民日报》1995 年 5 月 26 日第 10 版。

关系的意见》,明确建立土地承包经营权流转机制,认可农村集体土地承包经营权的流转是家庭联产承包责任制的延续和发展,可以通过转包、转让、互换、入股等方式流转承包地。在这一阶段,土地流转成为解决土地撂荒的有效途径,大量媒体报道也多集中在如何推进土地流转、创新流转形式方面。如宣传四川简阳的农田介绍所[1],安徽临泉鼓励、支持个人、企业和团体发展适度规模经营等[2]。

虽然党的十四届三中全会决定及出台的相关政策措施均支持建立农村土地流转制度,但对于土地流转的依据原则、方法等具体问题并没有做出明确的规定,只是简单提及土地流转应该"从实际出发"、"尊重农民的意见"及"有偿转让"。[3] 随着土地流转的规模扩大、速度加快,强制流转、无偿流转、将土地流转作为政府形象工程等问题暴露出来。[4] 其中最为著名是"蓝田公司"事件。蓝田公司扩张时期,将湖北洪湖瞿家湾镇的大量鱼池和田地转入公司,修建道路、工业园和高科技实验场,通过"公司+基地+农户"的模式,招聘失地农民为工人到公司就业。但是蓝田造假案东窗事发,公司破产后,洪湖7 000多户土地被流转的农民"失地""失岗",丧失生活来源。[5] 为规制土地流转过程中浮现出来的一系列问题,2001年中共中央发布《关于做好农户承包地使用权流转的通知》(简称《承包地使用权流转通知》),规定了土地流转的具体原则为"依法、自愿、有偿""流转期限不得超过农户承包土地的剩余期限""不准改变土地所有权和农业用途"。2003年《人民日报》发表以"农户的主体地位必须尊重"[6]、"户为基础的土地联产承包制度不能变"[7],以

---

[1] 邹德新:《简阳农民呼吁——开办农田介绍所》,《人民日报》1995年11月7日第10版。
[2] 刘允昭:《临泉土地租赁经营》,《人民日报》1995年2月13日第10版。
[3] 根据党的十四届三中全会报告、《关于当前农业和农村经济发展的若干政策措施》以及《关于稳定和完善土地承包关系的意见》总结。
[4] 韩俊:《土地流转不能"拔苗助长"》,《人民日报》2003年6月9日第13版。
[5] 皮曙初、高友清等:《"蓝田"悲歌与农民保障》,《中国社会导刊》2002年第8期,第24—27页。
[6] 零和:《农民的主体地位必须尊重——一谈尽快解决农村土地流转中的突出问题》,《人民日报》2003年7月8日第11版。
[7] 零和:《户为基础的土地联产承包制度不能变——二谈尽快解决农村土地流转中的突出问题》,《人民日报》2003年7月11日第11版。

及"防止大规模圈地之风蔓延"①为主题的连续时评,讨论如何消除土地流转过程不规范、程序违规违法等问题,帮助土地流转经营走上健康的运作轨道。

继2001年在《承包地使用权流转通知》中确立土地流转的基本原则后,2003年颁布《中华人民共和国农村土地承包法》将土地流转的五项原则以法律的形式固定下来。② 2005年农业部根据《中华人民共和国土地承包法》制定《农村土地承包经营权流转管理办法》(以下简称《流转管理办法》),从政策操作角度明确了流转双方当事人的权利与义务、流转方式,以及流转合同的管理办法。农业部办法出台后,各地相继出台实施《中华人民共和国农村土地承包法》的实施条例、通知或办法。2006年和2007年中央一号文件,继续推进农地流转进程,在坚持流转原则的基础上,可以在有条件的地方发展多种形式规模经营。2007年中央一号文件,则更为重视农地的法制化建设,规范土地承包经营权流转。

(三)鼓励流转阶段

农地承包经营权流转的目标是完成两个集中:"农民向城镇和新型社区集中"和"土地向适度规模经营集中"。2010年中央一号文件明确,提高城镇综合承载能力,吸纳农村人口加快向小城镇集中。在《国家新型城镇化规划(2014—2020年)》中也提出,人口向小城镇集中是城镇化的自然历史过程,需要加快小城镇并有重点地发展小城镇。农业的规模化经营是中央政策关注的焦点问题,也是近年来推动土地流转的一大动力。1995年,农业部《关于稳定和完善土地承包关系的意见》中就指出,发展农业适度规模经营。随着城镇化进程的加快,对规模经营的保守态度转向积极。党的十八届三中全会决

---

① 零和:《防止大规模圈地之风蔓延——三谈尽快解决农村土地流转中的突出问题》,《人民日报》2003年7月12日第11版。
② 《中华人民共和国农村土地承包法》第三十三条:"(一)平等协商、自愿、有偿,任何组织和个人不得强迫或者阻碍承包方进行土地承包经营权流转;(二)不得改变土地所有权的性质和土地的农业用途;(三)流转的期限不得超过承包期的剩余期限;(四)受让方须有农业经营能力;(五)在同等条件下,本集体经济组织成员享有优先权。"

定中提出,要鼓励农村发展合作经济,扶持发展规模化、专业化、现代化经营。2013年中央一号文件将努力提高农户集约经营水平作为发展目标,按照规模化、专业化、标准化发展要求,引导农户采用先进适用技术和现代生产要素。

在两个"集中目标"的推动下,政府对农村土地承包经营权的流转态度从允许少数地方流转转变为全面鼓励流转。党的十五届三中全会决定指出,土地使用权的合理流转,要坚持自愿、有偿的原则依法进行,不得以任何理由强制农户转让。少数确实具备条件的地方,可以在提高农业集约化程度和群众自愿的基础上,发展多种形式的土地适度规模经营。党的十六届三中全会决定则不再局限于"少数具备条件的地方",而是要"逐步发展适度规模经营"。党的十七届三中全会决定的表述则由"逐步发展"转变为"允许流转",允许农民以转包、出租、互换、转让、股份合作等形式流转土地承包经营权,发展多种形式的适度规模经营,并指出有条件的地方可以发展专业大户、家庭农场、农民专业合作社等规模经营主体。[1] 2013年中央一号文件指出,鼓励和支持承包土地向专业大户、家庭农场、农民合作社流转,发展多种形式的适度规模经营。但同时强调,土地流转不得搞强迫命令,确保不损害农民权益、不改变土地用途、不破坏农业综合生产能力。党的十八届三中全会决定中,"允许流转"用语转变为"鼓励流转",鼓励承包经营权在公开市场上向专业大户、家庭农场、农民合作社、农业企业流转,发展多种形式规模经营。随着各地开展农地流转方式的探索与实践,中央层面对于农地流转的态度更为理性,从"鼓励规模经营"转变为"鼓励适度规模经营",2014年11月颁布的《关于引导农村土地经营权有序流转发展农业适度规模经营的意见》(以下简称《有序流转意见》)明确,"坚持农村土地集体所有权、稳定农户承包权,放活土地经营权",推进多种经营方式发展。2015年中央一号文件《关于加大改革创新力度加快农业现代化建设的若干意见》中表明,要鼓励发展适度的农户家庭农场,引导农民以土地经营

---

[1] 《中共中央关于推进农村改革发展若干重大问题的决定》,2008年10月12日。

权入股合作社和龙头企业。

农地权利清晰定义是农地权利转移的基础。近年来,农地权能结构不断完整,权利支之间的关系日益明确,从原有的承包经营权进一步分解出抵押、担保等权能,形成"坚持农村土地集体所有权,稳定农户承包权、放活农地经营权"[①]的权能框架。党的十八届三中全会决定指出,农民拥有承包的占有、使用、收益、流转及承包经营权抵押、担保等权能,并允许农民以入股和流转的方式出让自己的承包经营权。[②] 通过确权颁证,界定各个权利支的权利人和权利对范围。党的十七届三中全会决定指出,要搞好农村土地确权、登记和颁证工作。2012年中央一号文件也明确,2012年基本完成覆盖农村集体各类土地的所有权确权、登记、颁证,同时推进包括农户宅基地在内的农村集体建设用地使用权确权、登记、颁证工作。但是在2012年,农村土地承包经营权的登记仍处于试点状态。2013年中央一号文件明确,农村土地确权颁证全面开展,计划用五年时间基本完成农村土地承包经营权确权、登记、颁证工作。2014年,农业部颁布的《关于切实做好2014年农业农村经济工作的意见》中指出,要抓紧落实农村土地承包经营权确权颁证工作,进一步扩大试点范围,选择两个省开展整省试点,其他省份至少要选择一个整县开展试点。《有序流转意见》中重申,在稳步扩大试点的基础上,用五年时间基本完成农地承包经营权确权、登记、颁证工作,解决农户承包地块面积不准、四至不清等问题。并且,文件提出土地承包经营权确权颁证可以与土地相分离,既可以确权、确地,也可以确权、确股、不确地。农地承包经营权确权颁证的工作经费中央财政给予补助,足见政府对于推进农地流转的支持。2015年中央一号文件《关于加大改革创新力度加快农业现代化建设的若干意见》中明确提出,将农地确权颁证的试点范围扩大到整个省,确权总体要确到户,严格控制确权、确股、不确地的范围。在党的十八届四中

[①] 《关于引导农村土地经营权有序流转发展农业适度规模经营的意见》,2014年11月20日。
[②] 《中共中央关于全面深化改革若干重大问题的决定》,2013年11月9日。

全会提出"全面依法治国"的引导下,2015年中央一号文件提出,健全农村产权保护法律制度,加强对农村土地集体所有权、农户土地承包经营权和农民财产权的保护。

流转主体方面,家庭经营仍然发挥着基础作用,集体经济组织成员享有流转优先权,鼓励农地优先流向家庭农场、专业大户等规模经营农户。农业企业租赁、经营农户承包地,相关政策一直持较为审慎,在2001年《承包地使用权流转通知》中明确提出,不提倡大企业长时间、大规模租赁和经营农户承包地,指明农地流转主要在农户之间进行。之后,2007年中央一号文件鼓励各类工商企业通过收购、兼并、参股、特许经营等方式,参与农村市场建设和农产品、农资经营,积极发展龙头企业等经营主体。之后出台的政策文件,一方面鼓励发展适合企业化经营的农业产业,一方面重视建立企业租赁农户承包地的监管制度。2013年中央一号文件明确,需要建立严格的工商企业租赁农户承包耕地(林地、草原)准入和监管制度。2014年中央一号文件则提出,要探索建立工商企业流转农业用地风险保障金制度。农业部在《关于切实做好2014年农业农村经济工作的意见》中规定,要尽快制定工商企业租赁农户承包耕地搞规模经营的准入和监管办法。2014年11月,国务院出台《关于引导农村土地经营权有序流转发展农业适度规模经营的意见》,鼓励农业产业化龙头企业等涉农企业重点从事农产品加工、流通和农业社会化服务,带动规模化经营,各类经营主体共同出资、相互持股,发展多种形式的农业混合所有制经济。同时,强调加强对工商企业租赁农户承包地的监管,控制租地面积、条件和经营范围,按照使用土地面积进行备案。2015年中央一号文件鼓励工商资本发展适合企业化经营的现代种养业、农产品加工和农业社会化服务。[①] 要求尽快制定工商资本租赁农地准入和监管办法。

总的来看,改革开放后,随着中国城镇化和工业化进程的加

[①] 《关于加大改革创新力度加快农业现代化建设的若干意见》,2015年2月1日。

快,农村劳动力构成和农业生产技术水平发生了巨大变化。出于提高农业劳动生产率和保障粮食安全等考虑,农地流转政策由禁止转向鼓励,农地权利束中的各个权利支不断分离,进一步分解,形成了所有权、承包权和经营权为主的权利结构,承包经营农户拥有更多的自主权能,可以在更大范围内自由处置自己的土地。这种农地流转的推进方式重视"有序性"和"适度性",2014 年颁布的《有序流转意见》强调,农地流转应"坚持四个基本原则,推进多种形式经营共同发展","坚持以改革为动力,支持基层先行先试","坚持依法、自愿、有偿,不得违背承包农户意愿、不得损害农民权益、不得改变土地用途,不得破坏农业综合生产能力和农业生态环境"和"坚持经营规模适度,注重提升土地经营规模"。2015 年中央一号文件中提出,农村土地改革原则是"确保土地公有制性质不变""耕地红线不突破""农民利益不受损"。正如渐进理论和制度变迁理论所支持,中国农地流转制度是在反思家庭联产承包责任制缺陷与不足的基础上,为适应新的经济社会环境而被重新提出的,并通过自上而下的制度变迁,大范围地展开。这既可以称为是一次政策演进的过程,又可以称为是对原有农业经营方式的变革。

三、中华人民共和国成立以来农地经营制度与权利束变迁的公共政策学解释:以间断—平衡理论为视角*

当前,对农地政策变迁的研究以中共党史学、法学、经济学和社会学为主。从公共政策学,尤其是运用政策科学的相关理论和方法,借助公共政策话语描述农地政策过程、解释政策变迁动力的论著仍显欠缺。中华人民共和国成立后,中国农地政策历经"农民个体所有,家庭自主经营""农民个体所有,劳动互助经营""劳动群众所有,集体统一经营""土地集体所有,家庭承包经营"等多个阶段。由此来看,中国农地政策的各个阶段绝不是渐进性的演进和边边角角的修

---

* 本节部分内容已发表在《中国社会科学论丛》第 2 卷第 2 号,2020 年。

补,充斥着大量的波动与间断,甚至与原有政策发生完全背离。面对中国农地政策发展过程中的重大变迁与剧烈变化,原本推崇"稳定,而非变革是公共政策决策主旋律"[①]的"渐进过程论"不再适用。在反思"渐进理论"基础上形成的"非渐进理论",例如"间断—平衡理论"(punctuated-equilibrium theory),关注政策演进中"不平衡"的波动,通过模拟"政策图景"(policy image)与"政策议定场"(policy avenue)的交替变化,阐释政策变化的动力来源,为解释中华人民共和国成立以来农地产权结构的重大变迁与渐进发展提供了一个更为适宜的理论视角。

(一) 理论框架:间断—平衡理论

一直以来,政策变迁过程都是公共政策领域研究的主要内容。按照政策演变的渐进性可以将研究方法分为两大类:一是以"阶段启发法"(stage heuristic)为代表的"渐进政策理论";二是以"支持联盟框架""间断—平衡理论"为代表的"非渐进政策理论"。20 世纪 60 年代到 80 年代,"渐进政策理论"在美国公共政策学者中拥有绝对的影响力,并至今受到很多中国公共政策学者的推崇。它认同多元主义的假设,认为政策是一个线性演进过程,政策结果实质上在相关利益集团的争论、妥协与退让中达到折中与平衡,不会出现大的改变。[②]众多学者在对"阶段启发法"反思的基础上,提出了政策变迁的第二种理论——"非渐进政策理论"。非渐进政策理论将研究焦点不仅放在政策的边际渐进上,更关注政策的非渐进变化,着重讨论为什么政策稳定演进过程中会出现激进的、革命性的,甚至是戏剧性的变化,其推动力来自何处,是否会产生规律性的政策演进结果。在此之中,较有代表性的是鲍姆加特纳(Frank R.Baumgartner)和琼斯(Bryan D.Jones)的间断—平衡理论。

间断—平衡理论认为,政策的间断、改变和背离是因为政策图景

[①] Robert Repetto, *Punctuated Equilibrium and the dynamics of U.S.Environmental*, New Heaven: Yale University Press,2006,p.27.
[②] 杨冠琼:《公共政策学》,北京师范大学出版社,2009 年,第 163 页。

与政策议定之间的交互作用。① 政策图景,指一项政策是如何被理解和讨论的。②政策议定场,指针对某项政策议题做出决策的权威制度场所。③ 同一议题归属不同的政策议定场所,可能导致不同的政策形象。例如,在对待杀虫剂问题时,国会当中的农业委员会可能会将杀虫剂看作增加农民收益的手段,但是环境集团则可能将注意力放到杀虫剂对健康的负面影响上。政策议定场包含的范围十分广泛,国会、政府官员、地方政府、股票市场和债券市场的私人投资者、商人和消费者都可以成为政策的决策者或者主体。④ 间断—平衡理论按照参与者类型和政策处理方式将政策议定场分为宏观系统与次级系统。宏观系统由政治领袖通过串行(serial fashion)模式处理单一问题;次级系统则由地方政府、专家或媒体等通过并行(parallel processing)方式同时处理多个问题。与政策的变迁与调整同步,次级系统也在不断地创建、改造和摧毁。比如,中华人民共和国成立后有关农村政策的次级议定场就经过了国务院第七办公室、农村工作部、国家农业委员会、中共中央书记处农村政策研究室和国务院农村发展研究中心的变化。

通常情况下,政策议题由专家集团(communities of experts)在政策次级系统中并行处理,当政策次级系统被单一利益主导时形成政策垄断⑤,踏入稳定、渐进的演进路径。由于不同利益集团热情动议或某一政策问题冲突扩散,引起原有政策冷漠者态度转变,促使政策冷漠者重新判断原有议题,导致议题的政策图景改变并吸引新的参与者。随着新参与者的不断加入,政策议题的注意力水平日渐提高,积累到一定程度时引发宏观政治系统的关注,政策处理方式由次级系统并行处理转为宏观系统串行处理。在"受到媒体和更多公众高度注视的"宏观系统中,即使微小的变化也会迅速发生正反馈

---

① ② 弗兰克·鲍姆加特纳、布莱恩·琼斯著,曹堂哲等译:《美国政治中的议程与不稳定性》,北京大学出版社,2011年,第24—25页。
③ 弗兰克·鲍姆加特纳、布莱恩·琼斯著,曹堂哲等译:《美国政治中的议程与不稳定性》,第29—32页。
④ 弗兰克·鲍姆加特纳、布莱恩·琼斯著,曹堂哲等译:《美国政治中的议程与不稳定性》,第32—35页。
⑤ 保罗·A.萨巴蒂尔著,彭宗超等译:《政策过程理论》,上海三联书店,2004年,第130页。

(positive feedback)作用,最终产生政策变迁。变迁后的政策建立新的平衡,并在次级子系统中渐进演进,直到下一次政策图景和政策议定场的改变。纵观中华人民共和国成立以来农村土地经营政策的变迁过程,也可以观察到认知图景与议定场之间的相互作用,以及这两者对政策变迁的影响。

(二) 认知图景与偏好:农地政策的第一次变迁

中华人民共和国成立后,围绕农村土地是个体自主经营还是集体统一经营,出现过激烈的争论,随着人民公社的发展与成熟,"三级所有,生产队为基础"的集体统一经营方式占据主导地位。根据间断—平衡理论的概念,认知图景的变化导致政策议定场的变化,即认知图景变化在前,政策议定场变化在后。但是,在农地家庭自主经营到集体统一经营的政策变迁过程中,自下而上的改变与自上而下的改革几乎是同时进行的。政策议定场由次级系统上升到宏观政治系统的路径并不明显。中华人民共和国的成立来源于广大农民的支持与土地革命的成功。中华人民共和国成立初期,农地问题一直是宏观政治决策系统考虑的重中之重。在基本制度、外部环境以及大众媒体的作用下,原本积极的家庭自主经营政策转化为消极的认知图景,强化宏观决策者固有的政策偏好,形成政策"基调"(tone),最终推动农地经营政策由家庭自主经营向集体统一经营转变。

1. 认知图景的变化

采用长期历史视角来关注政策议程的改变,制度与环境是不容忽视的决定性因素。土地所有权制度、国家发展战略与国际形势的变化,均能导致土地经营政策图景的变更。

土地经营政策与土地所有权制度密不可分。战争时期及中华人民共和国成立初期,在"耕者有其田"的土地制度下,实行农民个体经营,表现为生产资料与劳动者的直接结合,农业生产资料的所有权、使用权及其劳动产品的直接分配权三权合一。[①] 但是,随着新民主主

---

① 姜爱林:《土地政策基本理论研究》,中国大地出版社,2001年,第167页。

义革命向社会主义革命过渡,以及朝鲜战争的爆发,土地家庭自主经营的认知图景迅速发生转变。原本关系国内战争胜利、新兴政权构建、工农业生产恢复的农民土地私有制,变成小农经济的代名词,被认为是孕育"新富农"、产生新阶级分化的"摇篮",成为阻碍统购统销与国家工业化发展的制度要因。首先,在农民个体经营模式下,出现新的贫富分化现象。根据1951年山西忻县对143个村庄的调查,"土改"后已有8 253户农民出卖土地,出卖量占总土地的5.5%。[①]这与土地改革反封建的初衷出现矛盾,引起担忧。其后则试图通过合作社,特别是大合作社阻止农民卖地,认为"大合作社才可使得农民不必出租土地了"。其次,自封建社会延续下来的小农经济生产经营方式按照"囤粮置地"的守旧思路单纯追求农业生产力的提升,却不进入市场,最终引发了1953年的粮食供求波动。政府希望通过合作化的方式在高度分散、经济自主的农民中间建立的有效的流通主体,改变小农经济私有制,彻底解决农产品供求矛盾。最后,在美苏两极分化、朝鲜战争爆发的国际形势下,迫切需要加快推进工业化进程。而孤立、分散的农民个体经营模式"同现代化工业相抵触","这种分散的个体生产,是封建统治的经济基础,而使农民自己陷于永远的痛苦"。在以上因素的影响下,原本"确保私有财产"、维护"四大自由"的农民土地私有制和家庭自主经营方式变成惠及富农和富裕中农的"资本主义"道路,而以合作化为开端的农村集体所有制与集体统一经营方式成为阻止农民卖地、制止农村阶级分化、增加粮食产量、解决粮食问题,学习苏联经验、主动改变生产关系,进行社会主义改造、走社会主义道路的有效途径。原本农民个体占主导的经营模式,经过劳动互助组互助经营和初级社统一经营、逐渐演变巩固为人民公社时期的集体统一经营,直到改革开放后,被农村土地家庭承包经营的方式取代。

2. 宏观系统的偏好

从战争时期到中华人民共和国成立初期,农村土地政策是中国

[①] 史敬棠:《中国农业合作运动史料(下册)》,上海三联书店,1959年,第251—255、4页。

共产党关注的焦点问题。毛泽东曾评价:"农村土地政策是中国共产党赖以发展的基础。"因此,从家庭自主经营到劳动合作经营,再到集体统一经营的政策转变过程中,政策议题在次级和宏观之间的流动并不明显。农村土地政策长时间以来都由宏观系统的最高决策者制定。政策制定者有明显的动机以不同的方式,按照不同的理解描述议题[1],比如政要在结合性问题中表现出来的政策姿态会对公共政策造成重要影响[2]。因为宏观政治系统的主要决策者一旦对具体问题表示关注、提供方案并开始着手解决问题,就会受到媒体的大量关注,扩散自身政策偏好,改变政策的认知基调,从而根本扭转政策方向。正如爱德华兹(Edwards)所言,政策基调的确立可能比特殊的政策建议更起作用。[3]中国作为单一制国家,在政府主导型经济发展模式下,"具有权威的政党和政治强人不仅是经济现代化的体制基础"[4],而且容易将自身的政策理解转化为政策议程接近的环境,在整个政策变迁过程中起决定性的作用。

毛泽东对于农业集体经营的设想,早在土地革命战争时期完成的一系列论述中就初见端倪。在生产资料缺乏的情况下,可以"领导群众组织犁牛合作社,共同集资买牛"[5],并且,他敏锐地意识到小农经济的局限性,认为在农民群众方面,几千年来都是个体经济,一家一户就是一个生产单位。这种分散的个体生产,就是封建统治的经济基础,而使农民陷于永远的穷苦。虽然中华人民共和国成立初期,基于获得农民支持、稳定新生政权的需求,短暂维持了土地改革后农村土地农民所有、个体经营的制度形态,但是随后颁布的过渡时期的总路线明确提出,通过农业社会主义改造将农村中的个体经济改造成集体经济,依照"简单的共同劳动临时互助组,常年互助组,土地入股、统一经营而有较多公共财产的农业合作社、完全社会主义的集体农民所有制的农业生产合作社"这一路径完成农业的社会主义改造。

---

[1][2][3] Frank Baumgartner and Bryan D. Jones, *Agendas and Instability in American Politics*, Chicago: The University of Chicago Press, 2009, pp.1-158.
[4] 武力主编:《中华人民共和国经济史1949—1999》,中国时代经济出版社,2010年,第30页。
[5] 《毛泽东文集(第一卷)》,人民出版社,1993年,第302页。

农业合作化完成后不久,人民公社化运动掀起了向全民所有制过渡的高潮,原本"农民个人所有,家庭自主经营"的农村土地政策转变为"劳动群众集体所有,集体统一经营"。某些特殊时期,主要决策者可能会对政策倾向做适度调整。1960年11月召开的政治局会议上,与会者提出合作社时期田间管理包工到户的办法可以重新启用。毛泽东评价说,现在还可以实行,可以恢复起来。① 随后,安徽试行"按劳动底分承包耕地,按实产粮食计工分"的联产到户责任制。1961年3月广州会议上,安徽省时任省委书记曾希圣向毛泽东汇报责任田试点情况并获得许可;同年7月,再次汇报时,毛泽东说:"如果责任田确有好处,可以多搞一点。"② 但是当人民公社基本核算单位下放到生产队后,毛泽东对责任田产提出质疑。在与曾希圣的谈话中他提到,如果以生产队为基本核算单位,是否还要搞责任田?并又指出,生产开始恢复了,是不是把这个办法改回来?③ 最终1962年"七千人大会"上,曾希圣因"责任田"受到批判。

(三) 政策注意力水平、性质与议定场:农地政策第二次变迁

改革开放后,人民公社"三级所有,队为基础"的经营方式全面解体,以"包产到户"为标志的家庭承包制建立起来。事实上,自农业合作化开始,对于"包产到户"的争论就从未停歇。以大众媒体的报道作为分析材料,可以发现对生产责任制的认知与关注在不同时期表现出明显的差异。随着政策图景的改变、政策注意力水平的提高,以及政策基调的扭转,原本在政策次级系统——地方基层试验的家庭承包制引起宏观决策系统的注意,积极的政策图景不断扩散,并最终导致集体统一经营政策到家庭承包经营政策的转变。

1. 家庭承包经营政策的认知图景

政策认知图景因人而异、因时而异,在积极与消极之间转化。注意力水平的波动与政策图景的变化,对政策变迁具有举足轻重的作

---

①②③ 中共安徽省委党史研究室:《安徽农村改革口述史》,中共党史出版社,2006年,第30页。

用。作为主要的社会行动者,大众媒体的注意力及其所持有的政策图景通常可以引导公众的认知。通过统计、分析媒体报道,解读政策的受关注程度以及正负认知图景的性质,能够更清晰地展现政策认知图景对政策变迁的影响。参考鲍姆加特纳和琼斯对媒体报道分析的编码方式,以主流媒体对包工包产经营政策的认知为变量,选定"包工""包产""包工包产""包产到户"等关键词,检索统计1949—2019年《人民日报》关于农村土地经营政策的相关报道。剔除不相关和无法编码的报道后,对剩余1 232篇报道进行分析。依照"土地生产责任制政策是正面的、中立的(或无法判断)、负面的"进行编码,观察媒体对该变量的注意力水平,分析媒体的注意力性质。其中,正面认知,指对政策的肯定、赞扬、和积极效果的报道;负面认知,包括对政策的否定、批评、和对生产的不利效果的报道;中立是指关于政策执行和落实的报道,对政策本身并无明确态度。从图2-1来看,政策注意力水平在不同年份呈现两极分化的态势。其中1956—1962年、1979—1983年为讨论的"焦点"时期,属于高度关注阶段,也可以称之为注意力水平的"聚焦"时期。1967—1969年形成小高峰,注意力水平较"分散"时期有所上扬。图2-2展示了媒体的注意力性质。

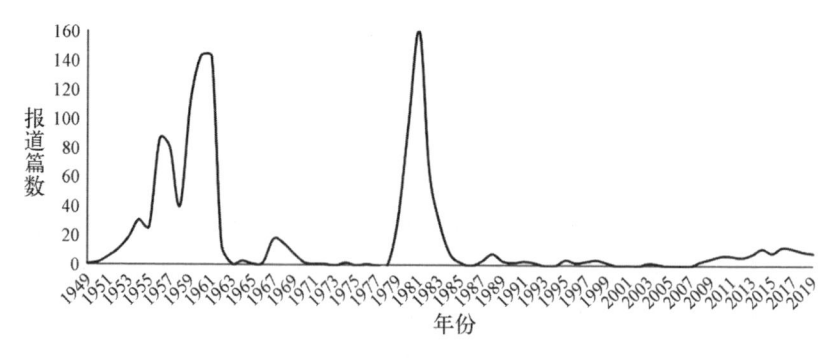

图2-1　1949—2019年《人民日报》相关报道统计分析(单位:篇)
资料来源:根据1949—2019年《人民日报》报道资料统计而成。

1956—1962年,第一个注意力聚焦时期,正面报道占当年所有编码报道的63%以上,负面报道比例在10%以下,其余为中立的或无法编码的报道。这一时期的报道集中在支持生产责任制的劳动方

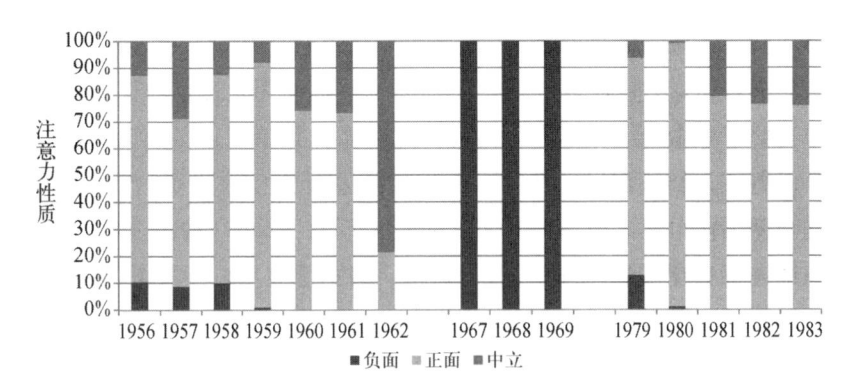

图 2-2 1956—1983 年《人民日报》聚焦年份注意力性质分析

资料来源：根据 1949—2019 年《人民日报》相关报道整理。

式，但对于生产责任制是否应包产到户，仍充满争议。1956 年随着农业集体经济的建立，邓子恢等提出按照农业集体经济的要求建立以"包工包产制"为主要形式的生产责任制形式，并在高级社中推广包工、包产、包财务，超产奖励、减产扣分的"三包一奖"制度，调动了农民的生产积极性，改善了高级社的经营管理。① 具体实践中，部分地区将包产到队进一步深化为包产到组、包产到户。②《人民日报》报道了安徽芜湖、四川江津包产到户的做法，肯定这种做法适应生产发展的需要，生产组和社员都应该"包工包产"。1957 年刘少奇到河南新乡调查时，明确肯定包工包产的生产方式，认为这种制度是"生产关系的调整，能够巩固生产所有制"③。但是自 1957 年 6 月开始，包产到户的政策图景由正面转向负面，《人民日报》借报道广东顺德东宁社富裕中农与贫下中农的辩论，总结包产到户的"四大害处"，并在其他报道中批评"包产到户就是走回头路"④、"实行包产到户就是变相单干"⑤。"大跃进"以及三年困难时期中，包产到户、责任田等经营

---

① 《学习邓子恢同志关于实行农业生产责任制的观点》，《人民日报》1982 年 2 月 23 日第 5 版。
② 《生产组和社员都应该"包工包产"》，《人民日报》1956 年 4 月 29 日第 2 版。
③ 《卓绝的贡献学习的典范——回忆刘少奇同志》，《人民日报》1980 年 5 月 20 日第 2 版。
④ 《不是贫沾富光而是贫受富害，顺德东宁社经过三场大争彻底辩赢富裕中农》，《人民日报》1957 年 10 月 13 日第 2 版。
⑤ 《实行"包产到户"就是变相单干，勒竹社社员坚决不走回头路》，《人民日报》1957 年 10 月 16 日第 2 版。

形式曾一度重新浮出水面，但是随着党的八届十中全会对包产到户的完全否定，这一经营方式被贴上"反对社会主义"的标签，直到党的十一届三中全会后，政策图景才再次改变。

1956—1962年，土地个体所有制向集体所有制转变完成后，媒体高度关注集体土地所有制下土地的经营形式，聚焦家庭自主经营与集体统一经营这两种方式的选择。最终，集体统一经营框架下的生产责任制拥有广泛的正面认知，而以包产到户为代表的家庭自主经营则从积极政策图景迅速转化为消极政策图景，被明令禁止。1967—1969年，对包产到户的批评与当时的政治环境联系起来，"三自一包""包产到户"等成为批判刘少奇等人的重要"罪证"。政策认知问题变成了阶级斗争和"两条道路"选择的政治问题。所以，1967—1969年小高峰时期，连续三年包产到户政策消极认知比例均为100%。

"文化大革命"结束后，中央的工作重心由"以阶级斗争为纲"向"经济建设"转移，农村土地经营政策再次成为媒体注意力的焦点。1977年和1978年，《人民日报》对包工包产等农村土地经营模式的报道几乎为零，但是到1979年迅速攀升为30篇，1980年和1981年分别达到97篇和160篇。由此可见，媒体注意力水平的增加和缩减绝不是渐进式的，往往是暴风骤雨式的改变。但是政策认知图景的转变却不是一蹴而就的，中间仍然存在着争论与反复。在1979—1983年第三个高峰时期，政策认知重新转向，积极政策图景重新占据主流位置，正面报道占76%以上，只在1979年和1980年出现了负面报道。1979年1月，《人民日报》报道云南省元谋县时任大塘子生产队会计李国有向时任县委书记建议采用包产到组的方式，促进农业生产，得到时任县委书记重视并在生产队试行，农业获得全面丰收。[①] 1979年3月，《人民日报》刊登署名张浩的读者来信，却采用完全不同的论调，指出不能从"队为基础"退回去，搞"分田到组""包产到组"。[②]

---

① 《元谋县生产队会计李国有给县委书记写信提出包产到组的建议》，《人民日报》1979年1月14日第2页。
② 《"三级所有，队为基础"应该稳定》，《人民日报》1979年3月15日第1版。

同月,又刊登署名为辛生、卢家丰的来信,以安徽各地的实践情况证明包工到组、联系产量评定奖惩责任制的良好效果。① 经过相当长时间的实践,以及地方试验性改革的推动与激励,媒体开始认识到"一平二调""一大二公"集体统一经营的内卷化缺陷,人民公社平均主义的生产方式难以调动农民的劳动积极性,导致"粮食市场供应紧张、加重了农村的贫困程度"②。但是在"以阶级斗争为纲"和"两个凡是"的禁锢下,对土地经营方式的探讨仍旧难以摆脱"两条道路"的束缚。直到 1980 年中央第 75 号文件出台,指出包产到户、包干到户"依存于社会主义市场经济,而不会脱离社会主义轨道",才正式改变了家庭土地承包经营是"分田单干""走资本主义道路"的认知图景。自此之后,对家庭承包经营方式的报道均为正面报道。农村土地家庭承包经营政策确立后,农村土地经营政策进入渐进平衡阶段,承包年限由三年延长为三十年;经营使用权利不断扩大,土地使用权由禁止流转转变为鼓励流转。

媒体注意力水平的"聚焦"与"分散"时期和注意力性质"积极"与"消极"的变化同中国农村家庭土地政策的变迁时间节点与转变方向基本一致。一方面,这是由《人民日报》是中国共产党中央委员会机关报的性质决定的。通过对《人民日报》相关报道的编码分析,能够更好地观察宏观政治系统对包工、包产这一农村土地经营政策的认知变化和决策过程。另一方面,从统计数据来看,媒体感兴趣话题的变动和起伏,也在一定程度上预示或展现着政策的变迁。

2. 家庭承包经营政策的议定场:次级系统到宏观系统

中国的改革开放发端于农村。农民自发的创新性尝试及地方政府等次级系统打破政策垄断的努力,导致土地集体经营政策的生态环境出现"崩塌"。政策从次级处理系统上升到宏观处理系统,最终将地方性的政策试验转变为国家强制性的政策安排。1977 年,安徽

---

① 《正确看待联系产量的责任制》,《人民日报》1979 年 3 月 30 日第 1 版。
② 杜润生:《中国农村体制变革重大决策纪实》,人民出版社,2005 年,第 89—98 页。

省委突破"学大寨""穷过渡"的风潮,在滁县地委调查报告的基础上,起草《关于目前农村经济政策几个问题的规定》,主张尊重生产队的自主权,生产队实行责任制。滁县地委在天长县新街公社将棉花包产到户,超产奖励,减产赔偿,大旱之年棉花仍然增产89.6%①,后又将生产责任制推广到全地区试点。例如,凤阳县岳北生产队就采用"大包干"的方式,包产到组、联产计酬。生产责任制的成功迅速产生正反馈效应,到1979年3月,安徽滁州已有68.3%的生产队实行包产到组、包干到组。②1979年,安徽的地方性实验迅速上升到宏观政治层面。在国家农委召开的七省三县座谈会上,集中讨论安徽的实践。这也是"文革"后,首次把包产到户提到中央来讨论。③ 1980年,国家农委召开人民公社经营管理会议并将会议情况向中央政治局汇报,当时的主要领导人华国锋、李先念、王任重等对包产到户持反对意见;《农村工作通讯》接连刊登《分田单干,必须纠正》《包产到户是否坚持了公有制和按劳分配?》等文章反对包产到户。党的十一届五中全会后,宏观决策系统出现变动,万里接替王任重主管全国农村工作。邓小平则坚持自50年代末以来对生产责任制的认知,支持包产到户。在1980年的编制长期规划会议上,邓小平赞同姚依林的观点,认为西北、贵州、云南等生活贫困的地区可以实行包产到户。同年颁布的中共中央第75号文件指出,群众要求包产到户的,应当支持。1982年和1983年的中央一号文件的公布,标志着农村土地由集体统一经营最终转变为家庭承包经营体制。

宏观政治制度的介入普遍强化了快速变化的可能性,但并不是所有进入宏观系统的议题都会发生改变。1956—1962年,各地曾掀起三次土地所有权与使用权分离的尝试,成功引起了主要领导人的关注,但是均未影响政策方向。农业合作社向高级社转变的过程中,转变过快、要求过急,引起农民不满,合作化之后闹退社的现象不断出现。⑤ 1956年,四川、浙江、广西与安徽等地,为激发农民生产热情、

---

①② 中共安徽省委党史研究室:《安徽农村改革口述史》,第30页。
③④⑤ 杜润生:《中国农村体制变革重大决策纪实》,第89—98页。

办好农业社进行了包产到户实验。浙江省永嘉县时任县委书记李云河将燎原社包产到户的经验在全县推广。如上文对媒体的编码分析,《人民日报》等也对此进行了正面报道。随着积极政策图景的正反馈效应,广东中山、江苏江阴、湖北宣恩、河南沁阳等地纷纷进行了尝试,政策注意力水平不断提高,由农民个体、地方政府等次级议定场成功上升到宏观议定场。周恩来、陈云等领导人在党的八大上发言,强调农业生产需发扬集体经营和社员家庭经营两方面的积极性。但是,由于波兰事件和匈牙利事件等导致的外部环境的变化,仍以阶级斗争为名否定了包产到户政策。1958—1959年整顿人民公社过程中,河南、湖南、贵州、江苏等地推行"定产到田、超产奖励""田间管理、包工包产到户"等多种生产责任制形式①,进行了第二次包产到户尝试。庐山会议后,包产到户被定义为"右倾机会主义",受到严厉批判和纠正。1960年,受到三年严重困难影响,为恢复农业生产、克服困难,差不多"每个省、市、区都发现"②有地方实行"田间管理包到户"等变相包产到户的经营方式。对多种生产责任制形式的讨论,从地方政府等次级政策系统一直延伸到中央宏观决策系统。安徽省时任省委书记曾希圣在《关于包产到田责任到人问题(草案)》中总结联产到户的十大好处;时任农村工作部部长邓子恢提出《关于当前农村人民公社若干政策问题的意见》,明确支持"责任田"。中央层面,刘少奇、邓小平、陈云等也在多次讲话或文件中支持包产到户。1962年初,安徽"责任田"受到批判,时任太湖县委宣传干部钱让能、张家口地委书记胡开明上书,保荐生产责任制。③但是,广泛的地方实践和争论并没有改变政策的根本基调。随后召开的北戴河会议明确反对包产到户的各种形式,并撤销了中央农村工作部。从以上三次所有权与经营权分离的尝试来看,议题在不同议定场之间的转换并不是构成政策变迁的充要条件。只有政策基调、政策图景、注意力水平和政策议定场共同作用,才能最终促使政策产生方向性的逆转。

---

① 罗汉平:《农村人民公社史》,福建人民出版社,2003年,第135—145页。
②③ 杜润生:《中国农村体制变革重大决策纪实》,第89—98页。

中华人民共和国成立以来，中国农村土地经营政策经历了家庭自主经营、劳动互助经营、集体统一经营和家庭承包经营的非渐进变迁过程，政策出现重大改变甚至方向性逆转。不同时期的土地所有制度、国家发展战略、国际形势变化及大众媒体导向，导致政策注意力水平在聚焦与分散之间，认知图景在积极与消极之间相互转化。随着新的政策图景和议题不断受到关注，政策议定场由并行次级政策系统提升到串行宏观政治系统，主要政策决策者对政策重新进行讨论，发生正反馈作用，最终导致新政策的产生。同时，政策基调对政策变迁的影响也不容小觑，20世纪50年代末到60年代初三次包产到户的尝试，就因未能成功撼动原有政策基调，而以失败告终。所以，中华人民共和国成立以来农村土地经营政策的几次变迁是政策注意力水平、认知图景、政策议定场和政策基调相互作用的结果；在家庭承包制的平衡阶段，除维护基本政策方向外，更应重视政策外部环境更迭、政策注意力水平变化，以及政策图景转换对原有政策的影响，进行适时调整，以避免政策突然逆转的不良影响，保持其持续性演进。

第三章 农村土地承包经营权流转现状与政府法定角色分析

改革开放后,中国经济飞速发展,城镇化水平逐渐提高。农村劳动力大规模向城镇转移、先进科学技术和大型农业机械的使用,带动农业产业由传统农业向现代农业大幅迈进,由原始、粗放的小农生产方式向集中化、规模化的生产方式演变。根据2019年全国农民工监测报告,中国农民工总量已经超过2.9亿人,其中外出农民工为17 425万人,占农民工总数的60%左右。在此背景下,中共中央连续在2008—2019年多个一号文件中,提出推进农地经营权有序流转和农业规模经营。这一章基于中华人民共和国农业部近年农地流转统计数据、中国综合社会调查(CGSS)和法律法规政策,试图回答几个问题:一是,当前农村土地承包经营权流转规模如何,有什么特点与问题?二是,政府行为以及何种行为会对农民流转土地的决策产生影响?三是,当前农地流转相关的法律规范中,政府的法定角色是什么,应如何进行分类?

第一节 农地流转现状分析

家庭联产承包责任制确立后,土地承包关系逐渐稳定,农地承包经营权利日渐明晰,农民成为承包土地产权的实际拥有者。2006—2018年,农业部关于农村土地承包经营权流转的相关统计数据显示,承包经营权流转面积逐年递增、涉及农户面积不断增加、流转方式日益多样,同时,也显示出流转后农地经营无粮化、流转纠纷增加以及流转地区间不平衡等问题。①

一、农村土地承包经营权流转基本情况

人多地少、土地资源紧缺,是中国的基本国情。截至 2016 年底,中国共有农用地面积为 64 512.66 万公顷,其中耕地面积占总面积的 20.9%,为 13 492.10 万公顷(20.23 亿亩)。② 农村居民家庭经营耕地面积仅为 1.35 亩/人。根据世界银行 2016 年的排名,中国人均耕地面积③在参与统计的 241 个国家或地区中,位列第 174 名。④ 人均耕地面积过小、农业耕作细碎化和城乡发展差距扩大,使得政府希望通过赋予农民更多的财产权利和推进土地权利转移,改善农业产业结构、培育现代农业、提高农民收入以及促进城乡一体化发展。

近年,中国家庭承包经营面积稳步上升,从 2006 年的 12.138 亿亩上升到 2017 年的 13.85 亿亩,家庭承包经营土地流转面积由 2006 年的 0.555 亿亩(见图 3-1),上升到 5.12 亿亩,增长近 9 倍(见图 3-2)。2017 年,流转面积占家庭承包经营面积的比例(以下简称"流转面积比")为 36.98%,即三分之一以上的农户承包土地参与了流转。特别是 2007 年、2008 年中央一号文件和党的十七届三中全会提出允许农民以转包、出租、互换等形式流转土地承包经营权后,尤其是党的十八大以后,农地流转面积比上年变动率迅速上升,在 2012 年出现峰值接近 2.59%,后逐渐趋向平稳。

从 2017 年农业部统计的各省区市流转情况看,超过全国流转面积比的省份有 14 个,分别是上海(75.39%)、北京(63.19%)、江苏

---

① 此处数据通过依申请公开,申请农业部公开数据而得。根据农业部相关工作人员回复,2006 年之前对承包经营权的统计较为初步,不太健全,故本书从 2006 年的数据开始进行分析。
② 自然资源部:《2017 中国土地矿产海洋资源统计公报》,2018 年 5 月。
③ 耕地(人均公顷数)包括联合国粮农组织定义为用于种植短期作物(种植双季作物的土地只计算一次)、供割草或放牧的短期草场、供应市场的菜园和自用菜园的土地,以及暂时闲置的土地。因换耕作方式而休闲的土地不包括在内。
④ World Bank, Arable Land Data, https://data.worldbank.org/indicator/AG.LND.ARBL.ZS,2019 年 6 月 20 日访问。

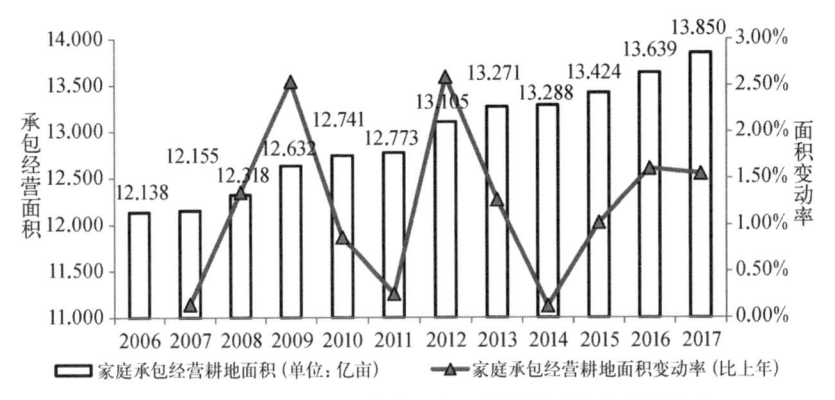

图 3‐1 2006—2017 年家庭承包经营耕地面积统计及变化

资料来源：根据农业部 2006—2017 年家庭承包经营情况统计整理。

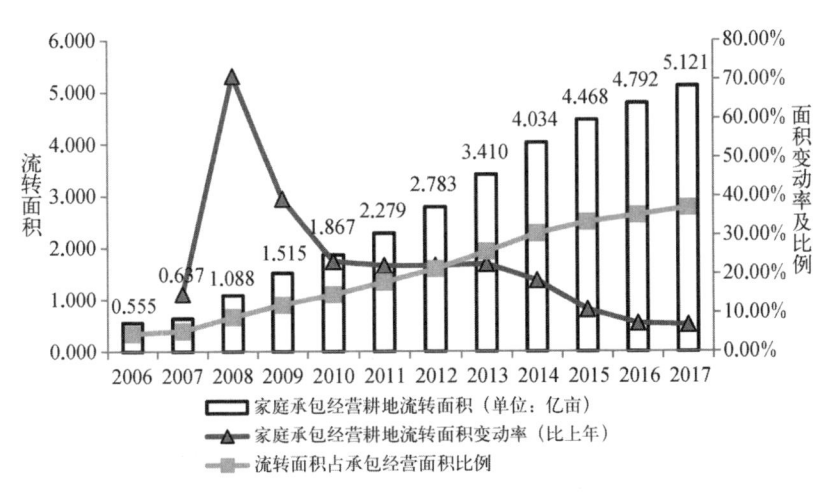

图 3‐2 2006—2017 年家庭承包经营耕地流转面积、变动率及所占比例

资料来源：根据农业部 2006—2017 年家庭承包经营情况统计整理。

(61.45%)、浙江(56.80%)、黑龙江(52.07%)、天津(48.46%)、安徽(45.51%)、湖北(44.58%)、重庆(43.15%)、湖南(42.58%)、广东(40.32%)、辽宁(38.10%)、河南(37.98%)、内蒙古(37.16%)。其中上海、北京、江苏、浙江、天津、重庆和广东是经济较为发达和城市化水平较高的地区。

二、当前农村土地承包经营权流转的特点

中国农村土地承包经营流转面积持续增加,逐渐显示出流转方式多元化、流转主体多样化、流转程序规范化等特点。

(一) 流转方式多元化

根据《中华人民共和国农村土地承包法》第三十六条、《农村土地承包经营权流转管理办法》第十一条规定,农村土地承包经营权可以依法采取出租(转包)、入股或者其他方式向他人流转土地经营权。另外,《中华人民共和国农村土地承包法》第五十三条规定,通过招标、拍卖、公开协商等方式承包农村土地,经依法登记取得土地承包经营权证或林权政等证书的,承包经营权可以依法转让、出租、入股、抵押或其他方式流转。2015年中央一号文件也强调,引导农民将土地承包经营作为股份参与农业企业和合作社的运营。综合法律和相关文件,农村土地承包经营权的主要流转方式包括:出租(转包)、转让、互换、入股和抵押等。受"先行先试"理念的鼓舞,农地流转试验中也出现了重庆"地票"、成都"农地股份合作社"、江苏苏州"土地信托"、浙江嘉兴"两分两换"等不同的流转模式,在政策和实践层面拓宽了农地流转的途径。

从农业部2006—2016年的统计数据[①]来看,出租(转包)是农地流转方式的主流。2016年,农地转包面积约为4.14亿亩、转让面积约为0.14亿亩、出租面积约为4.14亿亩、互换面积约为0.3亿亩、入股面积约为0.3亿亩,通过其他方式流转的面积约为0.24亿亩(见图3-3、图3-4)。在各类流转方式中,主要通过转包和出租的方式流转土地,2016年比例分别达到47.14%和35.09%。在"坚持农村土地集体所有权、稳定农户承包权"的政策引导下,出租、互换、入股等不改变农地承包关系的流转途径比例逐渐上升,转让等终止原

---

① 农业部关于农村土地承包经营情况统计,仅包括转让、转包、出租、入股等形式,未对抵押等流转形式进行单独统计。

本承包关系的流转途径比例逐年下降，由 2006 年 8.84％下降到 2016 年的 2.82％。

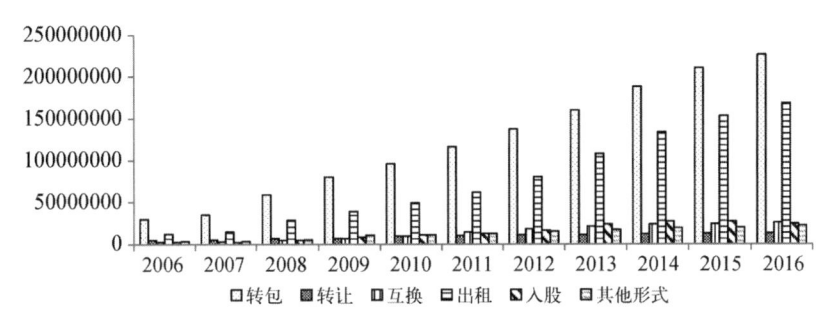

图 3‑3 2006—2016 年不同形式土地流转面积（单位：亩）

资料来源：根据农业部 2006—2016 年家庭承包经营情况统计整理。①

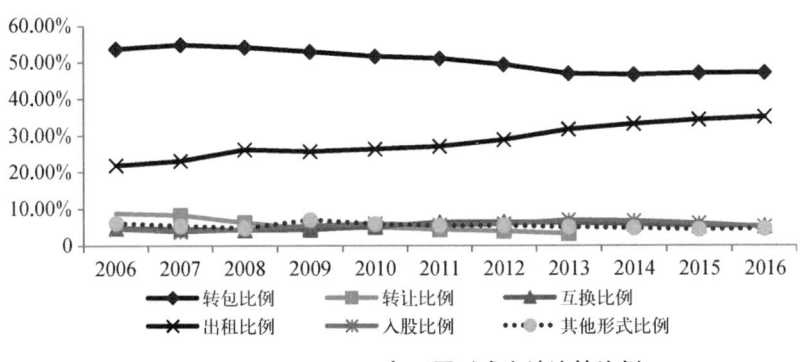

图 3‑4 2006—2016 年不同形式土地流转比例

资料来源：根据农业部 2006—2016 年家庭承包经营情况统计整理。

（二）流转主体多样化

2007 年中央一号文件中首次提出，培育现代农业主体，发展种养专业大户、专业合作社、龙头企业和集体经济组织等规模经营主体。正如第二章所述，对工商企业大规模租赁土地的政策趋向经历从不鼓励到鼓励，再到完善监管制度的过程。党的十八届三中全会决定中明确，土地承包权的主要流转方向是专业大户、家庭农场、农

---

① 根据《2017 年中国农村经营管理统计年报》，转包并入农地出租进行统计，为展现变迁过程，故统计流转方截止到 2016 年。

民合作社和农业企业。

2017年农业部统计数据显示,农户是农地流转的主要受让人(见图3-5)。2017年流转入农户的承包土地面积达到约2.9亿亩,约占当年总流转土地面积的57.5%。而转入专业合作社、企业和其他主体的土地面积分别为约1.16亿亩、约0.5亿亩和约0.51亿亩,远远小于农户比例,但自2009年来一直呈上升趋势。特别是专业合作社流转土地的比例快速上升,从2009年的8.87%上升到2017年的22.70%。由以上数据可以看出,农户仍然是农地流转的主要转入方,在政策导向和激励下,合作社和农业企业流转土地规模发展迅速。农户,不仅包括小规模经营的家庭个体,还包括种养大户和家庭农场等适度规模经营主体,在坚持统分双结合的家庭承包制度的原则下,相当长时间内,难以改变农户之间私下相互流转的趋势。但是,党的十七届三中全会、十七届四中全会、十八届三中全会决定以及十九大报告中,均提出要扶持加快农业专业合作社的发展,允许鼓励财政资金投入符合条件的合作社。随着政策支持力度的加大,在可以预见的将来,农民合作社将快速扩大发展,成为农地流转的重要参与主体。

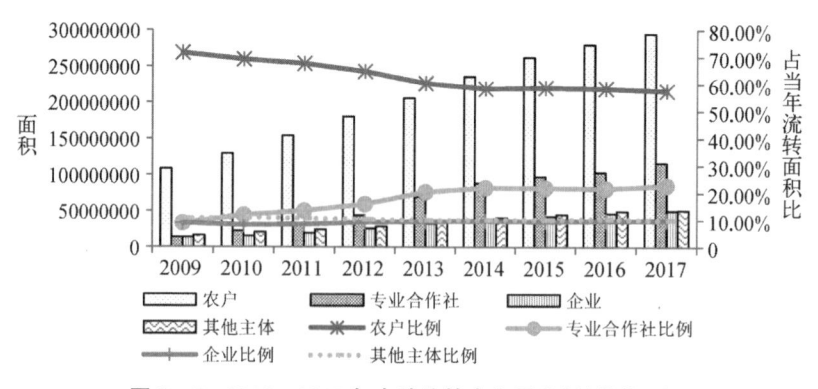

图 3-5 2009—2017 年农地流转去向及比例(单位:亩)

资料来源:根据农业部2006—2017年家庭承包经营情况统计整理。

(三)流转程序规范化

农地流转是农民土地财产权利的转移,需要严格的制度和程序约束不良土地流转行为、保护农民合法权益不受侵害。综合承包经营权流转的相关法律和政策文件来看,一是明确的流转程序通过合同、登记和备案制度,保护农民的合法权益;二是,通过合法有效的流转中介、提供土地流转服务,规范土地流转市场环境。

《中华人民共和国农村土地承包法》规定,土地承包经营权流转双方当事人应当签订书面合同,除转让外,其他流转方式需要到发包方处备案。如果当事人要求登记,需要到县级以上地方人民政府申请登记。[①] 2008年中央一号文件中也指出,需要完善土地流转合同、登记和备案制度。农地相邻流转和互换,自古有之,多是邻里间为耕作方便或因劳动力变动,私下进行的转包和互换,仅遵循口头约定,不签订书面合同,容易造成土地纠纷,且缺少调解和解决依据。根据农业部2009年的统计数据,2009年签订土地流转合同的农地面积为80 588 056亩,仅占当年流转总面积的53.18%;到2017年,签订流转合同的面积为349 921 546亩,占当年流转总面积的68.33%,签订流转合同的比例显著上升,但是仍有近32%的流转土地没有签订流转合同(见图3-6)。党的十七届三中全会后,地方政府纷纷出台承包经营权流转办法或条例,大部分地方政府规范中要求进行流转需签订正式合同,并制定地区统一的流转合同文本。例如北京市平谷区农村土地承包经营权流转的相关规定中提到,全面推行农村土地流转合同管理制度,除代耕期不足一年不需要签订流转合同外,所有土

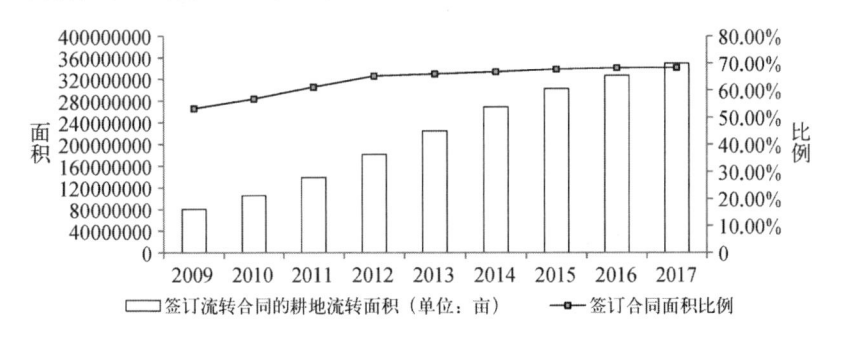

图3-6　2009—2017年签订流转合同耕地面积及比例

资料来源:根据农业部2006—2017年家庭承包经营情况统计整理。

---

① 《中华人民共和国农村土地承包法》第三十五条至第三十七条,2003年施行,2018年修正。

地流转必须依法签订书面合同。之前已流转但未签订合同的,需要按照北京市统一的土地流转合同文本补签。合同共四份,分属流转双方和发包方,一份需在农村合作经济经营管理机构备案。①

搭建农村土地流转平台、建立健全农地流转中介服务组织是规范土地流转市场的另一重要举措。流转平台或中介组织提供流转信息、价格评估、调处纠纷等服务,是流转服务的桥梁与纽带。早在2009年中央一号文件中,就鼓励发展流转服务组织。2013年中央一号文件对流转服务组织的设想进一步细化,要求健全县、乡、村三级流转服务网络和纠纷调解仲裁机构。2015年中央一号文件希望将原有的农村土地流转服务赋予产权交易职能,促进农地流转交易市场发展。很多地区已经尝试建立起产权交易所,例如成都农村产权交易所、武汉产权交易所等。温州市出台了《农村产权交易管理暂行办法》,为农地流转提供交易平台、满足融资需求。除以政府为依托的流转服务平台和产权交易平台外,借助互联网技术建立的民间流转中介组织,例如"土流网"、土地流转信息网等,有效推进了农村土地流转市场的竞争,提升了透明化和市场化。②

三、当前农村土地承包经营权流转的问题

近年,在中央政府的大力推进下,虽然农地流转面积不断攀升、流转形式日渐多元、流转主体由农户—农户向农户—合作社、农户—农业企业的方式转变,流转程序进一步规范。但是,从宏观层面看,仍存在流转后土地为追求高效益,粮食作物种植比例降低,流转纠纷案件数量不断攀升,以及流转的监管机制不健全等问题。

(一)"非粮化"倾向严重

土地用途管制,是中国土地管理的基本制度。依照土地承包经

---

① 北京平谷区人民政府办公室:《北京市平谷区人民政府办公室转发市委农工委市农委关于进一步规范本市农村土地承包经营权流转工作的若干意见的通知》,2010年5月13日。
② 中国社会科学院农村发展研究所:《中国农村发展研究报告》,社会科学文献出版社,2010年,第25—45页。

营权流转的基本原则,土地流转后不得改变土地用途[①],《中华人民共和国农村土地承包法》中明确,流转的原则是不改变流转土地的农业用途。何为农业用途?《中华人民共和国土地管理法》将土地分为农用地、建设用地和未利用地三类,其中农用地指耕地、林地、草地、农田水利用地、养殖水面等。《中华人民共和国农业法》第二条指出,农业不仅包括种植业,还包括林业、畜牧业、渔业等产业。综合以上法律规定,粮食作物种植仅仅是农业中种植业下的次级分类,农业用途土地的概念范畴要比其宽泛许多。流转原则仅规定不可改变土地的农业用途,但没有限制流转后必须种植粮食作物或进行粮食生产,也可以经营经济作物、果蔬、苗木等,或进行畜牧业,或从事水产养殖业。

在上述规定下,承包经营土地流转后,农地"非粮化"倾向严重。在山东省 X 县的实地调研中,也切实发现农地流转到新型经营主体后,大部分土地不再用于种植粮食,而是多转为建设蔬菜大棚。图 3-7 展示了土地流转后用于种植粮食作物的面积比例及占当年土地流转总面积的比例。2009 年,农民承包经营土地流转后,有 84 118 092 亩土地用于种植粮食作物,占当年流转总面积的 55.51%。2017 年,流转后种植粮食作物的土地面积为 285 528 803 亩。虽然粮食作物种植土地面积增长迅速,但是与当年土地总体流转面积的比例相比却只上升了不到 1%。从这一数字来看,有约一半的流转土地被用于其他农业用途,例如种植经济作物、林木、养殖等,或是经过非法转换,改变原有土地的农业用途,用作建设用地或其他项目。正如亚当·斯密提出,后由穆勒发展的经济人假设一样,作为市场独立经济主体的个人,受到利益驱动以逐利为目标,谋求利益最大化。[②] 农地流转行为事实上是农业经营行为的重要组成部分,流转双方以经济利益作为主要考量标准进行决策。与粮食作物相比,经济作物、林木和花卉以及建设用地会增加土地产出的价

[①] 《中共中央 国务院关于 2009 年促进农业稳定发展农民持续增收的若干意见》,2009 年。
[②] 约·斯·穆勒著,刘进译:《政治经济学定义及研究这门学问的哲学方法》,《海派经济学》2004 年第 2 辑,上海财经大学出版社,第 135—136 页。

值。流转土地"非粮化"实际上是经济人在进行决策时的现实选择。随着流入企业和合作社等组织的土地不断增多,"非粮化"的趋势将更加明显。如不进行应对与处理,最终将可能会影响国家粮食安全和社会稳定。

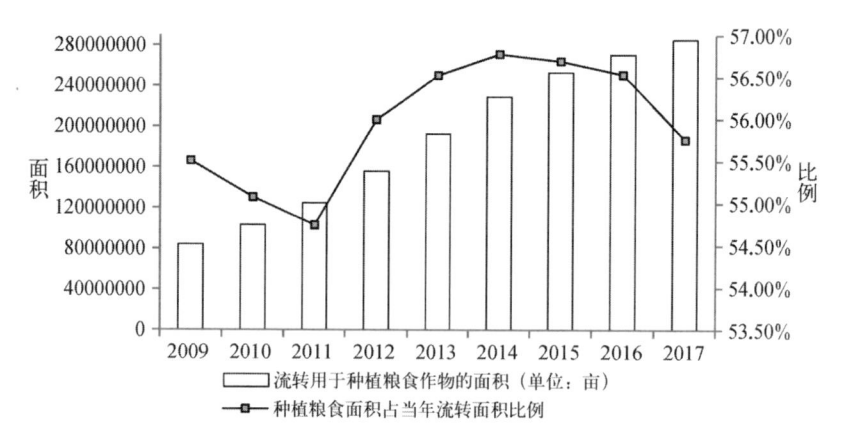

图 3-7 2009—2017 年流转后种植粮食面积及比例

资料来源:根据农业部 2006—2017 年家庭承包经营情况统计整理。

(二)流转纠纷增加

土地承包经营流转规模增加,农地流转纠纷数也随之上涨。2006 年,土地流转纠纷数为 66 162 件,到 2009 年已经上升为 74 314 件,增长幅度达到 12.3%(见图 3-8)。从流转纠纷类型上看,由于多数流转在农户与农户之间进行,农地纠纷多发生在农户之间,其次是农户与村集体之间,最后是农户同企业等其他主体之间。2009 年,发生在农户间的土地流转纠纷为 50 443 件,到 2017 年增长到 78 461 件,上涨幅度为 55.5%;2009 年,发生在农户与村组集体之间的纠纷为 9 297 件,2017 年增长到 14 410 件,上涨幅度为 55%;2009 年,发生在农户与其他主体之间的流转纠纷为 6 422 件,2017 年增长到 10 716 件,与 2009 年相比上升 66.9%。仅根据增长趋势观察,农地流转纠纷类型与农地流转主体类型的变化同步进行。2009 年后,随着农地越来越多地向企业与合作社流转,土地承包农户与转入主体之间的矛盾和问题也进一步加剧。

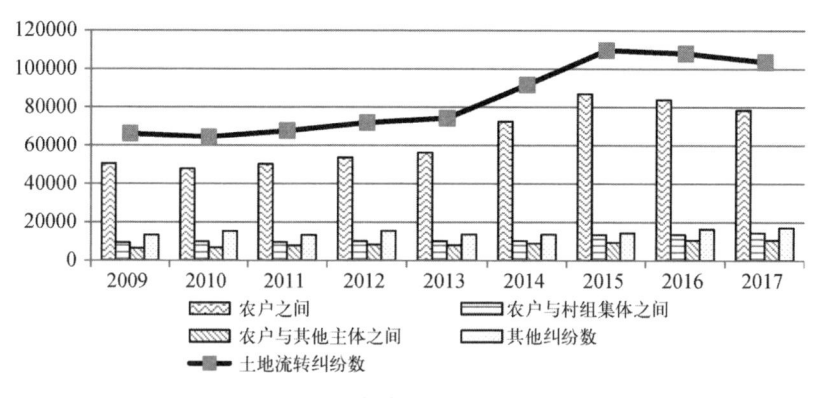

图 3‑8　2009—2017 年农地流转纠纷情况(单位：件)

资料来源：根据农业部 2006—2017 年家庭承包经营情况统计整理。

(三) 流转市场与管理不完善

2007 年后，农地流转行为迅速增加，农地流转市场蓬勃发展，但流转服务和管理机制仍不完善。特别是，有些地方政府将流转面积作为绩效考评指标，通过招商引资的方式，将大规模商业资本引入农村，全然不顾承包经营权"依法、自愿和有偿"的基本原则，强制农民流转土地，相关新闻屡见报端。2014 年 1 月，《人民日报》连续发文关注农村土地流转问题，报道河南省内乡县桃溪镇寺河村张沟组未征求农户意见强制流转土地①、北京市大兴区北臧村镇八家村土地尚未确权就由村集体进行流转等②。有些地方政府完全包办流转，甚至通过行政命令进行③，不顾农民意愿一味地将土地转入家庭农场、承包大户、合作社、企业等经营主体，引发土地纠纷。与政府越位代包流转相比，其在流转服务上却显得"缺位"，农地流转信息发布、咨询、合同管理等基本服务，以及防止流转企业"跑路"和流转到期后农地处理的制度设计仍显不足。在农地流转市场机制尚未形成阶段，迫切需要政府"看得见的手"发挥作用，引导建立和完善市场机制，同时承担起监管者和服务者的职能，保障整个流转市场健康运行。

---

① 《关注农村土地流转问题：农民为何怨气大》，《人民日报》2014 年 1 月 21 日第 20 版。
② 《土地未确权咋就流转了》，《人民日报》2014 年 2 月 18 日第 20 版。
③ 《农村土地流转不能跑偏了》，《人民日报》，2014 年 3 月 18 日第 20 版。

第二节　农地流转过程中的
政府法定角色

政府职能是政府研究的基本问题之一,其基本研究范畴在于回答政府"应该做什么"和"不应该做什么"。亚当·斯密在《国富论》中阐释,君主应当有保护本国安全的义务,设立司法行政机构、保护人民不受他人压迫的义务,以及维持公共机关和公共工程的义务。[1] 伦纳德·怀特在《行政学概论》一书中提到,政府管理的主要职能在于组织、人事、监督和财政。[2] 古立克则将政府管理总结为"POSDCORB"七个职能,即著名的七环节理论。行政管理的七个基本职能包括计划(Planning)、组织(Organizing)、人事(Staffing)、指挥(Directing)、协调(Coordinating)、报告(Reporting)和预算(Budgeting)。中国台湾学者将"七职能"进一步细化,分成15个环节:目标(Aim)、计划(Program)、人员(Men)、经费(Money)、材料(Materials)、组织(Machinery)、方法(Method)、领导(Command)、激励(Motivation)、沟通(Communication)、士气(Morale)、协调(Harmony)、及时(Time)、空间(Room)、改进(Improvement)。[3] 由于每个环节的英文名称中都带有"m",又被称为"15M理论"。

纵观上述学者对政府角色的阐释,多以政府职能内容和具体环节为路径,将其切割为不同的组成部分和阶段。如果以第一章中确立的研究框架为基础,将土地视为不同财产权利的集合体,将土地流转视为部分使用权或其他权利的转移,则农地流转与政府角色变成一种动态相互结合的过程。政府行政行为作用于农地流转过程时,可能会产生不同的实施结果,即行政行为的功能。张国

---

[1] 亚当·斯密著,郭大力、王亚南译:《国民财富的性质和原因的研究》,商务印书馆,1994年,第254、272、284页。
[2] 伦纳德·怀特著,刘世传译:《行政学概论》,商务印书馆,1941年,第2页。
[3] 张金鉴:《行政学典范》,台湾三民书局,1989年,第5页。

庆将行政行为功能分为维护、监管、裁判、服务和发展五类。① 将这几类功能与实际结果的性质相结合,可以将农地流转中政府的角色划分为三大类:积极的流转"推进者"、中立的秩序"维护者"和消极的流转"制约者"。每一类别的政府角色又会产生不同的行为功能。

　　这一小节主要运用法规分析方法,以中央层面法律规范、2002年及之后中央一号文件,和中共中央和国务院主管部门出台的农村土地承包经营权流转的相关文件为基础,分类阐释政府在农地流转中的法定作用。

　　依法治国是中国的基本治国方略,党的十八届四中全会专题探讨依法治国问题,并指出依法治国的关键环节是依法行政,各级政府需要在法治的轨道上履行职能、推进政府职能法定化。②《中华人民共和国宪法》和《中华人民共和国民法典》《中华人民共和国土地管理法》等法律,规定了有关土地权利保护、限制、流转、开发等内容,与土地行政法规章等共同组成了土地法体系。在这一体系中,规定了各级政府在农地流转中的具体职能、界定了政府行使公共权力治理土地的边界。根据现行的《中华人民共和国宪法》和《中华人民共和国民法典》《中华人民共和国土地管理法》《中华人民共和国农村土地承包法》《农村土地承包经营调解仲裁法》等法律,《土地管理施行条例》、《农村土地承包经营权流转管理办法》(以下简称《承包经营权流转办法》)、《农村土地承包经营权证管理办法》(以下简称《承包经营权证办法》)等部门规章,以及《中华人民共和国农村土地承包法》颁布后历年中央一号文件,及中共中央、国务院和农业部等部门关于农村承包经营土地流转的相关文件,可以将政府在农村土地承包经营权流转中的角色分为推进者、维护者和制约者等几个角色,在不同的角色下包括多种具体职能(见表3-1)。

---

① 张国庆:《公共行政学》,第400页。
② 《中共中央关于全面推进依法治国若干重大问题的决定》,2014年10月23日。

表 3-1 主要法律及政府文件中对政府规范作用的分类①

政府角色	具体职能	法条	主要文件
积极推进者	奖励支持	《土管法》7	银发【2014】42号；2005年中央一号文件
	服务引导	《流转办法》30	2008年、2009年、2010年、2013年、2014年、2015年、2017年和2019年中央一号文件；中办发【2014】61号，农经发【2014】1号、国办发【2014】71号、农办经【2012】23号
中立维护者	合同管理	《承包法》11；《流转办法》21、23、24、26、28	2008年、2009年、2013年和2016年中央一号文件；中办发【2014】61号，农经发【2014】1号
	权利登记	《民法典》333；《土管法》11、38；《承包法》23；《承经证办法》4；《流转办法》27、29	中共十七届三中全会决定；2008年、2009年、2010年、2012年、2013年、2014年、2015年、2016年中央一号文件；农办经【2012】23号，农经发【2014】1号、中办发【2014】61号
消极制约者	协调仲裁	《土管法》16；《承包法》51；《流转办法》33；《纠纷仲裁法》7	2005年、2008年、2009年、2010年、2012年、2013年中央一号文件
	审批管制	《宪法》10；《民法典》334；《土管法》15、44、65；《承包法》48；《土管条例》32	2013年、2014年中央一号文件；国办发【2014】71号，农办经【2012】23号
	规划监督	《土管法》18、66；《承包法》5；《流转办法》31、32	2015年中央一号文件；农经发【2014】1号，银发【2014】42号
	处罚	《土管法》81；《承包法》8、60	中办发【2014】61号

资料来源：根据相关法律、文件整理而成。

---

① 此处采用法律的缩略名称，《土管法》为《中华人民共和国土地管理法》(2004)、《承包法》为《中华人民共和国农村土地承包法》(2009)、《承经证办法》为《中华人民共和国承包经营权流转管理办法》(2003)、《流转办法》为《农村土地承包经营权流转管理办法》(2005)、《纠纷仲裁法》为《中华人民共和国农村土地承包经营纠纷调解仲裁法》(2009)。

(一) 积极推进者

土地法律与其他法律性质相同,是政府进行土地管理的依据、合理开发和保障土地利用的武器以及协调经济和资源保护的手段。[①] 在土地法体系中,关于政府推进农地流转作用的内容并不多。《中华人民共和国土地管理法》第八条规定,在保护和开发土地资源、合理利用土地,以及进行有关的科学研究等方面成绩显著的单位和个人,由人民政府给予奖励。但是并未明确成绩显著的确切标准和政府的级别。同时《承包经营权流转管理办法》第三十条提及,需要县级以上人民政府备案、指导从事农村土地承包经营权流转服务的中介,通过流转中介组织的服务,推进农地流转。

近年颁布的中央文件主要支持和补助流转后建立的新型农业经营主体,为其提供资金保障,但是未涉及奖励农地流转面积和流转过程。例如《中国人民银行关于做好家庭农场等新型农业经营主体金融服务的指导意见》中规定,地方政府出台财政贴息和风险补偿政策,通过抵质押等方式,帮助符合条件的新型农业经营主体获得贷款,支持其经营。2005年中央一号文件中也涉及,需要农业银行按照规定改进对龙头企业的信贷服务,解决资金紧张问题。除流转贷款等支持功能外,近年的中央文件强调相关部门应提供多方位的土地承包经营权流转服务。2008年中央一号文件明确提出,相关部门要加强土地流转中介服务,完善土地流转合同、登记制度。2017年中央一号文件明确提出,大力培育新型农业经营主体和服务主体,加快发展多种形式规模经营。

综合比较涉及农地流转的政策文件,相关部门和地方政府主要承担以下几项流转服务职能。一是,健全农村流转交易服务体系,主要包括县乡村三级服务网络和农村产权流转交易市场。2009年中央一号文件提出,有条件的地方要发展流转服务组织。在2013年、2014年中央一号文件和《农业部关于促进家庭农场发展的指导意见》(以下简称《家庭农场指导意见》)中则将这一流转服务组织进一

[①] 王文革:《土地法学》,复旦大学出版社,2011年,第10页。

步细化,要求建立县乡村三级流转服务网络和各级流转服务中心。2014年《国务院办公厅关于引导农村产权流转交易市场健康发展的意见》(以下简称《产权交易市场意见》)在流转服务网络的基础上,统筹资源,提出探索形成农村产权流转交易市场,交易市场包括土地承包经营权流转服务中心、农村集体资产管理交易中心、林权管理服务中心等。2019年中央一号文件进一步要求健全农村产权流转交易市场,推动农村各类产权流转交易公开运行。市场交易的主要产权是承包土地经营权和集体林地经营权,产权流转交易市场本质上具有明显资产使用权租赁市场的特征。二是,制定流转服务运行规则。受产权制度的影响,农村产权市场化交易被长时间禁锢,农地产权流转市场仍属于探索阶段。这一时期,需要政府部门主导,引领尝试发展符合实际的农村产权流转交易市场,《产权交易市场意见》提出形成符合产权流转交易特点的交易规则、服务方法和监管办法,加强对流转市场的管理。三是,丰富农地流转的服务内容。2013年中央一号文件和《关于实施家庭农场培育计划的指导意见》中列举的流转内容主要包括信息发布、政策咨询、价格评估、合同签订指导、委托流转等服务。在产权流转市场未建立前,需要政府进行引导和扶持、制定相应规则,帮助建立产权交易平台、提供具体的信息服务。但是,随着农地产权市场逐步建立,政府将由流转服务的提供者转变为服务规则制定者和管理者,从具体的流转服务事务中脱身,履行其监督和规范市场运行的责任。

(二) 中立维护者

中立维护者,指政府承担合同管理、权利登记和协调仲裁等土地流转基本职能,既不通过奖励等政策推进流转,又不因为审批和监督等措施导致客观上对农地流转的限制,保障维持农地流转交易机制正常运行。首先,《中华人民共和国农村土地承包法》和《承包经营权流转办法》中要求地方政府制定统一的流转合同格式文本、指导合同签订、进行合同备案和合同鉴证。《承包经营权流转办法》第二十三条规定,省级人民政府农业行政主管部门确定全省的农村土地承包经营权流转合同文本。然后由乡(镇)人民政府向达成流转意向的双方提供统一流转合同文本并指导其签订。签订完成后,乡(镇)人民政府负责报关流转相关文件和资料。如果流转双方提出申请还可以由乡(镇)进行合同鉴证,确保合同合法性与有效性。① 2008年、2009年和2013年中央一号文件要求通过建立县乡村三级服务网络,提供合同签订、登记、备案等服务。县乡村三级流转服务网络是农村产权交易市场的重要组成部分。农地流转初期,流转机构还未设立,需要由地方政府担负流转服务的相关职能,包括合同管理、合同备案等。随着流转市场和服务机构的日渐完善,政府也可从合同指导签订等程序维护职能中脱身,将服务重点放在规则制定和监管审批上。

其次,确认农地承包经营权主体是农地流转的基础。《中华人民共和国土地管理法》《中华人民共和国农村土地承包法》《农村土地承包经营权证管理办法》等规定,地方政府负责承包权经营权登记与颁证。土地承包经营权证作为证明、对抗第三人的法律依据。《中华人民共和国民法典》第三百三十三条、《中华人民共和国农村土地承包法》第二十四条均规定,登记机构应向土地承包经营权人发放土地承包经营权证、林权证等,登记造册,确认土地承包经营权。结合《承包经营权证管理办法》第四条和第七条具体规定,登记材料一般由县级以上地方人民政府农业行政主管部门对登记申请予以审核,报请同级人民政府颁发农村土地承包经营权证。2013年中央一号文件提出,用五年左右的时间基本完成农村土地承包经营权确权、登记、颁证工作,大大加快了农民合法土地权利的确认进程。农业部《关于促进家庭农场发展的指导意见》指出,家庭农场等新型农业经济主体可以自主决定是否办理工商注册登记,取得市场主体的资格。

最后,乡(镇)政府负责协调流转纠纷,指导设立仲裁委员会,解决协调流转过程中发生的问题。《中华人民共和国农村土地承包法》第五十五条、《承包流转办法》第三十三条均规定,乡(镇)人民政府和

---

① 《中华人民共和国承包经营权流转管理办法》第十一条、第二十二条、第二十三条、第二十六条、第二十八条,2003年。

村民委员会需要调解土地承包经营中发生的纠纷。2009年,全国人大常委会会议通过《农村土地承包经营纠纷调解仲裁法》,将公正、及时解决承包经营权转包、出租、互换、转让等流转纠纷,维护当事人合法权益以法律的形式规定下来。① 该法第七条规定,村民委员会、乡(镇)人民政府应当加强农村土地承包经营纠纷调解工作,帮助当事人达成协议解决纠纷。指导设立仲裁委员会,并监督仲裁委员会的工作。除2011年外,2008年到2013年连续多个中央一号文件和《关于引导农村土地经营权有序流转发展农业适度规模经营的意见》中强调,妥善处理土地承包纠纷,推进农村土地承包纠纷仲裁体系建设。在整个流转过程中,担任调解仲裁的政府一定是中立的"裁判员",如果政府直接介入农地流转过程,例如,在山东X县调研时发现,大包大揽代替农地权利人签订流转合同、谈判流转条件,既做"裁判员"又做"运动员",必然会导致农地纠纷不断增多,难以履行法律赋予的协调职责。

(三) 消极规制者

行政规制是行政活动的主要类型之一,指调解在公共物品与公共资源上产生的利益共用上产生的利益纠纷的活动。其前提与其他政府行为一致,都是为了实现公共利益。② 土地,不仅是不可再生的自然资源,更是关系到国家粮食安全、具有外部性的物品,需要政府进行规制与调节。消极规制者,"消极"一词并不带有主观色彩,是指政府通过审批管制、指导监督和处罚等措施,管理规范农地流转事务、规范农地流转程序,客观结果上对农地流转产生了制约效果。正如本书在第一章追溯的所有权变迁路径一样,当代财产权规则已不是罗马法时期不可侵犯的、绝对财产权的概念,行使财产权需要符合公共利益,受到公权力的制约。

根据《中华人民共和国宪法》第十条,承包经营权流转的首要条

---

① 《中华人民共和国农村土地承包经营纠纷调解仲裁法》第一条、第二条,2009年。
② 西尾胜著,毛桂荣等译:《行政学》,中国人民大学出版社,2006年,第183页。

件是"依法",其次流转后转入方必须合理地利用土地。第十三条规定公民的合法的私有财产不受侵犯。如从公共利益出发则可以对公民私有财产实行征收或者征用。但是公民行使自由和权利时,不得损害国家、社会、集体的利益和其他公民的合法的自由与权利。公民财产权的行使在国家的、社会的、集体的和其他公民合法自由与权利面前划定了界限。财产权不以损害公共利益和他人权利为前提,这本就是传统善意政府制定管制政策、干预公民财产权来源的合法性基础。以《中华人民共和国土地管理法》《中华人民共和国农村土地承包法》等法律和部门规章构建的农地流转法律体系也规定了发包方、转入方和转出方的义务与权利,并赋予中央和地方政府管制干预承包经营权转移的合法性。

  首先,政府承担农地转用审批和非法流转行为管制职能。在"15M"等政府职能理论中,管制(regulation)本就是政府的基本职能,以约束社会行为主体或国家公共权力主体,使其不会因自身利益侵扰国家、社会或者他人权益。[①]《中华人民共和国民法典》第三百三十四条规定,未经依法批准,不得将承包地用于非农建设。《中华人民共和国农村土地承包法》第三十八条规定,土地承包经营权流转原则之一规定流转后不得改变土地的农业用途。在此规定下,如农用地流转后希望转为建设用地,需要办理农用地转用审批手续。[②] 一般建设项目涉及农用地转为建设用地的,应由省、自治区、直辖市一级政府批准;省级大型基础设施建设项目,涉及占用农地的,由国务院批准;征用基本农田超过三十五公顷时,应由国务院批准;市、县人民政府只负责批准农地转用范围内的具体建设项目。[③] 除审批功能外,地方政府负责管制流转期限超过承包剩余期限、占用农地后荒芜不进行耕种等违法流转和使用农地的情况。《中华人民共和国土地管理法》第三十八条规定,占用农地后,一年未动工应按相应的规定缴纳闲置费;连续两年未使用,县级以上人

[①] 张国庆:《公共行政学》,第 72 页。
[②] 《中华人民共和国土地管理法》第三十七条、第四十四条,2004 年。
[③] 《中华人民共和国土地管理法》第四十四条、第四十五条,2004 年。

民政府可以无偿收回土地使用权,交由原农村集体经济组织复耕。1993年《中共中央 国务院关于当前农业和农村经济发展的若干政策措施》中就提到,国家重点建设项目需要占用基本农田,由国务院或省级人民政府审批。农地流转过程中,建立农村产权流转交易市场,也要由当地政府审批。①

其次,中国实行土地用途管制制度,通过土地利用规划合理使用土地、保障土地的供给能力、满足经济建设的要求。除制定规划外,还要求政府对违法规划的土地利用行为、违法土地管理法律的行为、扰乱农地流转市场的行为进行监督和监管。监督和监管,目的在于使社会大多数人的利益得到保障,在社会性和自我性矛盾的情况下维持社会的和谐发展。《中华人民共和国土地管理法》第六十六条规定,县级以上人民政府土地行政主管部门对违反土地管理法律、法规的行为应该进行监督检查。《产权交易市场意见》指出,政府不仅需要引导农村产权交易市场健康发展,而且要对市场运行进行指导和监管。由相关部门成立农村产权交易监督委员会,负责制定政策、监管市场的职责。监管发现问题,需予以及时纠正。《承包经营权流转办法》第三十一条要求,各乡(镇)人民政府农村土地承包管理部门在指导流转合同签订或鉴定中,如果发现违反法律法规,应当给予及时纠正。

随着农地流转市场松绑,大量工商企业下乡租地,政府日益重视监管。在《关于引导农村土地经营权有序流转发展农业适度规模经营的意见》中明确,尽快制定工商企业下乡租地的准入方案,包括资格审查、项目审核、风险保障金等一系列制度建设。

最后,政府有权对违法违规行为进行处罚。根据农地流转相关法律规定,政府惩罚主要针对将农地用于非农建设和擅自流转农民土地的情况。根据《土地管理法》第八十二条,擅自将农民集体所有的土地使用权出让、转让或者出租用于非农建设的,由县级以上人民政府土地行政主管部门责令期限改正,没收违法所得,并处以罚款。

---

① 《国务院办公厅关于引导农村产权流转交易市场健康发展的意见》,2014年。

《中华人民共和国农村土地承包法》第六十三条也明确规定,如承包方违法将承包地用于非农业用途,可以进行处罚。

第三节 农户流转决策中的政府因素:基于 Logistic 模型的分析

承包经营权流转的动因一直是国内外学者研究农地问题的重要切入点。他们用大量的数据调查和定量探讨影响农户流转的宏观因素与微观因素。宏观层面,钟涨宝和汪萍[1]、叶剑平等学者[2]发现第二、第三产业的发展对流转规模有影响。第二、第三产业越发达的地方,农民在非农部门就业的机会越大,农地流转规模越大。姚洋也有类似的结论,他发现在经济发达地区,农民不完全依赖农业就业,使得农地流转成为可能。龚启圣等[3]分析 1999 年农业部九省调查数据发现,农户非农就业水平和劳动力转移情况影响农户租赁农地的需求。[4] 微观层面,戴宁格认为教育水平、非农资产比重、人均农地面积等因素对农户转出农地具有正向作用。[5] 周陶、高明发现主事者性别、年龄等属性,家庭特征中的非农收入比例、家庭劳动力数量和外部约束中的农业保险、农业补偿、交易时间成本等与农户农地流转意愿具有显著关系。[6]

---

[1] 钟涨宝、汪萍:《农地流转过程中的农户行为分析——湖北、浙江等地的农户问卷调查》,《中国农村观察》2003 年第 6 期,第 55—64 页。
[2] 叶剑平、蒋妍、丰雷:《中国农村土地流转市场的调查研究——基于 2005 年 17 省调查的分析和建议》,《中国农村观察》2006 年第 4 期,第 48—55 页。
[3] 姚洋:《非农就业结构与土地租赁市场的发育》,《中国农村观察》1999 年第 2 期,第 16—21 页。
[4] Kung James Kai-Sing, Liu Shouying, "Farmers' preference regarding ownership and land tenure in Post-Mao China: unexpected evidence from eight counties", *The China Journal*, vol.38, no.2(1997), pp.33 - 63.
[5] Deininger Klaus, Jin Songqing, "The Potential of Land Markets in the Process of Economic Development: Evidence from China", *Journal of Development Economics*, vol.78, no.1(2005), pp.241 - 270.
[6] 周陶、高明:《基于 Logistic 模型的四川省南溪区农地流转微观主体意愿的实证分析》,《贵州农业科学》2013 年第 3 期,第 182—185 页。

虽然众多学者以调查数据为基础,建立量化模型分析了影响农户流转的动因,但多从家庭属性、就业性质、收入水平等社会学和经济学的角度进行探讨,以政府角色为切入点,从政府满意程度、公共服务提供水平、科技投入比重等因素讨论得较少。正如第二章中所言,中华人民共和国成立后中国农村土地承包经营权经历了禁止流转、允许流转和鼓励流转的变化过程,是政府主导的强制型制度变迁,政府在其中的作用不容小觑。这一部分的量化分析,将重点探索政府行为对农民流转决策的影响。

一、数据来源与处理

这一节定量分析的数据来源于中国综合社会调查(CGSS)2010年的调查数据。这一调查由中国人民大学中国调查与数据中心主持,每隔2—3年定期进行,2010年数据中包含农地流转相关内容。采用多阶分层抽样设计,覆盖中国省级行政单位(不包括港澳台的数据)。共抽调全国480个村/居委会,每个村/居委会调查25个家庭,每个家庭随机调查1人,总样本量为11 783。[1] 由于本书重点探讨农户农地流转决策与政府职能之间的关系,故以被调查者是否为农业户口(或者户口所在地为农村)为标准,筛选在农村承包土地的农村户籍人口作为研究对象,样本量为5 089个。[2] 另外,定量研究的被解释变量是农地转入和转出行为,由于回答缺失情况所占比例较小,故直接删除缺失值,最终以4 987个样本作为分析基础。

选择中国综合社会调查数据作为数据来源,主要因为该调查的抽样方法较为科学、样本量大,在分析全国问题时,数据的信度和效度较高,所得结果更为客观。但该项调查是综合性社会调查,不以农村土地承包经营权流转和政府行为作为核心主题。因此,只能在相关题目中,挑选与本定量研究相关变量,如"政府满意度""是否加入

---

[1] 《2010年中国综合社会调查调查手册》,http://www.chinagss.org,2014年7月1日访问。
[2] 在原调查问卷中编号a91,问题为:"请问目前您或者您配偶是否为农业户口(或者户口所在地为农村),且在农村(包括家乡和其他地方)有承包的旱地、水田、山林、水面等土地?"

医疗保险"等进行分析,受数据资源限制,变量选取与模型构建有一定的局限性。

正如上文描述,现有大多数研究都将家庭属性和农民个体特征作为影响农地流转行为的主要因素。这部分定量研究希望在前人已有研究的基础上加入政府维度变量,考察政府满意度、政府公共服务提供等因素分别对农民转入、转出行为的影响。

(一) 变量选取与说明

土地承包经营权流转如果按照流转方向划分,可分为转入和转出两大类。影响转入转出的因素不同,且作用效果可能相反。例如出租或转包土地收入这一变量,就只会对转出行为产生影响。因为对转入方来说,其收入构成不会涉及出租或转包收入。因此,对农地流转决策与政策作用的探讨将分为两个模型,一个是农地转出模型,另一个是农地转入模型。

1. 被解释变量

在农地转入模型中,被解释变量为"是否转入过承包地";在农地转出模型中,被解释变量为"是否转出过承包地"。两个被解释变量均为二分类变量,1 表示有转入或转出行为;0 表示没有转入和转出行为。从 CGSS 2010 的调查结果来看,4 987 个农户样本中,有 552 户转入过土地,占全部样本量的 11.07%;有 736 户转出过土地,略高于转入农地的农户数量,占全部样本量的 14.76%(见表 3-3)。

表 3-2 变量列表

类型	变量名称	说 明	最小值	最大值	均值	标准差
因变量	是否转入承包地 y_1	是=1;否=0	0	1	0.11	0.31
	是否转出过承包地 y_2	是=1;否=0	0	1	0.14	0.35
家庭特征	家庭成员平均年龄 x_1	实际数据输入	8.333	93.5	41.28	15.225
	承包土地面积 x_2	实际数据输入	0	1 207.5	10.99	34.8

续表

类型	变量名称	说明	最小值	最大值	均值	标准差
家庭特征	农林牧渔收入占总收入比例 x_3%	实际数据输入	0	10	0.379	0.47
家庭特征	运用农业科技 x_4	使用＝1；未使用＝0	0	1	1.92	0.77
家庭特征	出租或转包土地收入 x_5	实际数据输入	0	10 000	2 449.85	174.14
政府因素	中央政府信任程度 x_6	完全不可信＝1；比较不可信＝2；可信与不可信之间＝3；比较可信＝4；完全可信＝5	1	5	4.54	0.69
政府因素	地方政府信任程度 x_7	完全不可信＝1；比较不可信＝2；可信与不可信之间＝3；比较可信＝4；完全可信＝5	1	5	3.72	1.15
政府因素	农村基本养老保险 x_8	参加＝1；未参加＝0	0	1	0.26	0.44
政府因素	新型农村合作医疗 x_9	参加＝1；未参加＝0	0	1	0.91	0.29

资料来源：根据数据筛选整理。

表3-3 转入农户比例

是否转入过土地	户　　数	比　　例
未转入	4 435	88.93%
转入	552	11.07%
总计	4 987	100%

资料来源：根据CGSS 2010 由Stata 12.0 的统计结果。

表 3-4 转出农户比例

是否转出过土地	户　　数	比　　例
未转出	4 251	85.24%
转出	736	14.76%
总计	4 987	100%

资料来源：根据 CGSS 2010 由 Stata 12.0 的统计结果。

2. 解释变量

解释变量主要分为两大类，一是家庭本身特征，例如家庭成员平均年龄、承包土地面积等。二是政府因素，例如中央和地方政府的满意度、公共服务提供等。首先，政府因素侧重于农户对中央政府和地方政府的信任程度是否会影响农地转入和转出行为。其次，政府提供的农业扶持政策与公共服务是否会对农户的流转行为造成影响，例如农户获得的转移支付收入占到全部收入的比例，社会保险服务类的农村基本医疗保险与新农合等。值得注意的一点是，因为家庭承包经营制度以家庭为单位承包经营土地，所以在衡量家庭特征时，也统一以家庭为单位进行考量，但是 CGSS 2010 的调查中并没有标明和区分户主身份，或明显标记家庭成员中的决策者，仅是随机访问一位家庭成员，故在户主和家庭决策者身份不清的情况下，以家庭成员的平均值计量家庭某一特征。

a. **家庭特征变量**

首先，家庭成员平均年龄。正如上文所述，由于 CGSS 2010 调查没有标明户主决策者身份，在处理家庭成员年龄时，将其处理为家庭成员的平均年龄。具体数据处理方式如下：将长期居住在一起的家庭成员年龄加总，然后除以居住在一起的成员数量，得出非整数的家庭成员平均年龄，并将此作为人口统计学意义上家庭年龄变量。其中最小值为 8.33，为一个 21 岁的母亲带着 1 岁和 3 岁大的孩子；最大值为 93.5，为一对 97 岁和 90 岁的夫妻。

其次，承包土地的面积。包括家庭从集体承包的田地、山林、牧场、水面、滩涂和其他农业用地等。

再者,通过农林牧渔收入占家庭全部收入的比重,考察家庭收入结构对流转行为的影响。

然后,选取运用现代农业科技的情况作为变量。在 CGSS 调查中,农业科技相关变量是三分类变量,分为从来不用、偶尔使用和经常使用三类。在此项研究中,将偶尔使用和经常使用合并为使用农业科技,将原定类变量由三类变为两类。

最后,出租或转包土地的收入。这一变量主要是为了测定租金收入是否会激励农民转出土地。

b. 政府因素变量

首先,农户对中央政府和地方政府的信任程度。正如前文分析,中国自党的十五届三中全会后,实际上是通过自上而下的强制性制度变迁,由政府主导推动农地流转进程。作为制度变迁的主导者,政府的作用理应举足轻重。由此,这里假设农户对政府的认知也会对其流转决策造成影响。

其次,政府提供的基本公共服务。一是,农户是否加入了农村基本养老保险,1 为参加,0 为未参加。根据调查数据,有 74.44% 的被调查农户没有参加农村基本养老保险,只有 25.56% 的农户参加农村基本养老保险。从这一数字可以看出,2010 年中国参加农村基本养老保险的比例仍然较低。二是,农户是否加入了新农合。调查显示,只有 9.37% 的被调查农户没有加入新农合,90.63% 的被调查者参加了新农合,医疗保险普及率较高。

值得说明的是,选取变量过程中,选用相同自变量(除转入模型中没有农地出租和转包收入这一变量外),分析比较相同自变量对转入和转出决策的作用。其隐含假设是,如果解释变量对被解释变量有显著影响,那么在转入和转出模型中,它们的作用方向是相反的。

(二) 模型设定

因变量"是否转入(转出)过土地"的回答只有两种情况"是"和"否",即回答为二分变量,不满足线性回归分析中因变量必须是连续变量的要求。而 Logistic 模型适合二元分离散变量的分析。这一模型的自变量适用范围较广,可以是定类、定序或定比与定距变量,且无须满足线性回归的正态分布等要求。适合分析微观个体意愿、决策行为的影响因素。适合研究的假设和数据条件,准备采用 Logistic 回归模型进行分析。Logistic 函数的基本形式是:

$$\ln \frac{P_i}{1-P_i} = \alpha + \beta_1 X_{i1} + \beta_2 X_{i2} + \cdots\cdots + \beta_n X_{in} + \varepsilon$$

转换后得

$$Y = \ln P = \ln \frac{p}{1-p} = \alpha + \sum \beta_i X_i + \varepsilon \quad i = 1, 2, \cdots\cdots 9$$

其中 P 表示流入土地的概率和流出土地的概率;α 为整个模型的截距,X_i 表示家庭特征因素和市政府因素等影响因素,β_i 表示影响因素的回归系数,ε 是误差项。

二、回归结果分析

此定量分析使用 Stata 12.0 软件对模型进行回归,得出回归分析结果(见表 3-5)。判断 Logistic 回归模型的拟合优度时,可选用两类指标,一是伪 R^2(Pseudo-R^2);二是 H—L 统计值。有学者认为,在 Logistic 回归模型中,伪 R^2 统计量缺乏像 OLS 回归中真 R^2 的解释意义。[1] 所以,这里采用霍斯默(Hosmer)和莱梅肖(Lemeshow)提出的 H—L 统计值作为拟合优度指标。[2] 转入模型的 H—L 统计值为 7.07(p=0.529);转出模型的 H—L 统计值为 11.49(p=0.176),即选择模型可以较好地反映家庭特征因素和政府因素对农民转入和转出土地决策的影响。

---

[1] 劳伦斯·汉密尔顿著,郭志刚等译:《应用 STATA 做统计分析》,重庆大学出版社,2007 年,第 233 页。
[2] Hosmer, D.W., and L. Stanley, *Applied Logistic Regression*, New York: John Wiley & Sons Inc., 2000.

表 3-5　回归结果

变量		转入模型			转出模型		
		B.	Std.Err	OR	B.	Std.Err	OR
家庭特征	x_1	−0.0168***	0.005	0.984	0.031***	0.007	1.031
	x_2	−0.015***	0.005	0.985	0.0004	0.002	1.000
	x_3	0.379***	0.113	1.461	−0.527*	0.296	0.590
	x_4	0.209**	0.082	1.233	−0.248*	0.142	0.780
	x_5				0.0007**	0.000	1.0001
政府因素	x_6	0.255**	0.112	1.291	−0.305*	0.160	0.737
	x_7	−0.134**	0.054	0.874	−0.048	0.094	0.953
	x_9	−0.293*	0.154	0.746	0.441*	0.233	1.554
	x_{10}	0.280	0.277	1.323	−0.207	0.412	0.813
常数	cons	−2.490***	0.611	0.083	−2.037**	0.872	0.130
模型指标	LR统计值	$Chi^2(8)=54.40$ (p=0.000)			$Chi^2(9)=32.73$ (p=0.0001)		
	H—L值	$Chi^2(8)=7.07$ (p=0.529)			$Chi^2(8)=11.49$ (p=0.176)		

注：*、**、***分别表示在10%、5%和1%的水平上显著。

(一) 转入模型回归结果分析

从转入模型的回归结果看，除政府因素中参加新农合这一变量外，其他解释变量均对农民转入土地决策有显著影响。

1. 家庭因素

家庭因素中，家庭平均年龄、从集体承包的土地面积对农户转入土地有负面影响，农业收入与农业科技的运用情况对农民转入土地的决策有正面影响。当家庭平均年龄每增加一岁时，在其他变量保持不变的情况下，农户转入农地的发生比(odds ratio)变化0.982倍，也就是转入发生比降低1.6%。同理，农户从集体手中承包的土地每增加一亩，转入发生比降低1.5%。年龄与劳动能力紧密相关，农户的年纪越大,劳动能力下降,难以耕种更多的农地,不愿转入土地。另外,以家庭为单位的耕作能力有限,家庭承包土地较多,没有富余劳动能力,如果土地收入足够供应家庭开支,则农户也不再转入农地。但是,CGSS 2010调查基于家庭单位,倾向一家一户的小农耕作方式,不涉及对农业企业、合作社等新兴农业主体的内容。所以,适用于家庭单位的定量分析结果不一定适用于其他农业经营主体,这一部分还需再做专项调查进行分析阐释。家庭特征因素的另外两个变量显示,如果农业生产中农业收入比例越高、使用过农业新科技的农户更有可能转入土地。家庭收入结构中农业收入占据较高比例,说明这一家庭以农业生产作为主要收入来源,转入土地意味着可以继续扩大生产、增加收入。使用过农业新科技,表明农户农业生产的意愿强烈、积极性较高,更可能利用新科技形成规模生产和集约化生产,增加土地种植面积。

2. 政府因素

政府因素中,农户对中央政府的信任程度、对地方政府的信任程度以及是否加入农村基本养老保险对农户转入土地的决策有显著影响。政府信任,实质上是民众与政府之间的互动,民众对政府信任度高会增强政府的合法性。CGSS 2010的调查结果与薛立勇[1]等研究结果一致,政府信任出现层级差别。在调查中,有63.61%和30.04%的农户分别表示完全信任中央政府和比较信任中央政府,但是只有28.14%和38.38%的被调查农户分别表示完全信任地方政府和比较信任地方政府。根据回归结果,中央政府信任程度每增加一个等级,农户转入土地的发生比增加29.1%;地方政府信任程度每增加一个等级,农户转入土地发生比下降12.6%。胡荣等认为,政府信任水平与制度绩效的经济、政治和社会及绩效相关,特别是经济绩效。[2] 中央财政收入以超过国内生产总值的增速增长,为中央政府支农惠农

---

[1] 薛立勇:《政府信任的层级差别及其原因解释》,《南京社会科学》2014年第12期,第57—63页。
[2] 胡荣、胡康、温莹莹:《社会资本、政府绩效与城市居民对政府的信任》,《社会学研究》2011年第1期,第96—133页。

提供了资金来源。2006 年免除农业税后,又出台了种粮农民农资综合补贴、良种推广补贴、农机具购置补贴等涉农补贴政策,国家政策向农业倾斜,使农户受益。通过流转经营的土地面积越大,则获得补贴和农产品的收入越高。在农地流转方面,赋予农民更多的财产自由权利,推进流转和规模经营,改变农业生产结构,促进"一村一品",帮助农民提高收入。

地方政府信任程度与农户转入流转决策呈负相关,与研究假设相反。可能出于以下两个原因:第一,地方政府是地方治理和公共服务供给的主体。党的十七大报告指出,"完善省以下财政体制,增强基层政府提供公共服务能力"。正如养老保险等变量对农民的转入决策的影响,地方政府提供的公共服务越全面、农户没有后顾之忧,则不需要大规模流入土地作为生活的保障与支撑。第二,地方政府是中央决策的执行者,获得公众信任的增量要低于决策者。党的十七届三中全会决定指出,有条件的地方可以发展专业大户、家庭农场、农民合作社等规模经营主体。在这一政策导向下,普通个体农户一般会成为农地流转中的转出方,将承包农地向规模经营者集中。地方政府作为政策执行者,自然也会按照这一方向推进流转。CGSS 2010 调查以家庭为单位,在地方政府的宣传和推进下,农地流转应以农户与规模经营主体之间的转移为主,农户与农户之间的流转行为降低。

改革开放实行家庭联产承包责任制后,农地不仅是重要的生产资料,对农户家庭来说还具有资本功能和保障功能。为经营者带来收益,同时作为农户最重要的依靠,保障正常的生活供给,同时还肩负着保险功能。在二元社会结构下,农民进城打工失业,可以退回承包地耕种;没有养老保险的情况下也可依靠农地补贴晚年生活。所以,越是加入基本养老保险、拥有社会保障的农户,越不需要转入更多的农地以保障自己的生活。但是,加入新农合变量却不显著。这可能由于两个原因:一是参加新农合的人数在全部被调查者中达到 90% 以上,差异度不大;二是,农地更多地与农民的养老保障相关,有学者提出以土地承包经营权为依据建立农村社会保障制度。① 但是农地承担的医疗保障功能较为间接,农户在流转土地时考虑土地的医疗保障功能较少。

(二) 转出模型回归结果分析

转出模型中,家庭平均年龄、农业收入占家庭收入的比重、运用农业科技的情况、出租或转包土地收入等家庭特征因素,和中央政府信任度、农民参加农村基本养老保险等解释变量对农户转出承包地的决策有显著影响。另外,符合选取变量时的假设,比较转入模型和转出模型相同的显著解释变量,其作用方向相反。即在转入模型中起正向作用的同一自变量,在转出模型中起到了负向作用。

1. 家庭因素

家庭因素中,家庭平均年龄每增加一岁,农地流出的发生比增加3.1%。与转入模型的分析相同,年龄与劳动力水平紧密相关。年龄越大者能耕种的土地越少,则越有可能流出土地。农业收入占家庭收入的比重和运用农业科技则对转出土地决策有负面影响。农业收入是家庭收入的主要来源、在生产中使用过农业科技的农户,更希望保有现有农地面积,并希望转入更多的农地提高家庭收入。出租或转包土地收入高低对农户转出土地有直接影响。获得的土地租金或转包收入越高,在经济利益的刺激下,农户越容易做出转出土地的决定。

2. 政府因素

与转入模型相比,转出模型中央政府信任程度和是否参加农村基本养老保险两个变量显著,但是地方政府信任程度和是否参加新农合两个解释变量不显著。中央政府信任程度每增加一级,农户流转出土地的发生比降低26.3%。与转入模型的解释相似,由于农业减负和中央政府向农业生产领域的转移支付日益增多,激发了农民农业生产的积极性,并从众多补贴政策中获得实际的好处,所以不希

---

① 李郁芳:《试析土地保障在农村社会保障制度中的作用》,《暨南学报》2001年第6期,第59—65页。

望转出土地。参加农村基本养老保险的农民比不参加农村基本养老保险的农民转出农地的发生比增加55.4%。农户不再依靠农地作为自己的养老保障,可以将农地流出获得租金。与转入模型解释相似,投保比例高、样本差异小,以及土地与医疗保障之间的间接关系,可能是造成这一变量不显著的原因。另外,这一部分定量研究是基于CGSS 2010的数据进行的。当时农地流转的推进,远没有现今进行得"如火如荼"。与现在相比,当时农户对农地流转的认识也有一定的局限,这是研究不完善之处。后续有关于农地流转数据发布后,应继续跟进,探索不同变量之间的关系变化。

通过回归结果可以发现,农户的劳动能力、收入结构和对中央政府政策的信任程度、地方政府的信任程度,以及享受社会保险等公共服务的水平确实会对农民流转决策产生影响。政府在推动农地流转政策时,须引导改变农户收入结构,当农地承包者收入来源多样化,不再依靠农地产出作为生活来源,养老服务得到保障,会有更强烈的动机将农地流转出去以获得租金等经济收益。

第四章 农村土地承包经营权流转中的政府实际角色：以山东省 X 县为例

社会科学的研究基础是对真实世界的准确描绘。规范与实证作为两种主要的研究方法，在研究目的上有所区别：一个侧重价值判断和制度选择，一个注重描述、解释和预测现实世界。如果没能很好地回答"是什么"，相信也很难对"为什么"和"怎样做"这些问题有独到的见解。在中国现行的行政管理体制下，"上行下不效""上有政策下有对策"的情况不在少数，科学的决策与有效的执行之间存在鸿沟。所以，关于"是什么"这一问题的回答又可以分为两个层面，一是政策决策与政策导向是什么，二是政策实际执行的过程以及取得的效果。第一个问题在上一章中，已经进行了归纳与总结。本章主要关注第二个问题：真实的农村土地承包经营权流转情况如何，具有什么特点，其间地方政府又起到了何种作用？

农村土地经营权流转处于改革创新、先行先试的阶段。受到不同地区自然禀赋、土地质量、经济发展水平等因素的限制，各地区农地流转模式、方法和规模具有巨大的差异。鉴于条件限制，这一部分的描述与分析并不能，也无法做到面面俱到，仅能管中窥豹。根据调查资料的可得性以及农地流转发展程度，选择山东省 X 县作为实证研究对象，2015 年实施田野调查，2019 年更新部分数据，探讨 X 县农地权利转移过程和政府角色问题，部分反映全国农地流转情况，以及政府在农地流转中的实际作用。

第一节 山东省 X 县农地流转现状

一、山东省 X 县基本情况

X 县,位于山东省西北部,属黄河冲积平原,辖区内没有山地和丘陵,适合开展规模化种植和农业机械化作业。全县总面积 1 162 平方公里,已利用土地面积 10.9 万公顷,其中耕地面积为 7.6 万公顷[①](114 万亩),属暖温带半湿润季风气候,农牧资源较为丰富。

农业是 X 县的支柱产业,种植粮食作物以小麦和玉米为主。共辖 11 个镇和一个办事处。2013 年全县人口为 62.77 万人,其中非农业人口有 21.07 万人,农业人口有 41.7 万人,占全县人口的 66%(见图 4-1)。改革开放后,农业人口比例下降明显,从 1985 年的 94% 下降到 2013 年的 66%。地区生产总值增长迅速,由 1985 年的 34 104 万元增加到 2013 年的 1 436 917 万元。2012 年,第一、第二、第三产业比为 28.8∶40.1∶31.1,第一产业产值为 410 694 万元。X 县财政收入

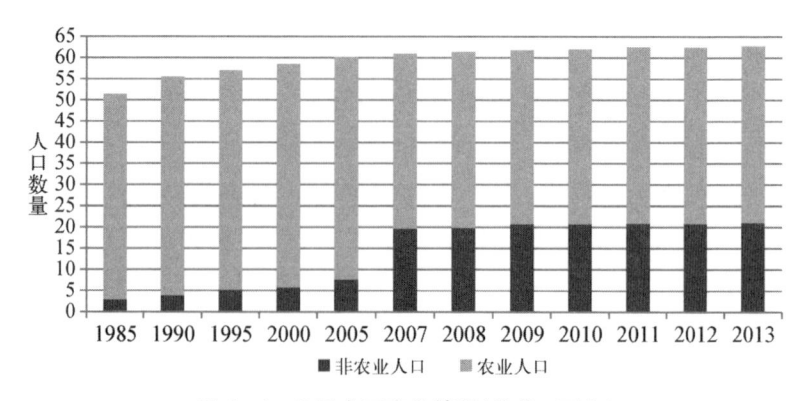

图 4-1 X 县人口变化情况(单位:万人)

资料来源:根据 X 县 2014 年统计年鉴绘制。

---

① 《2013 年 M 市统计年鉴》,2014 年,第 217 页。

在 M 市所辖县区中排名较低,2013 年该县财政收入为 66 960 万元,而财政支出为 211 987 万元,赤字达 145 027 万元(见图 4-2)。

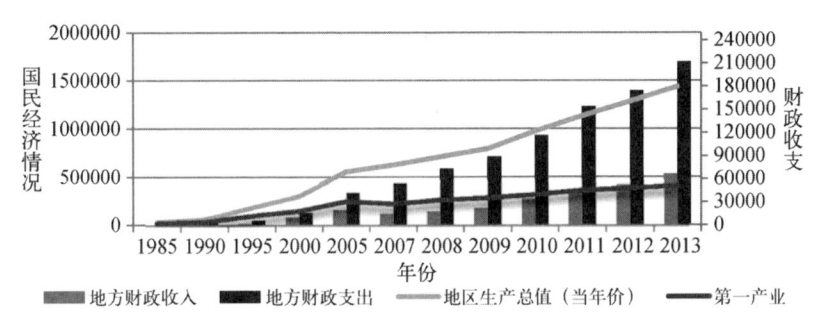

图 4-2　1985—2013 年 X 县基本经济情况(单位: 万元)
资料来源:根据 X 县 1985—2013 年统计年鉴统计绘制。

20 世纪 80 年代到 90 年代中期,X 县抛荒情况较为严重,耕地面积下降明显,从 1985 年的 69 540 公顷下降到 1995 年的 66 245 公顷。之后,经过开发、复垦,耕地面积稳步回升至 2013 年的 76 171 公顷。2012 年人均耕地面积为 2.5 亩。粮食产量呈总体上升趋势。2013 年由于干旱,田间持水量较低[1],加之粮食作物播种面积比上年下降 1.4%,粮食总产量为 681 500 万吨,比 2012 年 750 509 万吨下降了 9.2%;粮食作物单产为 438.5 公斤/亩,比上年下降了约 8.1%(见图 4-3);蔬菜、棉花等同比上升,蔬菜上升 4.5%。另外,20 世纪 90 年代中后期,X 县大量农村劳动力外出打工,农村劳动力数量下降明显。1985—2013 年,X 县农林牧渔等农业劳动人口[2]在 1995 年达到最高值 23.18 万人,后持续下降到 2013 年的 14.45 万人,但农民人均年收入从 1995 年的 1 512 元上升到 2013 年的 9 457.3 元,收入水平增长明显。

二、X 县农地流转现状

2012 年,X 县出台《推进农村土地承包经营权流转实施方案的通

---

[1] X 县农业局:《X 县农业工作 2013 年第七期》,2013 年 11 月 5 日。
[2] 指全社会直接参加农林牧渔业生产活动的劳动力,参考《X 县统计年鉴(2010)》的说明。

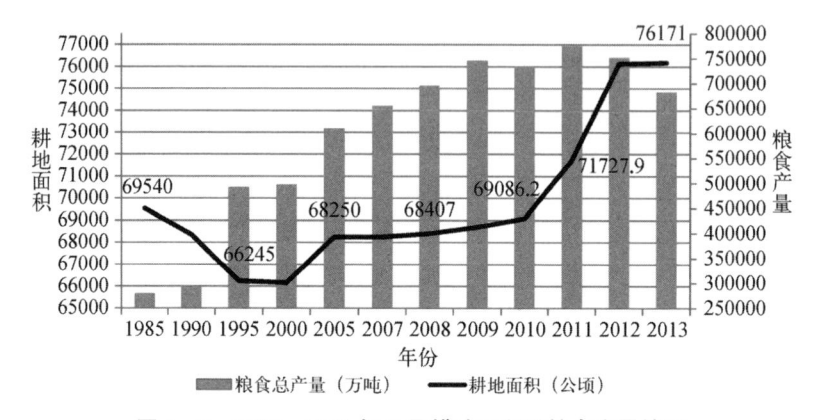

图 4-3　1985—2013 年 X 县耕地面积及粮食产量情况

资料来源：根据 X 县 1985—2013 年统计年鉴统计绘制。

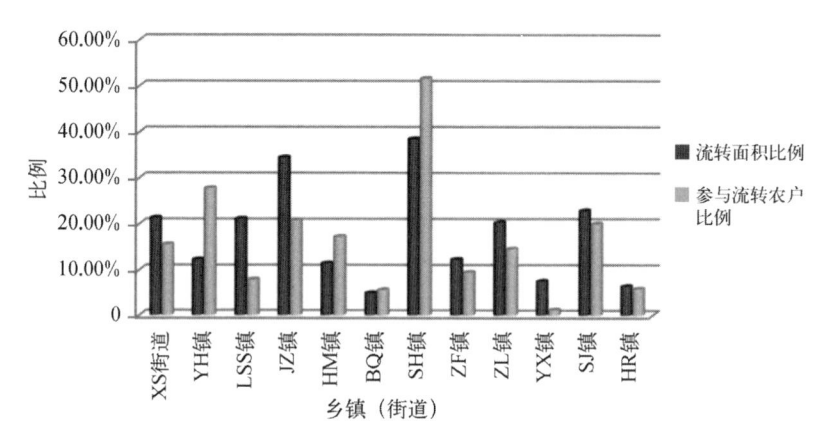

图 4-4　2013 年 X 县各乡镇农地流转面积和参与流转农户比例

资料来源：根据 X 县农业局农经站 2013 年农村土地承包经营权统计数据。

知》，鼓励发展多种形式的适度规模经营。土地流转面积增长迅速，2014 年家庭承包经营面积为 103.908 2 万亩，流转总面积为 18.831 3 万亩，占承包面积的 18.12%。家庭承包经营户数为 127 890 户，参与转出的土地有 20 660 户，占全部户数的 16.15%。其中签订流转合同的面积为 18.574 7 万亩，占全部流转面积的 98.6%。比较 X 县下辖各乡镇承包经营权的流转情况，2013 年末 XD 牧业公司投资 10 亿元，落户 X 县 SH 镇，经过这一项目带动，2014 年 SH 镇农地

第四章　农村土地承包经营权流转中的政府实际角色：以山东省 X 县为例　115

流转比例在全县各个乡镇中位居首位,流转面积比例达到38.55%；其次是 JZ 镇,为34.56%；最低为 YX 镇,流转比例是5.02%。参与农户方面,SH 镇流转面积较大,51.65%的农户参与了流转,而 YX 镇仅有1.29%的农户参与流转(见图4-4)。具体从流转期限、流转方式、流转后土地用途、流转去向分析,X 县土地承包经营权流转具有以下特点。

(一) 流转方式以出租和转包为主,多中长期流转

流转方式上,X 县与全国流转方式基本相似,主要通过出租与转包实现,转让、互换和股份合作的比例较小。2018 年,X 县通过转包方式流转土地9.22 万亩,占当年流转总面积的54%；通过出租方式流转土地6.84 万亩,占流转总面积的40%；而转让、互换与股份合作的土地流转面积仅分别为0.09 万亩、0.78 万亩和0.06 万亩(见图4-5)。

流转期限上,如将合同约定期限以5年、5—10年(含5年)和10年以上(含10年)进行分类,2014年以5—10年为期限的流转面积最多,为9.011 6 万亩,占当年流转总面积的47.9%,10年以上流转期限的土地流转面积为2.233 万亩(见图4-6)。

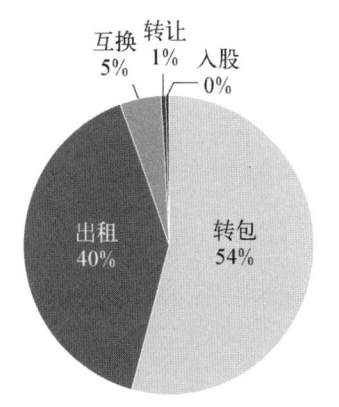

图 4-5　2018 年 X 县农地流转方式及所占比例(单位:万亩)

资料来源:根据 X 县农业局农经站 2018 年农村土地承包经营权统计数据。

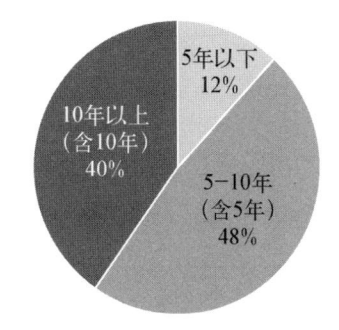

图 4-6　2014 年 X 县农地流转期限统计

资料来源:根据 X 县农业局农经站 2014 农村土地承包经营权统计数据。

(二) 基层政府及村集体组织流转,流转土地"非粮化"严重

在统计口径上,可将流转的实现形式分为农户间自发流转、通过政府及村级组织协调流转和通过土地流转服务中心流转。经 X 县农业局经管站统计,农村土地承包经营权流转主要通过基层政府与村级组织,特别是镇一级政府和村级组织,例如村委会等组织协调而成,这与在 X 县访谈、调查的结果也基本一致。

2014 年,经政府和村集体组织沟通协商而最终流转的土地为 14.150 2 万亩,约占当年土地流转总面积的 75%。截止到 2014 年,X 县各乡镇和村已经建立了县—乡镇—村三级土地流转服务体系,每个乡镇均设有专门土地流转服务中心。从 2014 年的统计数据来看,这些中心是否已经真正发挥职能、得到有效利用,仍有疑问。2014 年仅有 16% 的流转土地经过土地流转服务中心流转;经农民之间相互流转的比例为 9%(见图 4-7)。

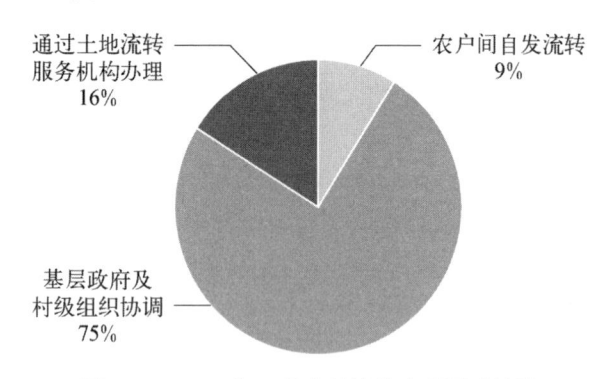

图 4-7 2014 年 X 县农地流转实现形式统计

资料来源:根据 X 县农业局农经站 2014 年农村土地承包经营权统计数据。

虽然大部分流转经过基层政府和农村集体组织促成,但政府与集体并没有严格规定或限制流转后的农地使用途径。根据最新调查的数据,2018 年 X 县土地承包经营权流转后用于粮食种植的面积仅占全部流转面积的 55%,其余农地主要用来种植蔬菜(19%)、林果(17%)、养殖(1%)和用作其他用途(7%)(见图 4-8)。访谈发现,在其他用途中,也包括将农用地转变为建设用地的情况,但在统计数字中尚未体现出来,农地流转后,具有"非

粮化"和"非农化"倾向。

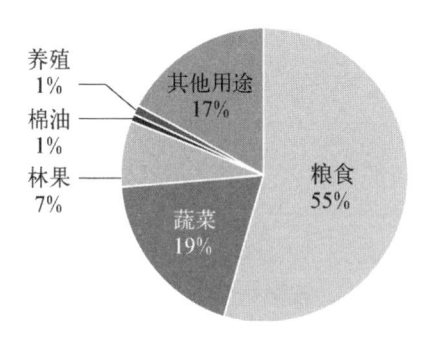

图 4‑8 2018 年 X 县农地流转后用途统计
养殖 1%、棉油 1%、林果 7%、其他用途 17%、粮食 55%、蔬菜 19%

资料来源：根据 X 县农业局农经站 2018 年农村土地承包经营权统计数据。

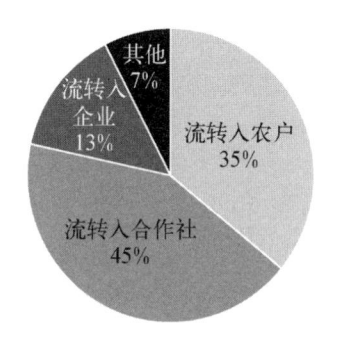

图 4‑9 2018 年 X 县农地流转去向统计
其他 7%、流转入企业 13%、流转入合作社 45%、流转入农户 35%

资料来源：根据 X 县农业局农经站 2018 年农村土地承包经营权统计数据。

（三）农户与合作社为主要转入主体，规模经营面积适中

X 县土地承包经营权的主要流入主体是合作社和农户。2018 年，合作社流入土地约 7.66 万亩，占当年流转面积的 45％；流入农户的土地为 5.957 万亩，占当年流转面积的 35％。其余流转土地流入企业和其他经营主体（见图 4‑9）。X 县基层政府已经引导土地向合作社等新型规模经营主体转移。这一趋向与 X 县自身政府部门绩效考评体系设定相关。X 县规定，如增加国家、省、市级农民专业合作社、龙头企业等则在工作考核中增加相应的分数，得分与政府官员奖金和晋升直接相关。本章第二节对农地流转模式与特征分析中，将具体对农地流转与政府绩效考核系统进行说明。

根据种植农户、合作社、家庭农场和企业的规模经营面积看，50—100 亩是各经营主体主要经营面积。2014 年，共计 367 家种植大户、合作社、家庭农场和企业种植经营面积在 50—100 亩，其中合作社 168 家、种植大户 159 家、家庭农场 20 家、企业 20 家。经营面积在 100—500 亩的经营主体有 263 家、500—1 000 亩的有 21 家、1 000 亩以上的有 32 家。其中大部分种植大户的规模较小，有 79％的大户种植面积在 50—100 亩。合作社、家庭农场以及企业多数经

营 100—500 亩的农田,分别占当年统计总数的 49.02%、53.5% 和 42.3%。依照统计数据,X 县 500 亩以上的大规模经营主体较少,大部分经营面积在 50—100 亩和 100—500 亩之间(见图 4-10)。

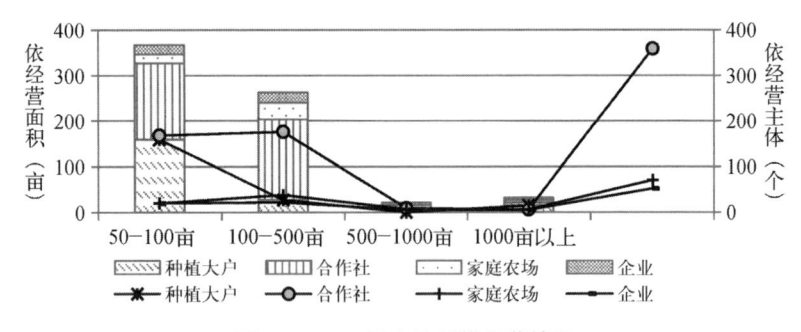

图 4-10 X 县土地规模经营情况

资料来源:根据 X 县农业局农经站 2014 年农村土地承包经营权统计数据。

三、X 县农地流转的主要模式

围绕本书的研究视角,考虑流转农地数量、流转方式多样性等因素,选择 X 县县政府驻地 XS 街道办事处、YH 镇、JZ 镇和 ZL 镇作为重点访谈对象。2014 年,SH 镇农地流转面积比例和参与流转农户比例虽然遥遥领先,但主要得益于 XD 牧业等大型企业的带动,流转渠道较为单一,难以观察到土地合作社、家庭农场及种养大户等经营主体。

(一) 访谈概况

结合本书研究主题,在 X 县调查与访谈对象分为三个方面,一是县、乡镇(街道)有关农地流转的政府机构和一线工作人员。主要访谈 X 县农业局农经站工作人员、XS 街道办事处土地流转服务中心、ZL 镇土地流转服务中心、YH 镇和 JZ 镇农经站工作人员。着重探讨地方政府对农地流转的态度、推进方式、推进动机以及在农地流转中的作用。二是,农业规模经营主体,包括农业龙头企业、合作社、家庭农场,了解农地流转现状、主要流转模式、规模经营情况,并再次确认和证实政府在农地流转中的实际作用与角色。主要包括 JZ 镇 NXPJ 村 XCLZ 绿化有限公司、YH 镇 YF 蔬菜合作社、YSY 农业发展有限公司、NR 苗木合作社和 SJZ 村蔬菜协会,ZL 镇 SCL 农业产品有限公司(见表 4-1)。三是承包地的主要流出方农民,主要了解农民流出土地的意愿、影响其决策的因素、流转租金按时发放等情况。主要访谈 YH 镇 SJZ 村、JZ 镇 XJ 村村支书,YN 社区和 KY 新村社区居民,以及在各经营规模主体工作和与流转相关的农户。

表 4-1 重点访谈对象列表

名 称	地理位置	流入面积(亩)	流转方式	流转时间(年)	用途	租金价格①(元/亩/年)	产品去向
XCLZ 绿化有限公司	JZ 镇	3 520(跨区域)	租赁	10	花卉、苗木	1 000	全国范围
YF 蔬菜合作社	YH 镇	1 500	入股+租赁	30	蔬菜大棚	1 000	农超对接、出口
SJZ 村蔬菜协会	YH 镇	1 448	互换	无合同	蔬菜大棚	1 500	周边城市
NR 苗木合作社	YH 镇	200	租赁	20	苗木	1 000	周边城市
YSY 农业发展有限公司	YH 镇	300	租赁	30	生态园	第6年1000(第1—5年有优惠)	宅基地复耕建设中,暂未有产品上市
SCL 农业产品有限公司	ZL 镇	1 800	租赁	10	蔬菜大棚	1 000 斤小麦②	周边城市

1. 访谈乡镇(街道)基本情况

此次访谈的几个乡镇中,XS 街道位于县城驻地,YH 镇紧邻经济开发区,第二、第三产业发展较快。JZ 镇和 ZL 镇还是以农业或相关产业为主。2013 年,XS 街道财政收入为 18 321.8 万元,位居四个乡镇第一位。YH 镇为 8 426.1 万元,处于第二位。ZL 镇财政收入较少,仅为 1 096.6 万元(见图 4-11)。但如果以农民人均纯收入衡量,2013 年人均纯收入最高的是 ZL 镇为 11 146.1 元,YH 镇其次为

---

① 这一价格为 2014 年访谈当年农地流转租赁价格。
② 按照当年国家粮食收购价折算成现金计算。

11 044 元,JZ 镇为 10 729.2 元,XS 街道办事处为 11 044 元。这与各乡镇(街道)地理位置和重点发展产业相关,XS 街道以城镇居民为主,农户数量较少,且以工业和服务业为主,所以农民人均收入较低。

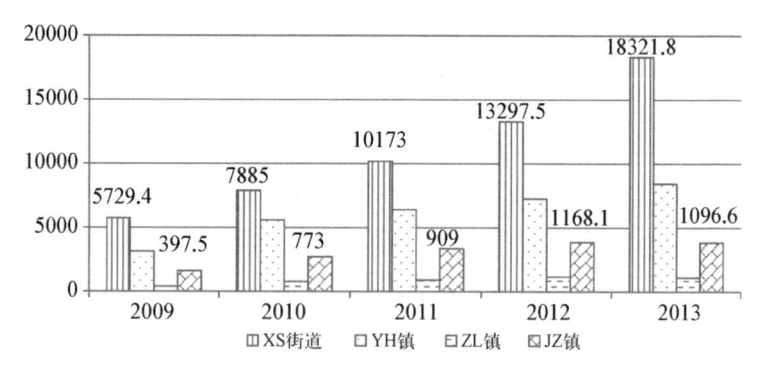

图 4-11 访谈乡镇公共财政预算收入(单位:万元)

资料来源:根据 X 县农业局农经站 2013 年农村土地承包经营权统计数据。

农业生产方面,YH 镇和 ZL 镇家庭承包经营面积较多,分别为 11.973 8 万亩和 11.041 3 万亩,XS 街道办事处为 8.072 9 万亩,JZ 镇为 8.798 8 万亩。2009—2013 年,鉴于发展方向和重点转变,XS 街道、YH 镇及 ZL 镇粮食总产量降低(见图 4-12)。XS 街道从 2009 年的 54 646 万吨下降到 2013 年的 51 887 万吨,YH 镇从 2009 年的 88 712 万吨下降到 2013 年的 67 396 万吨,ZL 镇从 2009 年的 93 951

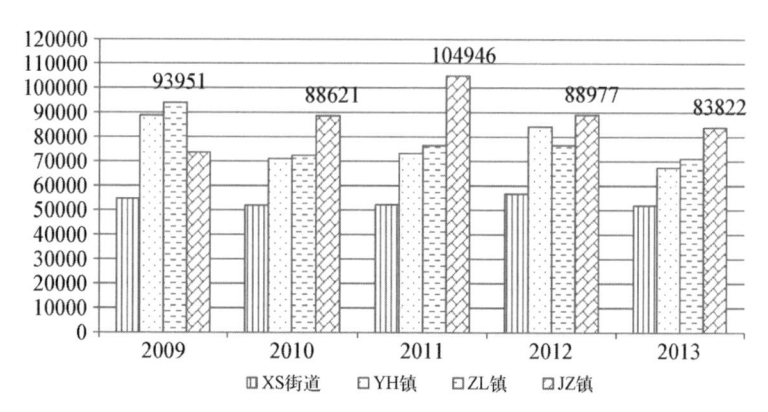

图 4-12 访谈乡镇粮食作物总产量(单位:万吨)

资料来源:根据 X 县农业局农经站 2013 年农村土地承包经营权统计数据。

万吨下降到 2013 年的 71 112 万吨。四个乡镇中,只有 JZ 镇粮食总产量稳中有升,从 2009 年的 73 566 万吨上升到 2013 年的 83 822 万吨。粮食单产方面,JZ 镇和 ZL 镇粮食单产较高,根据 2013 年的统计,分别为 461.7 公斤/亩和 443.1 公斤/亩。XS 街道和 YH 镇为 419.5 公斤/亩和 410.3 公斤/亩(见图 4-12)。

2. 访谈乡镇(街道)农地流转情况

从 2014 年的统计数据看,JZ 镇和 XS 街道流转面积占家庭承包经营面积较高,分别有 34.56% 和 21.37% 的承包土地进行了流转,ZL 镇流转比例也较高,达到 20.32%。YH 镇流转比例较小,仅有 12.32%(见图 4-4)。这与 YH 镇 2013 年及之前的农地流转较多,即可流转农地面积减少有一定关系。但是限于客观原因,难以获得 YH 镇 2014 年之前的农地流转情况。上述仅是通过在 YH 镇的实际访谈进行的推测。参与流转的农户比例方面,YH 镇和 JZ 镇所占比例较高,分别达到 27.8% 和 20.81%,XS 街道为 15.64%,ZL 镇为 20.32%。

农地流转去向上,YH 镇、JZ 镇和 ZL 镇大部分农地转入农户,分别为 0.383 1 万亩、1.257 7 万亩和 1.111 2 万亩,其中 0.207 3 万亩、0.988 5 万亩和 0.666 5 万亩分别流入家庭农场(见图 4-13)。YH 镇流转土地主要用来种植蔬菜,为 0.738 3 万亩,占当年总流转面积的 50%;JZ 镇则主要用来种植粮食,占当年流转总面积的 48% 左右;ZL

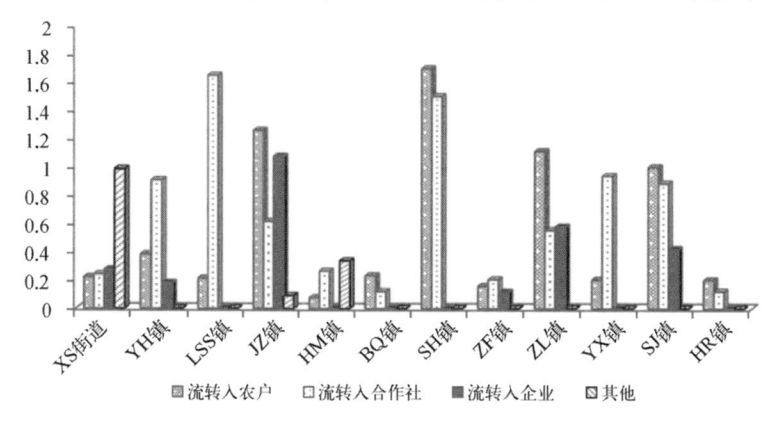

图 4-13　X 县各乡镇农地流转去向(单位:万亩)

资料来源:根据 X 县农业局农经站 2013 年农村土地承包经营权统计数据。

镇流转后有 1.396 万亩的农地种植林果,约占当年流转总面积的 62.2%。在重点访谈的几个乡镇中,XS 街道情况较为特殊,大部分农地转入其他经营主体,达到 0.985 8 万亩,而且多数被用作除粮食、蔬菜、林果、棉油、养殖等常规农业以外的用途。与 XS 街道工作人员访谈此事时,工作人员并没有给出详细解释,仅表示农地流转后,政府又进行征收用作建设用地,所以才流入其他主体,并用作他途。

流转租金方面,主要分为实物租金和现金租金两种。一般情况下,实物租金也不会直接交换实物,而是按照当年国家粮食收购价格折算成现金再发到农民手中。实物租金的优点是随行就市,及时根据粮食的价格进行调整,抵抗物价上涨等因素带来的影响。通过访谈发现,2014 年流转入合作社、企业的实物租金大部分是 1 000 斤小麦/亩/年。农户之间私下流转,则是每年根据收成协商决定的,多数情况少于 1 000 斤小麦/亩/年。流转入合作社和公司等规模经营主体,租金在 1 000 元/亩/年左右,根据土地质量再进行协商调整。农户之间私下流转通常约为 500—600 元/亩/年。访谈中,现金租金最高的是 YH 镇 SJZ 村,为 1 500 元/亩/年。现金租金又分为固定租金和浮动租金两类。大多数情况下为固定租金,部分经营主体表示,在签订合同时有附加条款,规定根据经济发展状况和物价水平增减租金。但是,这种调整没有明确的标准,例如物价指数上升到多少需要调整租金,多由土地转出方提出要求,进行协商后确定。

(二) X 县农地流转的典型模式

1. 合作社+农户:YH 镇 HQL 村

第一,土地流转过程。

2008 年,在 X 县 YH 镇 HQL 村几户农民的带领下,YX 镇和 XS 街道办事处等 18 户村民将承包地入股,共 50 亩,建造蔬菜大棚,主要种植甜椒等蔬菜,组成 YF 蔬菜专业合作社。合作社制定了完整的社员管理制度、社员代表大会制度、理事会工作制度、财务管理制度和盈余分配制度。在盈余分配中规定,每年提取 10% 的盈余收入作为公积金,用于合作社发展。经过几年发展,合作社有了一定积累,再加上后期出资入社的社员不断增多,合作社规模也随之扩大。2010年,以合作社为基础的LQFY农副产品有限公司注册成立。公司成立后,通过各乡镇政府的协调,在X县现代农业科技示范园区、YH镇流转土地500亩,一期签订流转期限20年,社员人数达200余户。后期又在X县BQ镇流转土地1000亩,种植大蒜。2014年,根据具体的土壤情况和农田等级,流转土地租金为1000元/亩/年到1200元/亩/年。同时,访谈LQFY公司L姓经理得知,会在流转合同条款上标注,租金根据经济发展情况和物价指数进行变动,参考当年国家粮食收购价格等因素。

除YF合作社外,LQFY公司还带动一家分地合作社和多个家庭农场,种植甜椒、茄子和西葫芦等蔬菜。例如LQFY公司L姓经理自己就与家里人流转YH镇LX村的120亩地,注册家庭农场,流转土地租金为每年每亩1000元,承接LQFY的蔬菜订单。经过几年的建设和发展,LQFY公司以YF合作社为依托,通过"农超对接"将蔬菜无障碍地送到HL连锁超市等出售,并将蔬菜出口到韩国、日本等国家,年利润1400多万元。LQFY公司因此成为第一批市级示范社,并于2012年成为省级示范社和国家级蔬菜示范标准园。

第二,运行机制。

《农民专业合作社法》第二条规定,合作社是农村家庭承包经营,自愿联合、民主管理的互助性经济组织。YF合作社基于蔬菜种植需要,将不同区域的农户联合在一起,建设蔬菜大棚。合作社作为农民联合体,本身就是一种制度创新,在不确定性较高的农业生产和多类型服务面前,合作社可以为实现农民的"自卫、自助和互助"[1]降低不确定性和交易成本,通过规模经济规避市场风险。[2] YF合作社成立之初,允许农民土地入股,获得成员资格,后允许出资入社,按实际交易额和出资比例分配盈余。YF合作社财务管理办法和盈余分配制

---

[1] 柴效武、叶益东:《农业合作社+农户——农村制度变迁过程中组织模式的抉择》,《浙江大学学报(人文社会科学版)》2006年第4期,第98—107页。
[2] Boyle G. E., "A Duality Approach to Testing the Economic Behaviour of Dairy Marketing Cooperatives: The Caseof Irelan", *Working Paper published by National University of Ireland*, Mayooth (1998).

度规定,年收益分配分为四步。首先弥补上年亏空。其次计提累积,提取公积金和风险基金,公积金提取比例须不低于10%,风险基金则按照社员大会的约定比例提取,用于以丰补歉。再次,向社员分配盈余,按照交易额向社员返还,返还比例不低于60%。这一部分依照社员主要的销售量,与社员出资份额无关。其后,按照出资额,将成员应享有的公积金份额、国家财政支农扶持资金及接受捐赠份额向社员返还,返还比例不超过40%。最后,是向投资者分利。这种分配方式既可以激励社员的生产热情,又维护了社员依出资份额多少按比获得利润的公平。

合作社的基本目标是向社员提供服务,共同发展,形成较为规范的农业生产和服务组织。YF合作社也定有相应的社员管理制度,规定入社和退社的程序、社员的权利以及义务。义务包括要按照标准质量和生产技术规程从事生产,履行与合作社签订的业务合同。同时设立社员(代表)大会作为合作社的最高权力机构。根据YF蔬菜合作社社员(代表)大会制度,社员大会有权审议、修改本社章程和各项规章制度;选举和罢免理事长、理事、执行监事;决定社员入社、退社、继承、除名、处分等事项;决定社员出资标准及增加或者减少出资;审议合作社的发展规划和年度计划等。社员代表则从全体社员中产生,每十名社员选举产生一名社员代表,组成社员大会。社员(代表)大会由理事会(理事长)负责召集,每年至少召开一次。根据YF蔬菜合作社理事会工作制度,YF合作社设立六名理事,必须从合作社社员中选出,对社员大会负责,组织召开社员(代表)大会、负责审议规划等。

由YF合作社发展成为LQFY公司,实际上是合作社带动公司发展的模式。与大部分认知的"公司+合作社+农户"这一模式不同,YF合作社的发展方式是"合作社+公司+农户"的方式。这两种模式的显著区别在于,第一种是公司与合作社签订合同,供应生产资料及后续的生产服务和拓展销路等,公司处于主导和优势地位,合作社只是整个链条中的中间环节,再将公司的"订单"分配给合作社中的农民进行生产。公司与合作社、合作社与农户形成了一种长期契约关系,但与利益共同体式的"风险共担"还有一定距离。第二种是以合作社为引导和基础,建立农业公司,负责合作社产品销售、技术合作、管理服务等。在这种模式下,公司是合作社的纵向一体化组织,其存在目的除丰富农业合作社种植和服务的基本功能外,还有促进上下游结合形成完整的产业链,帮助农业产品提高自身竞争力,同时社员分享农产品的生产销售收益、加工收益,以及获得在公司工作的报酬。例如在 YF 合作社基础上成立的 LQFY 公司,就开发了自己的蔬菜品牌"SFY",在单纯种植业外发展观光休闲农业,建立网上平台销售蔬菜,将蔬菜销售给 SL 重工等大型企业。

第三,政府在土地流转中的角色。

YF 合作社土地流转分为两个阶段。一是创建之初,18 户农户 50 亩地的小规模流转;二是发展成为 LQFY 公司后,流转 500 亩土地种植蔬菜和 1000 亩地种植大蒜的大规模流转。前期小规模流转过程中,农户之间相互协商,采用土地承包入股的方式,成立股份合作社。经访谈得知,这期间,地方政府并没有介入,是农户自发的行为,签订入社协议作为土地流转合同,共同经营土地。在成立时,起步资金不足,由政府帮助通过抵押合作社营业执照,到农业发展银行、邮政储蓄银行申请贷款,支持企业的后续运转和运营。

第二阶段大规模流转,各乡镇政府和村委会直接介入。LQFY 公司 L 姓经理表示,企业流转土地,签订土地流转合同,但是没有一份合同是单独与农民或农户签订的。一家一户流转签订合同不现实,都是由政府进行沟通和协调,与镇政府签订流转合同的。虽然政府与村集体组织签订了合同,但是村委会并没有依次跟每户农民签订,而是以签名、按手印的"自愿流转协议书"作为农民"自愿、有偿"流转土地的依据。租金支付时,将租金直接打入镇政府,再由镇政府转交村委会,后由村委会进行分配。当问及是否会有镇政府和村委会截留租金的情况时,受访者表示村里每次发放租金都进行公示,透明公开。而且很多流出土地者受聘于 LQFY 公司,都了解土地流转的价格。已经入社的社员,则严格按照 YF 合作社的规定分配盈余。财政支持方面,主要是国家、山东省和 M 市财政补助及贴息贷款,X

县给予的补助较少。截止到 2014 年,YF 合作社获得农业综合开发产业化经营项目对设施农业的支持,补助标准为每经营设施农业 1 000 亩以上获得 4 000 元补贴。[①] 再者,根据 M 市人民政府《关于加快龙头企业发展进一步提高农业产业化经营水平的意见》,LQFY 公司作为市级龙头企业,曾获得贴息贷款两次,贴息额度为 30 万元和 50 万元。

2. 龙头企业＋农户:JZ 镇 NXPJ 村

第一,土地流转过程。

JZ 镇 NXPJ 村邻近 JZ 镇镇政府所在地,共有 286 人,耕地面积为 466 亩。NXPJ 村绝大部分农地为盐碱地,土壤中盐浓度较高,土地质量较差,对农作物生长不利。2007 年,村支书 PSS 引进农业产业项目,后发展成为 XCLZ 公司。经 JZ 镇政府和村委会出面,流转 NP 村 400 亩地,经营花卉苗木、水产养殖和观光旅游。一期合同期限为 10 年,2007 年初定土地流转租金为 680 元/亩/年。2014 年,土地租金上涨为 1 000 元/亩/年。作为吸引农户流转土地的优惠条件,XCLZ 公司承诺每年按时在 12 月 31 日前支付农民农地租金,同时优先录用 NXPJ 村村民及附近村民成为公司员工。随着公司发展,土地流转规模持续扩大,根据 XCLZ 公司 Y 姓经理介绍,现在 XCLZ 公司已陆续流转 JZ 镇 XJ 村等周围村庄 2 000 亩土地作为花卉智能温室和培养基地,流转 YH 镇 1 070 亩土地作为苗木基地和绿化苗木示范园,流转 YH 镇 WX 村 450 亩土地作为良种培育基地。另外,租赁 ZL 镇国营农场 1 万亩土地进行良种培育。经过几年的发展,XCLZ 公司已经成为山东省农业产业龙头企业、山东省林业产业龙头企业,综合培育红掌、蝴蝶兰名贵花卉、绿化苗木和观光一体的农业示范园。

第二,运行机制。

"龙头企业＋农户"模式,是从家庭生产经营衍生出来的新农业

---

① 国家农业综合开发办公室:《关于印发 2013 年国家农业综合开发产业化经营项目申报指南的通知》,2012 年 6 月 27 日,http://nfb.mof.gov.cn/zhengwuxinxi/gongzuotongzhi/201207/t20120703_663877.html,2015 年 2 月 16 日访问。

产业化生产形式。在 XCLZ 公司流转土地和自身经营的过程中,"龙头企业＋农户"主要分为两个形态。第一个是"龙头企业＋产业工人";第二个是"龙头企业＋农户"。第一种形态是指企业在流转农村承包经营土地后,支付土地租金并将流转出土地的农民"转型"为产业工人。经访谈得知,XCLZ 公司常年招工,如果农地转出农民具备劳动能力,经试用三个月后可以进入企业成为产业工人,签订正式劳动合同,根据工作量分配劳动报酬。如一名 40—50 岁能够正常劳动的女性,每月工资在 1 700—1 800 元。根据工作年限,公司最高为员工缴纳 80% 的新农合费用。除此之外,XCLZ 公司的雏形孕育于 NXPJ 村,除农村基本养老保险外,XCLZ 公司给村里 65 岁以上的老人每人每月发放 65 元养老金。第二种形态是指"龙头企业＋农户"的订单生产方式。XCLZ 公司建有良种育种基地,将培育好的品种通过合作社委托给农户种植,事实上形成了"企业＋基地＋合作社＋农户"的运作模式。基地的生产经营由公司统一建设和安排,建成之后分配给合作社经营,签订花卉或苗木生产协议。然后再由合作社向农户分发良种,组织安排耕作。公司则负责后期的技术指导、病虫害防治、产品验收以及收购销售。这种方式有利于在企业与农户之间建立一种较为稳定的契约关系,同时帮助农户降低因自然灾害等农业生产的不确定性而造成的风险,减少后期市场销售的搜寻成本。

第三,政府在土地流转中的角色。

在 XCLZ 公司流转土地过程中,JZ 镇政府和 YH 镇政府成为土地流转的主体介入其中。作为政府培育的重点项目,JZ 镇政府甚至成立了专门的服务小组,帮助办理 XCLZ 公司建设地热井、流转土地、代办环境评估、项目立项、示范园申请等审批手续。农地流转合同的签约方,分别是 XCLZ 公司和 JZ 镇、YH 镇镇政府。在访谈过程中,研究者希望企业展示流转合同,虽然未能得到应允,但是经过 XCLZ 公司 Y 姓经理证实,出让人一方落款是 JZ 镇和 YH 镇镇政府。

后访谈 NXPJ 村村民,村民表示从未与 XCLZ 公司签订过任何农地流转合同。村委会说明土地租金和年限后,要求每家每户签字、按手印,表示愿意进行土地流转。村中也从未召开过村民全体会议商议此事。但当问及是否真心愿意流转土地时,村民表示 NXPJ 村土质不好,盐碱地产出少,现在每年1 000元/亩的租金已经超过种植粮食作物的收益,而且流转出土地后村民还可以到 XCLZ 公司打工或外出打工,再获得一部分收入,超过自己耕种粮食的收入,确实愿意流转土地。事实上,NXPJ 村及周围村庄的流转模式是"反租倒包":先将农地流转到村集体,再由村集体流转给镇政府。镇政府作为流转主体,一方面是承租人,与村集体签订承租合同;另一方面是出租人,与 XCLZ 公司签订出租合同。但是,无论政府还是村集体都没有与农户签订任何合同,只有表示农户愿意流转土地的签字单。发放租金时,企业将租金打给镇政府,然后政府打给村集体由集体进行分配。受访村民表示,按照流转土地面积的大小,每年1 000元/亩租金都可以按时收到,分配透明,没有克扣的情况。

政府资金支持方面,主要来自市级奖励和扶持,暂时未获得县和乡镇一级政府资金奖励与支持。根据 M 市人民政府《关于加快龙头企业发展进一步提高农业产业化经营水平的意见》,XCLZ 公司由市级农业产业化龙头企业升级为省级农业产业化龙头企业,奖励30万元;作为市级农业龙头企业扩大生产经营规模,建造智能温室大棚,投资2 000万元以上的,获得100万元奖励。

3. 集体内部互换模式:YH 镇 SJZ 村

《中华人民共和国农村土地承包法》第三十六条规定,承包方可以自主决定依法采取出租(转包)、入股或者其他方式向他人流转土地经营权。根据全国和 X 县农地流转的统计数据,出租(转包)是农地流转的主要方式。通过互换转移农地经营权的情况较少。但在 X 县实地访谈中发现,YH 镇 SJZ 村通过村集体内部成员承包地互换,发展大棚规模经营,为除企业、合作社流转方式外,提供了另一个成功案例。

第一,土地流转过程。

SJZ 村位于 YH 镇的南部毗邻 X 县经济开发区,截至2014年12月,全村159户,共710人;耕地面积1 457亩,人均耕地面积2.05亩。

全村通过村集体成员换地，共建立484个冬暖大棚，据村支书SCG介绍，除老弱病残等丧失劳动力的家庭外，几乎家家有大棚。主要种植彩椒、芹菜、西红柿等蔬菜。每个大棚长100米左右，实际用地面积在2—3亩。每个大棚建造成本约为8万元，县财政每个100米长以上的大棚（含100米）补贴2 000元。2014年每个大棚毛利润在3万元左右，净利润在2万元以上。全村耕地仅存9亩，仍在种植玉米和小麦两季粮食。村集体有未到户集体建设用地41亩，全部用来进行村里的基础建设，建造村外围低矮围墙。

第二，运行机制。

SJZ村规模种植大棚通过"大部分互换＋小部分租赁"的方式进行。20世纪90年代，SJZ村种植传统蔬菜作物，也尝试粮棉套种、粮菜套种等种植方式将粮食种植与价值较高的作物结合起来，但是未能实现增产增收。根据村支书SCG介绍，20世纪90年代其在天津务工期间发现当地种植大棚蔬菜，农民收入增长迅速；回到X县后，在自己承包地上建造芹菜大棚，当年收入居然比种植粮食翻一番。看到大棚种植的经济效益后，大部分村民也表现出经营蔬菜大棚的意愿，但遇到两个问题：一是，农户承包土地过于分散，难以进行规模经营，有的农户甚至无法在承包地上建造一个60米长的完整大棚；二是，农户大棚种植意愿不统一，有的农户希望经营大棚，有的则希望继续种植粮食作物，或进城务工。

20世纪90年代末，承包土地延包时，村集体将所有土地根据地理位置分为南坡、北坡、东坡、西坡、村南等部分，村集体成员抽签决定承包地的位置，结果出现农户的承包地较为分散，如有些在北坡，有些在南坡，且承包地面积较小，仅有几分左右。建造大棚时，需将分散分布的承包地整合规划。在村委会协调下，各家各户尝试通过土地互换方式，将零散承包的土地集中起来，方便种植和规模经营。对不愿种植大棚的农民通过土地置换方式，将其土地挪到大棚种植区之外，面积不变。对已经进城务工的村集体成员，则由希望经营大棚的成员将其大棚租赁下来，支付租金。根据村支书介绍，2014年农田租金为1 500元/亩，这一价格在X县访谈的各经营主体中处于高位。接受访谈的几位 SJZ 村村民都表示,如果自己在外务工或丧失农业劳动能力,很愿意接受这一租金;如果自己不建造大棚、单纯进行农业耕种难以获得与此相当的收益。农地互换和租赁后,农地较为集中,随着种植大棚蔬菜收入日益提高,村里大部分农户都建造了冬暖大棚,几乎"户户有棚,棚棚有菜"。种植大棚蔬菜的村民还自发组织了大棚产业协会,统一引进、种植新品种,引入技术指导和服务、拓宽了市场销路。虽然大棚仍由各户自行经营,但是在大棚产业协会的协调下,逐渐走上了规模化和产业化的道路。

第三,政府在土地流转中的作用。

SJZ 村之所以可以通过土地互换的方式成功经营大棚,主要基于以下几个条件:一是,SJZ 村 90% 以上的农户同姓,乡里乡亲同源同宗,为顺利互换土地奠定了情感基础。二是,根据访谈和实地调研的情况,SJZ 村的土地质量,例如土壤质量、灌溉条件等分配较为平均,不存在差异较大"好坏"田之分,为顺利互换土地奠定了自然环境基础。即使换地,也不会因为土壤问题造成纠纷。三是,村集体组织带领与协调的作用,主要表现为村支书的"能人效应"。在 1996 年时,SCG 就率先在村里种植大棚蔬菜,起到了一定的示范作用,后被选为村支书,更有效地带动整个村进行蔬菜种植。在实地访谈过程中,村民表示在种植大棚之后,收益明显提高,再加上村里带动,也愿意开展大棚种植。

政府角色方面,在多个流转案例中,SJZ 村是唯一一个当地政府没有介入,而是通过集体内部民主协商、互换和小部分租赁流转土地的案例。根据村支书和村民访谈情况,当地乡镇政府对流转土地建造大棚还持有消极态度,主要因为 SJZ 村紧邻 X 县经济开发区,最近的农田距离开发区行政大楼仅百米。出于土地征收和扩大开发区面积的考量,当地政府在划分基本农田范围时并没有将 SJZ 村的农地划入其中。如今后征地,建造大棚将可能大大提高政府征地成本,所以对 SJZ 村的大棚经营并不是十分支持。另一个值得注意的问题是,根据《流转管理办法》的规定,互换这一形式存在于同一集体内部,是相互交换承包经营权的行为。SJZ 村互换的仅是土地的经营权,并没有改变原有土地承包关系。大部分土地互换都没有签订书面合同,而只有口头协议。只有一部分通过租赁方式获得的农地,签订了正式的租赁合同。当询问是否需要签订租赁合同时,大部分村民表示互换是在村委会和村支部协调下进行的,而且因多是亲戚关系,无须签订合同。这一点或许会成为今后农地流转纠纷的隐患。

第二节 山东省X县农地流转的主要特征

一、农地流转与农村新型社区建设结合

党的十六届六中全会《关于构建社会主义和谐社会若干重大问题的决定》提出,积极推进农村社区建设,健全全新社区管理和服务体制,把新社区建设成为管理有序、服务完善、文明祥和的社会共同体。党的十七届三中全会决定也强调,加强农村社区建设,保持农村社会和谐稳定。农村新型社区,不仅是人口聚集的生活共同体,更是与城镇社区一样享受均等公共服务的自治居民组织。建设新型农村社区,主要有两种形式,一是房地产开发型。不经过农村建设用地整治和指标置换的改造社区,例如城中村改造或者旧村原址完善,通水通电、加强原本社区服务。二是增减挂钩型。根据土地利用总体规划,将拟整理复垦为耕地的农村建设用地地块、拟用于城镇建设的地块等面积共同组成建新拆旧项目区。通过建新拆旧、土地整理复垦等措施,实现土地面积平衡。这一方式的最终目的,是为了实现增减耕地有效面积、提高耕地质量。[①] 根据访谈X县农业局相关工作人员得知,X县大部分进行中和已建成的农村新社区都属于第二种形式。

城乡建设用地增减挂钩,最初出现在2004年发布的《国务院关于深化改革严格土地管理的决定》。2008年《城乡建设用地增减挂钩试点管理办法》中对城乡建设用地增减挂钩的具体做法进行了规

---

① 《国家城乡建设用地增减挂钩试点管理办法》第2条,2008年。

定,要求城乡建设用地增加挂钩试点工作,能够真正改善农民生产和生活条件,促进农业适度规模经营。只有报批通过的增添挂钩项目才能获得城市建设用地指标。2009年,山东省在《关于推进农村社区建设的意见》中制定了农村社区建设的原则和推进速度,要求2010年全省50%的农村实现社区覆盖;2012年80%的农村实现社区覆盖。截止到2009年底,农村社区的覆盖面积已经达到60%以上。[1] 2014年,山东省印发《城乡建设用地增减挂钩实现项目报批管理办法的通知》,要求节约用地,集约发展,推进居住向社区集中。

2014年,X县根据国土资源部和山东省出台的相关文件,制定了关于加强农村新型社区建设推进城镇化进程的意见,决定在2019年前建成30个农村新型社区,2025年前完成全县全部90个新社区建设,节约建设用地50%以上,培植社区产业集聚区150个。农村新社区建设,又被形象地称为"农民上楼"。集中上楼后的农民迫切需要解决如何种地、相关联的农用机械储存等问题。特别是农村新社区离承包农地较远时,农民耕种十分不便。笔者在X县新建YN社区了解到,有农民每天骑电动车到农地耕种。另外,上楼后农业机械器具无地容纳,特别是特大型农业器具难以存放在楼底或车库中,只能单独地存放在社区中的农机大院。粮食收获后,由于楼房集中居住,无法再利用原来的院落晾晒和储存。走访YN社区时发现,由于没有晒谷场,大量粮食在小区的街道上晾晒和储存,给出行带来不便。

为解决上楼农民种地难等问题,X县打包推介农村新社区建设的复垦土地,发展集约经营农业和产业园区建设,希冀让农民脱离原来的耕作农业,实现"居住在社区,工作在园区"。在这一政策导向下,X县的农村承包地流转常与新社区建设结合,分为"先上楼,后流转"和"先流转,后上楼"两类。

(一)"先上楼,后流转"

"先上楼,后流转"是指先建设新型农村社区,然后将复垦后经过

---

[1] 《山东省力争5年左右实现农村社区建设全面覆盖》,《大众日报》2010年5月13日第A1版。

验收的原宅基地集中流转出去,最后逐步将上楼农民的承包地转出,帮助农民转型为园区工人。利用社区建设置换出来的建设用地指标和农民流转的承包地,建设农业园区及工业园区,推进农业生产向产业化发展、居住向社区化发展、农民向城镇居民转变。

在 X 县实地访谈中发现,YH 镇 YN 社区、XS 街道 SN 社区等均属于这一类型。YN 社区是 X 县启动较早、涉及土地面积较广、户数较多的新社区建设项目。以 X 县经济开发区为依托,整个项目分为三期。仅二期项目就涉及 YH 镇的 NHT 村、LJ 村、CNY 村、QW 村、HW 村和 WR 村,共 765 个家庭。拆迁村庄旧宅占据土地面积为 1 106.7 亩,安置区占地 177.15 亩,经过复耕后转出指标 903.15 亩。二期项目共建造 6 层无电梯房屋 39 栋,共计 143 043 平方米,可安置 1 070 户,平均每户建筑面积为 133.7 平方米。YN 社区二期 2013 年基本建成,到 2014 年底,已经基本完成搬迁。

与山东省《关于进一步规范推进城乡建设用地增减挂钩试点加强农村土地综合整治工作的意见》中确定的安置标准相比较,YN 社区并没有达到文件要求。第一,增减挂钩项目区内节地率原则上不超过 50％,而 YN 二期的节地率达 84％;第二,社区住宅原则上不高于 4 层,但经实地走访发现,YN 二期的楼房采用"5＋1"设计,即五层住宅,一层车库,集中程度高、密度高。入住社区后,农民仍是原村集体的一员,原有土地承包经营关系不改变。农民反映,原有宅基地产权证明材料(例如宅基地分配协议和宅基地产权证)在宅基地地上房屋评估时,已被收走。新搬入社区住宅,没有产权证,只有使用权,承认继承使用,不可买卖。农民原旧宅占用地已经复耕流转,但是承包土地还未流转,仍然按照以前承包关系开展种植。

YN 社区二期复垦土地经 M 市国土部门验收后,集中流转给农业大户和农业企业。国土资源部规定,在项目区实施前,对新建拟占用的农地进行分级定等,将基本情况登记入册。[①] 复垦耕地不可以低

---

① 《国家城乡建设用地增减挂钩试点管理办法》第 12 条,2008 年。

于新建占用耕地的数量和质量。[①] YH 镇镇政府通过招商引资将复垦合格的 300 亩土地流转给 YSY 公司经营。这也是 X 县所在市第一个复垦土地成功流转的案例。经过与该公司 F 姓经理访谈得知,该公司 2013 年转入土地后,主要进行生态园规划,利用秸秆"过腹还田",打造农业产业链。种植小麦,收获之后利用秸秆青贮法制作秸秆饲料,养殖澳大利亚细毛羊,然后将细毛羊排出的粪便进行处理,使之变成有机肥浇灌粮食种植和蔬菜大棚土地。从生产类型上看,该产业园将粮食种植、牲畜养殖实行种养结合。秸秆"过腹还田",也可以变废为宝,将秸秆直接转化成饲料,或间接转化成有机肥料,实现经济效益和生态效益双赢。

YSY 公司计划流转土地 520 亩,一期流转 300 亩,合同期限为三十年,从 2013 年到 2043 年。二期预备流转 220 亩,全部为 YN 社区"拆旧建新"项目的复垦土地。由于是复垦土地,虽然通过 M 市国土部门验收,但是仍需要土地培肥才能种植粮食作物和经营蔬菜大棚。所以,2013—2014 年为土地培肥阶段,只小范围种植了玉米等作物,抽穗情况不好,产量没有达到平均水平。根据 YSY 公司与 YH 镇政府协议的租金价格,因为涉及土地培肥,第一年流转为零租金,第二年到第五年流转租金为 500 元/亩/年,从第六年开始租金为 1 000 元/亩/年。目前,公司还处于起步阶段,雇用的长期员工较少,只在玉米播种和收割时雇用季节工,发放工资。宅基地复耕流转收入主要用于 YN 社区卫生、维修,补贴取暖费等。经过与 YN 社区居民访谈得得知,搬入 YN 社区前三年,免除物业费,从第四年起,开始交物业费。

另外,部分"上楼"居民仍然种植原承包土地,还未集中起来流转出去。从访谈情况看,50 岁以下的中青年入住 YN 社区后,发现距离耕种农田较远,十分不便,希望将手中的土地流转出去,然后到周围企业或城市打工。但是 50 岁以上的老年人,即使路途较远,耕种不方便,也希望保留承包土地,主要担心其因大部分时间都在种地,

---

① 《关于严格规范城乡建设用地增减挂钩试点工作的通知》,2011 年。

年龄较大难以找到其他合适的工作,若突然停止耕作会不适应,表示"闲不下来"。经过与 X 县 YH 镇分管农业的副书记确认得知,YH 镇已在计划将搬入 YN 社区多个村庄的承包地整合打包,进行流转。

(二)"先流转,后上楼"

"先流转,后上楼"是指在进行农村新社区建设、村庄整体搬迁前,将承包土地先流转出去,解决农民因种地难而不愿搬入新社区等问题,提高农民拆旧建新的积极性。搬迁后再将宅基地复垦后流转。根据 X 县 JZ 镇的总体规划,整镇分为 KY 新村社区、HJ 社区、BX 社区和 SJ 社区四个社区,将全镇 91 个行政村全部纳入。其中,KY 新村社区作为 JZ 镇启动的第一个农村新社区项目,一期工程采用"先流转,后上楼"的方式,将 NXPJ 村和 XJ 村承包地预先流转后,再动员农村居民搬入新社区。

KY 新村社区位于 JZ 镇镇政府驻地,共分为三期。计划纳入 13 个行政村,2 000 多户,7 000 多人。共建设 89 栋住宅楼,分为 117 平方米、95 平方米和 73 平方米三种户型,建筑总面积为 28 万平方米,整合节约土地达到约 2 082 亩。[①] 截止到 2014 年 12 月,KY 新村一期已经建设完成,共 12 栋住宅楼,建筑面积 4.35 万平方米;NXPJ 村和 XJ 村 569 位村民已经整体搬进新社区,XMJ 村已经完成原宅基地测绘,准备搬入。由于 KY 新村一期旧宅基地还未完成复耕,所以这一项目具体可增加多少建设用地指标仍在估算中。

通过与 XJ 村和 NXPJ 村村支书访谈得知,这两个村在搬入新农村社区之前,就已经将村里 610 亩和 466 亩承包农地流转出去。NXPJ 村全部流转给 XCLZ 公司。详细的流转过程已在前文讨论,在此不再赘述。XJ 村则是将大部分土地流转给 XCLZ 公司,其余土地分别流转给几个种植大户和农业企业。NXPJ 村农地流转时间较早,与农村新社区建设关系并不密切。XJ 村则早在 2012 年开始规划建设 KY 新社区时,除将土地流转给 XCLZ 公司外,也将其他农地

---

① 《JZ 镇 KY 新村社区项目快速推进》,2014 年 7 月 31 日。

积极流转出去,以方便 XJ 村整体搬迁。

据 XJ 村村支书介绍,XJ 村流转土地价格为 1 000 元/亩/年,所有流转合同均是乡镇政府与村集体签订的,或是种植大户和农业企业直接与村委会签订,没有与每户农民单独签订任何承包地流转合同。流转租金方面,每年 1 月 1 日前,所有租金打入村委会账户后,由村委会按照村集体成年人数量,按人数分配租金。之所以采用这种租金分配方式,而未按照流转当时承包地面积分配,是因为村里在土地流转之前,一般按照三年一小调、五年一大调的方式,根据各户增减人口的情况,对全村承包土地进行调整。但是承包地流转后,无法再对流转出的土地进行调整,所以只能通过人数增减调整农地租金分配。

如果以成员权为视角,这种租金分配方式具有合理性。农村集体所有制产权框架下,农民拥有土地承包经营权的基本条件是,农民是否是集体组织中的一员,成员权是农民有权承包土地的基础。并且,成员权是平等的,仅有是与否两个维度,而没有因性别等其他禀赋造成的多寡之别。在集体之中的农民都有成员权,继而拥有承包经营土地的权利。现行"增人不增地、减人不减地"的农地承包经营政策,虽是为了维护承包经营权的稳定,但实际上也造成对部分农民成员权的践踏。在这一政策安排下,成员权天生的平等性被侵害。虽然同为村集体成员,但是第二轮延包之前出生者就有承包权,延包之后出生者则没有承包权。村民仍然实际耕种承包地时,可通过土地调整实现成员权的平等。流转后,通过调整流转租金分配,保护平等成员权的履行。

KY 新村一期已搬入的 NXPJ 村和 XJ 村,涉及农田水利、田间道路、土地平整等复垦面积 22.344 公顷(335.16 亩),JZ 镇政府交由 SDLD 工程造价咨询公司进行招标。从招标公告上看,预计 XJ 村和 NXPJ 村复耕面积可以达到 335 亩左右,预计投资 342 万元。按照 X 县增减挂钩相关办法,有 335 亩农地复垦。① X 县关于加强农村新型

---

① 《X 县 2012 年度第 2 批 JZ 镇 XJ、NPJ 项目区增减挂钩项目更正公告》,2014 年 1 月 23 日。

社区建设推进城镇化进程的意见规定，县财政出资发放复耕补助，每亩25万元，包含山东省农地复垦补贴每亩20万元。如果以这一补助标准计算，NXPJ村、XJ村复垦项目共计可获得8 375万元的财政补贴，远远超过农地复耕的投资需求。本着"谁主持复垦谁受益"的原则，JZ镇是土地复耕的组织者，也是补贴的受益方。

无论"先上楼，后流转"，还是"先流转，后上楼"，乡镇一级政府都作为复垦主持者、流转主导者等角色介入其中。将农地流转（包括原承包地和宅基地复垦后农地）作为建设新社区的推动力之一。通过承包地流转等方式，解决上楼农民种地难的问题，推进拆迁和搬迁；通过打包推销、招商引资新复垦后农地，帮助新社区建设的正常运转。但最具吸引力的，仍是拆旧建新结余的建设用地指标，也是地方政府积极进行土地流转和新社区建设的最终追求。总体来看，在处理新社区建设与农地流转时，地方政府扮演了以下角色：

第一，农村建设用地复垦的主持者。X县成立X县城乡一体建设有限公司，以政府为依托，由国有资产投资入股，有偿满足新社区建设的资金需求。复垦主体分为两大类，一是由乡镇政府组织复垦，二是由X县城乡一体建设有限公司组织复垦。选择施工主体时，必须进行公开项目招标。

第二，复垦土地流转的主导者。乡镇政府将复垦合格的承包地包装策划、进行招商、实现集中流转，吸引资金建立家庭农场、观光休闲园区等农业产业。YSY公司流转土地时，与YH镇政府签订合同，没有与村集体和个体农户签订任何合同，然后再由乡镇政府将流转收入纳入新社区建设。现行法律与政策，对宅基地复垦后的归属和权益分配问题并没有做出明确规定。国土资源部《关于严格规范城乡建设用地增减挂钩试点工作的通知》指出，土地增值收益必须全部返还农村，用于支持农业发展和改善农民生活条件。X县相关文件指出，土地租金和复垦收益金用于社区服务与管理，并不分配给农户或农民。农民搬入新社区前，有宅基地证或宅基地分配协议，保障农户是宅基地的使用者；搬入新社区后，原有宅基地使用权证明已无效力，社区房屋未颁发权属证明，如何保障农户的合法权益值得思考。

第三,承包土地流转的推动者。早在 XJ 村和 NXPJ 村搬入 KY 新社区前,两个村庄的承包土地就已经通过政府促成流转出去,YN 社区居民搬入新社区后,与原农村集体组织的承包关系并未改变。YH 镇政府已计划将农地打包推介,完成社区建设和农业产业化相互结合。

二、农地流转与政府绩效考核相结合

2012 年,X 县出台推进农村土地承包经营权流转实施方案,将农地流转等相关项目,列入县、乡镇(街道)政府和村级组织三级绩效考核目标体系。希望通过目标考核,鼓励推进承包经营农地的流转进程。实施方案本身就确定了几个任务目标:计划到 2015 年底,全县流转土地面积达到耕地总面积的 25%;乡镇(街道)每年需要新增规模经营土地面积占全部耕地面积的 5%以上。

(一) 流转进度指标

X 县将农村承包地流转进度作为考核县直部门、乡镇(街道)政府和各村工作的重要指标,采用流转面积绝对值或比例方法,将农地流转和政府绩效考核结合,建立了一套较为严密的考核体系(见表 4-2)。

表 4-2　2013—2014 年 X 县土地承包经营权流转考核指标

部门		评价项目	2013 年		2014 年	
			指标	分值	指标	分值
县直部门	农业局	农户入社(合作社)率	24%	20 分	30%	10 分
		新增规模以上农业龙头企业	7 个	10 分	3 个	20 分
		土地流转率	5%	20 分	15%	20 分
		土地承包经营权登记完成率[①]	0.1%	20 分	2%	20 分
	国土局	增减挂钩项目面积比例	0.2%	50 分	0.2%	100 分
		集体土地所有权、宅基地、集体使用权证	上级要求	50 分	无	无

---

① 指辖区内土地流转完成村庄总数占全部村庄的比例。

续表

部　门	评价项目	2013年 指标	2013年 分值	2014年 指标	2014年 分值
乡镇(街道)	土地流转服务中心	1个	0.2分	1个	0.2分
	流转100亩,期限5年以上	每100亩	0.2分	每1%	0.2分
	农村土地确权登记比例①	无	无	每10%	0.5分
村级 (ZL镇)②	流转100亩及以上,期限5年以上	100亩	5分	100亩	5分
		>100亩	每亩奖0.05分	>100亩	每亩奖0.05分

资料来源：根据X县2013年《县直部门工作目标管理绩效考核意见》《乡镇(街道)工作目标管理绩效考核意见》和《ZL镇村级工作目标管理绩效考核意见》汇总而成。

　　X县县直政府部门分工中,农村承包经营土地流转由农业局分管。国土局则负责城乡建设用地增减挂钩项目及其他农村集体土地权属证明的颁发。从2013年与2014年的绩效考核目标体系来看,农地流转面积及其相关指标,一直是评价农业局是否完成"生态文明乡村建设"的重要内容。该项总计100分,与农地流转相关指标就占据了70分,并且对于农地流转相关指标的要求不断提升,发展步伐进一步加快。2013年,绩效考核意见要求全县农地流转率达到5%,总分为20分,如未满足比例,每低一个百分点扣一分。2014年,绩效目标标准上升,要求全县农地流转率达到15%。另外,从X县县直部门考核的指标体系看,注重培育农业规模经营主体——农业合作社和龙头企业。2013年,要求农户参加合作社比例达到24%,2014年则上升到30%。2013年提出,若新增规模以上农业龙头企业7家,政府相关部门可以达到绩效目标要求。虽然2014年这一数字下降到3家,但是分值比重却有所增加,由10分增加到20分。

　　乡镇(街道)工作目标管理绩效考核意见中,将农地流转作为农业结构调整(2013年)和经济建设(2014年)目标下品牌惠农工作的

---

① 农村土地登记确权颁证按完成村数占本辖区总村数比例计分,每10%计0.5分。
② 此项参考X县ZL镇人民政府《2014年村级工作目标管理绩效考核的意见》,2014年2月。

重要考评项目。2013年X县规定，成方连片流转土地100亩以上，规模化种植粮棉以外的农作物，流转主体明确（企业、合作社），流转合同规范、账目明晰，流转期限5年以上，经确认后每100亩计0.2分，最多不超过品牌惠农工作的总分20分。2014年，评估乡镇（街道）农村承包土地的标准从绝对值转换到相对值，按照确认后流转面积占本辖区耕地面积比例计分，每流转1%，计2分。绩效考核办法的这一改动，考虑到各乡镇之间农地面积、产业分布等天然禀赋的差异，尽量维持评估指标的公平。

虽然村委会是村民自治组织，不是政府组织，但在X县调查时发现，村干部的工资和奖励由县、乡镇两级财政支持、支付，所以，村级工作绩效考核结果关系到村干部的切身利益。ZL镇2013年和2014年村级工作目标管理绩效考核意见就将土地流转单独作为绩效考评指标进行量化打分。2013年和2014年绩效考核文件规定：凡达到100亩以上，流转连片、规模种植粮棉以外农作物、主体明确、合同规范、期限5年以上者奖励5分；为鼓励增加流转，超过100亩，每亩奖励0.05分，且没有规定加分上限。

从县—乡镇（街道）—村级绩效指标设置来看，年土地流转增加值是评估政府部门和村干部工作是否合格、优秀的重要标准。以此为推动力鼓励各级政府部门和村自治组织成员加快土地成片、长时间、合法化流转。除设置土地流转限率、土地流转面积等直接相关的测评指标外，还设计了农地流转的其他相关指标。

权利束理论视角下，农地是土地所包含的各项权利的权利束，所以农地流转的前提条件是对土地承包经营权主体的清晰界定。2013年中央一号文件《中共中央 国务院关于加快发展现代农业进一步增强农村发展活力的若干意见》指出，全面开展农村土地确权、登记、颁证工作，用5年的时间完成农村土地承包经营权确权、登记。X县全力铺开确权颁证工作，截止到2014年12月，已经完成摸底和公示的村庄为473个，完成实测的有298个，二榜公示的有11个。[1] 虽然根

---

[1] "X县土地确权登记颁证工作进度表"，2014年11月28日。

据X县土地确权、登记、颁证工作进度表,到2014年底,仍有承包经营登记未完成,为调动主管单位的积极性,将土地承包经营权登记作为衡量农业局工作的标准。2013年,规定土地承包经营权登记完成村庄占总村庄总数的比例达到0.1%,计20分;2014年,这一比例则达到2%,分值不变。在乡镇(街道)考核意见中,土地确权登记比例每达到10%计0.5分。除确权颁证外,还将土地流转服务建设与绩效考核联系起来。在乡镇(街道)评估中,2013年每新增1个市级农村土地流转服务中心计0.2分,2014年这一标准保持不变。

绩效目标是组织发展和工作的导向。X县重点发展蔬菜种植,在制定农地流转指标时明确,流转后种植粮棉的土地不算作农地流转绩效。而蔬菜种植业达到一定规模时,则可以计入流转加分项。X县2013年乡镇(街道)绩效考评意见重点是发展蔬菜连片种植的评估系统:新增500亩大蒜(每片不低于100亩),计0.3分;新增300亩黑皮冬瓜(每片不低于100亩),计0.3分;新增20个冬暖式大棚(每个大棚种植面积不低于1亩,每片不低于10个),计0.3分等。

除加强流转服务和蔬菜种植,X县同时强调培育新的农业经营主体。2013年乡镇(街道)绩效考核意见中指出,新增1家国家、省、市级农民专业合作示范社分别计2分、1.5分和1分,减少1家按相应认定级别扣分。新增1个市级农业特色品牌基地计2分,减少1个扣2分;新增1个市级都市农业园区计2分,减少1个扣2分。

(二) 考核结果运用

X县有关县直部门和乡镇(街道)绩效考核意见明确,绩效考核将作为干部奖惩、使用的重要参考,并且给予一定的物质奖励。以2013年X县乡镇(街道)目标管理绩效考核规定为例。综合考核1—3名的乡镇,由X县委、县政府授予X县2013年度突出贡献单位称号,党政主要负责人年度考核确定为优秀等次,给予嘉奖;连续三年荣获"突出贡献单位"称号的乡镇,党政主要负责人记三等功。第1到第3名,分别授予18万元、16万元和14万元的奖励。综合考核4—6名的乡镇,由县委、县政府授予"X县2013年度先进单位"称号,党政主要负责人年度考核确定为优秀的等次,连续两年荣获"先进单位"称号的,党政主要负责人给予嘉奖,分别授予 12 万元、11 万元和 10 万元的奖励。乡镇获得的综合考核奖奖金按党(工)委书记 20%、乡镇长 15%,其他班子成员和有突出贡献人员 65%的比例发放。绩效考核结果除激励作用外,还有约束作用。2013 年规定,当年考核综合排名最后一位的乡镇,由组织部门对党政主要负责人进行约谈;对连续两年考核综合排名最后一位的乡镇,下一年度对党政领导班子进行调整、充实和加强。

村级绩效考核结果,主要作为年终各村评优和村干部工资奖金发放的依据。在 2014 年 ZL 镇村级绩效考评规则中,农地流转属于农业结构调整的子目标。当年还设立"农业结构调整先进单位"这一荣誉奖励,鼓励各村积极推进农地流转。

2014 年,X 县三级绩效考核体系取消了奖金等物质奖励,而是以荣誉等奖励为主。但是绩效评估仍然作为干部奖惩和晋升的依据,对政府部门公务员的激励并未减弱。获得较好的考核成绩成为政府官员积极介入农地流转、促进农地流转的主要动力。2014 年底,中共中央、国务院出台《关于引导农村土地经营权有序流转发展农业适度规模经营的意见》指出,禁止将农地流转作为绩效考核的指标,以定任务、下指标等方式推进农地流转。在访谈 X 县农业局时,工作人员说明,2015 年不会再将农地流转作为绩效考核指标;2019 年对 X 县进行回访时,证实了这一做法。除直接农地流转绩效考核外,招商引资过程实际已经包含农地流转的内容,而招商引资,仍作为各级政府部门绩效考核的重中之重。

三、农地流转与招商引资结合

随着《关于引导农村土地经营权有序流转发展农业适度规模经营的意见》的出台,X 县将农地流转的与绩效考核相结合的做法被严令禁止。访谈 X 县农业局领导表示,X 县之后不再把农地流转纳入绩效考核范围,但会通过别的方式鼓励、推动流转。实地访谈中发现,农地流转与招商引资紧密结合,乡镇(街道)政府将协助农地流转,作为招商引资的优惠条件;招商引资又是 X 县县直部门和乡镇(街道)部门的重要评估标准。所以,农地流转最终仍受到经济利益与政绩的驱动。

(一) X 县农地流转招商项目

仅 2014 年,X 县乡镇级内外资重点项目中,就有 13 个项目与农业产业相关,需要大规模使用农地。13 个重点涉及果蔬制品、生猪养殖、生态示范园、花卉苗木、良种培育等,无一项目从事粮食生产及粮食加工。投资主体来源多样,既有 X 县本地企业和自然人,也有江西、天津、香港的投资人,但总体来看,X 县和周边市的公司与个人占据多数。这与农业生产的本质属性相关。农业生产需要对当地气候条件、土壤情况和作物生长情况较为熟悉,再加上土地的不可移动性,就近生产方便管理。果蔬种植需要建设大棚、生猪养殖需要建设猪舍、生态示范园要求有集中的苗木种植区、良种培育则需要试验田。例如位于 XS 街道的 JNLF 果蔬有限公司,计划投资 5 000 万元,建造水果和蔬菜种植基地,需要大棚 500 个,缓冲房 500 个;JNAC 畜牧养殖项目,计划投资 2 500 万元,建设猪舍 25 000 平方米,以及生猪养殖的附属设施。

获得土地的便利性成为投资者的考虑重点与招商引资能否成功的关键。X 县成立招商服务中心,负责招商引资工作。在全国 20 多个经济较为活跃城市派驻招商干部、开通招商渠道。安排招商引资项目所在地政府相关工作人员作为责任人和责任领导,重点追踪和蹲守项目,协调项目进程与需要,比如满足其在用地方面的诉求。访谈 SCL 农业产品有限公司负责人表示,其落户 X 县 ZL 镇的主要原因是政府承诺帮助流转土地,并顺利流转 1 800 余亩土地。在流转农地过程中,也确实出现村民不愿流转的情况。遇到这种情况时,政府会派专职人员到各个村进行宣传和说服工作。SCL 公司表示,由于政府配合,农地流转过程较为顺利,合同是与政府签订的,没有挨家挨户与农户个体签订。

(二) 招商引资推动下的政府行为

招商引资是 X 县经济建设工作重点,也是考核县、乡镇(街道)政府和村级组织的重要标准。X县作为农业生产和生态大县,农业生产和服务相关企业成为其招商引资的重点。在历年的县直部门绩效考核意见中,都为各个县直部门分配了招商引资任务。2014年,X县农业局、林业局、畜牧局和新型农村社区服务中心的任务均为实际利用内资4 000万元,所占分值均为10分。乡镇(街道)考核中,招商引资是综合考核项目份额最大的组成项目,关系到政府部门及个人的奖惩与升迁。并且,为激励各乡镇(街道)积极招商引资,单独设立"招商引资工作奖",按照实际利用外资和内资的金额进行排序,向前五名乡镇授予"X县招商引资先进单位"称号。规定每引进一家投资者为世界500强企业、中国500强企业、中国商贸流通百强企业、中央和省属企业、主板上市公司且进行开工建设的奖10分。

在招商引资任务压力和绩效考核激励下,X县政府将农地流转与招商引资结合起来。积极介入农地流转过程中,帮助企业寻地、租地、签订合同、租金发放,以及帮助进行流转后的道路建设等。XS街道、ZL镇、YH镇和JZ镇政府工作人员均表示,重点引进的内外资企业可以提出需要流转土地的具体条件,由政府工作人员帮助匹配合适土地,达成意向后,由政府进行协调疏通,解决流转过程中的实际问题。企业也多认为,与政府签订流转合同较为有保障,若出现任何问题,也可以寻找当地政府解决。最终,农地流转成为促成招商引资、帮助政府完成绩效任务的基本手段。

第三节　农地流转中政府实际角色与法定角色的差异及成因分析

一、X县农地流转过程中的政府角色

依照《中华人民共和国农村土地承包法》和《承包经营权流转管理办法》的规定,农村土地承包经营权流转可分为两大类:第一,农民承包方自行流转;第二,农民承包方委托发包方或者中介组织流

转。总结 X 县农地流转过程可发现,大部分农地流转属于委托后的集中流转,并且大多数情况下,由乡(镇)政府介入其中,甚至作为受让方直接与让与人签订合同。总体上看,X 县农地流转模式实际上是由地方政府推动的、与地方经济发展相结合的政府主导型发展模式和管理型交易。

(一) 农地流转交易的主导者

X 县实地调查结果显示,几家农业企业、合作社和家庭农场中,除 YH 镇 SJZ 村采取集体内互换形式流转土地、规模经营蔬菜大棚外,其余流转全部有乡镇政府参与,基层政府实质上起到了农地流转主导者的作用。主要表现在,政府为促进招商引资项目,根据投资者需求匹配土地;联合村委会等农村集体组织宣传流转政策、说服拒绝流转农户,或通过承包地调整方式将拒绝流转农户排除在农地流转范围之外;代表农地承包经营权持有者签订流转合同;分发农地流转金;在城乡建设用地增减挂钩项目中,规划、申报增减挂钩项目,主持复垦,流转搬入新社区农民土地等。

X 县形成的政府主导型农地流转模式一方面是路径依赖的结果。中国农地流转制度的变迁方式强化了政府在农地流转中的重要作用。农地承包经营权由禁止流转到鼓励流转本身就是中央政府主导的强制性制度变迁过程。变迁过程中制度自我更新的诱致性因素也起到了一定作用,例如在禁止流转时期农户私下流转土地所表现出来的流转需求。但是,单独依靠诱导性的变迁会大大拖延制度变迁的时间。政府干预可以补救持续性的制度供给不足。[①] 1982 年《中华人民共和国宪法》禁止农地出租、转让,1988 年《中华人民共和国宪法修正案》则允许土地使用权进行转让。在这一转变过程中,政府绝不是仅限于保护履行合同等狭窄的"最小政府",而是积极进入新制度的建设与完善过程。地方政府作为制度变革的参与者,按照

---

① 林毅夫:《关于制度变迁的经济学理论:诱致性变迁与强制性变迁》,罗纳德·科斯等著,刘守英等译:《财产权利与制度变迁:产权学派与新制度学派译文集》,第 276—278 页。

公共选择理论的假设,自然也会计算整体利益和个体利益,以管辖区域内打磨、修补符合自身效用函数的制度供给。当然,地方政府的制度修订仍在中央政府制度框架和自由裁量范围之内。

除强制性制度变迁之外,虽然农村土地归集体所有,但政府实际掌握着农地的规划权、转用权和管理权。特别是政府征收或征用作为农村土地转为建设用地的唯一合法手段,地方政府垄断着土地征用的一级市场,已经习惯性地作为农地市场的主导者和控制者、土地资源的调配者。主导式农地治理和权利交易方式不断强化、累积和自我增强,基层政府在应对农地问题时,难以摆脱原有的发展轨迹,找寻到更有效的替代路径。

大部分情况下,政府主导式流转凸显高效、便捷,更能够满足政府自身效用最大化的追求,但对基层政府自身而言,有极大的危害。第一,政府代替出让方签订合同,与法律规定不符,是违法行为。农户承包方作为用益物权所有人,具有对物权的排他性行使权。即使《承包经营权流转办法》第八条规定承包方自愿委托发包方或中介组织流转承包地,受托方一般为农村集体组织或者中介组织。地方基层政府不属于合法的受托方。所以,X县案例中,政府签订农地流转合同是一种违法行为。第二,因为政府主导流转过程,如出现问题,政府必须承担解决责任,增加了不必要的负担与压力。例如,ZL镇曾经出现引进的农业企业因经营不善,拖欠农地租金,弃地跑路的情况。ZL镇政府是这一流转项目的主导者,并代表农户出让方签订流转合同。农户出让方不能按时收到流转租金,而且农地已经被平整重建,甚至有些土地上水泥浇筑建设了农业生产配套基础设施,导致原承包地难以收回,农户只能到ZL镇政府反映情况,要求解决问题。

(二) 农地流转交易的上级权威

在政府主导型农地流转模式下,除集体内部农地互换等流转形式外,委托流转模式大体分为两个步骤:一是,先由农户将土地委托给发包方——村集体、中介组织或者乡镇(街道)政府;二是,由村集体或地方政府将农地流转出去。委托环节中,村集体或乡镇(街道)

政府受托方往往通过自身的资源控制和权威,要求、说服农户承包方委托流转土地,形成管理型交易模式。

管理型交易模式的双方地位不平等,类似上下级关系。"上级在权利交易方机会集里所决定的范围内拥有决定权。"①X 县农地流转过程中,某些流转与招商引资、建设新农村项目结合起来,呈现出一些项目化的倾向。乡镇(街道)政府根据项目需求决定农地流转区域、面积和范围。根据 ZL 镇相关工作人员解释,政府的工作是努力将转入方和转出方两者的需求匹配起来,作为中介促成双方流转。当谈及如果农户承包方不同意流转土地该如何处置时,访谈的政府工作人员均表示,主要通过"说服"的方式进行引导,促使农民自愿同意流转。

实际中"很难区别命令与说服"②这两者的区别。《中华人民共和国宪法》第十条规定,农村和城市郊区的土地,除由法律规定属于国家所有的以外,属于集体所有。《中华人民共和国民法典》第二百六十二条明确,集体所有的土地由村集体经济组织或村民委员会依法代表集体行使所有权。大多数情况下,村委会作为社会自治组织,代表着行政村的行政权力,行使管理经营和社会保障的基本职能。乡镇(街道)地方政府作为最基层的政府组织,是直面目标群体的第一线公务员,掌握区域内公共资源、负责调节公共物品,在实施政策的过程中可以采用命令、禁止、许可等强制措施。③所以,握有权力、控制公共资源的村委会与地方政府的"说服",很难摒弃权威压制的特征。农户承包方担心因拒绝流转可能出现或已经出现的不良后果,虽不自愿但是也会服从。在访谈中,当问起农户是否愿意流转、是否愿意"上楼"居住时,总能听到这样的回答:"既然政府让做,就去做。"

基层政府直接介入农地流转过程,极有可能形成一种被迫性流

---

① A.爱伦·斯密德著,黄祖辉等译:《财产、权力和公共选择——对法和经济学的进一步思考》,第 17 页。
② A.爱伦·斯密德著,黄祖辉等译:《财产、权力和公共选择——对法和经济学的进一步思考》,第 19 页。
③ 西尾胜著,毛桂荣等译:《行政学》,第 183 页。

转。"如果所有权服从被迫性转让,那么它在一开始就不是真正的所有。"①管理型交易更类似于一种政治过程或政策执行过程,用以代替市场制度,实质上损害了农户出让人的合法权利。土地承包经营权作为用益物权包含占有、使用和收益的权利,应当尊重农户出让人独立的市场主体的经济地位。政府作为农地市场交易的规制、管理者,如果再作为交易活动的参与者,通过施展权威在交易中取得优势者的地位,则有侵犯私人合法财产权利和"既当运动员,又当裁判员"之嫌。

(三) 农地流转的服务者与管理者

除主导农地流转外,地方政府还承担着农地流转的服务功能和管理职能。发展成熟的农地流转市场,一般由专门的商业机构承担农地流转中介和服务。比如英国、美国等农地流转限制较少的国家,农地流转市场较为发达,中介服务机构也较为完善。但是,中国农地流转市场刚刚兴起,再加上农地是最基本的农业生产资料,与粮食安全、国家安全联系紧密,农地流转服务机构主要以政府为依托。日本的农地积累银行和韩国的农渔村公社等,也是依托政府建立的农地流转服务带有公益性质的机构。

《国务院办公厅关于引导农村产权流转交易市场健康发展的意见》指出,农村产权流转交易市场是政府主导、服务"三农"的非营利机构,可以是事业法人,也可以是企业法人。X县在推进农村土地承包经营权流转实施方案中也明确建立县—乡镇级土地流转服务中心和村级土地流转服务站。由各村会计任流转信息员,负责收集、登记备案相关流转信息。X县运行较为成功的是XS街道农地流转服务中心,设有流转信息管理、收益评价、合同管理、合同鉴定等4个服务窗口,1个土地纠纷调解庭。截止到2014年底,总计流转土地面积为17 251亩,占到XS街道办事处土地总面积的22.2%。转让后用于粮

---

① A.爱伦·斯密德著,黄祖辉等译:《财产、权力和公共选择——对法和经济学的进一步思考》,第19页。

食生产的土地面积为 3 260 亩,种植果蔬面积为 9 406 亩,流转后农户年人均增收达到 5 600 余元。

农地流转服务中心具体工作流程是由土地转出方和土地需求方向流转中心提出土地申请,审查登记信息后进行匹配,由效益评估员对农地流转后的效益进行评估,并作为制定流转租金的依据反馈给信息联络员。后由信息联络员向双方提供信息,约谈。如果双方表示满意则可以达成协议、签订合同(见图 4-14)。在整个农地流转程序中有两点值得注意:第一,土地流转服务中心的信息审核职能;第二,土地流转服务中的效益评估职能。信息审核职能是为了保证流转双方提供的供需信息准确无误,特别是转出方的农地权利清晰、没有权属纠纷,核实土地的位置、面积和流转期限等。这项职能实际上向农地转入方许诺,在农地流转服务中心公布信息的农地,完全符合流转的要求。效益评估职能,评估集体经济组织以外受让方的资信情况、经营能力和履行流转协议的能力,保障农地流转租金可以顺利支付。从这两项职能看,农地流转服务中心其实已经远远超出了单纯服务的职能,而是具有许可审查的职能。这虽然能为出让方和受

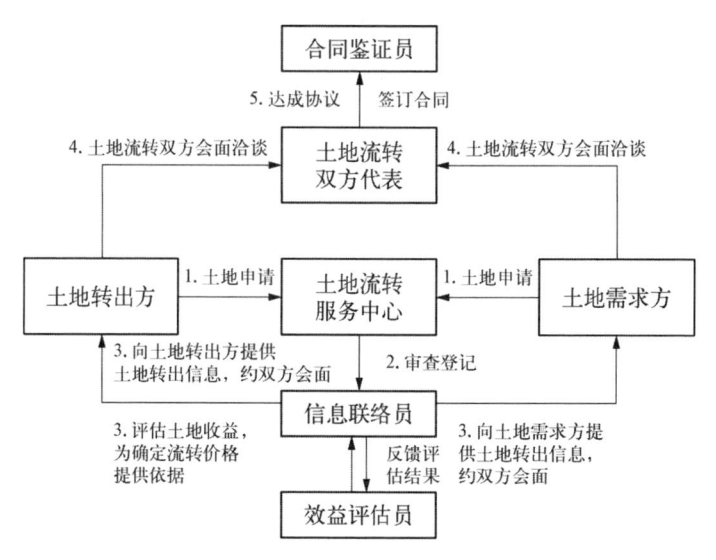

图 4-14 X 县 XS 街道土地流转工作示意图

资料来源:据山东省 X 县 XS 街道农地流转服务中心工作资料绘制。

让方提供更好的保障,但如果提供的农地信息或受让方资质信息有误,流转服务中心和其依托的政府可能需要承担一定的责任。

除服务职能之外,基层政府还承担着管理职能。《推进农村土地承包经营权流转实施方案》中提出,乡镇(街道)需要指导合同签订、进行流转合同鉴证与登记,将农地情况上报县级农村土地流转服务机构等以维护农地流转合法正常进行的相关职能。

二、实际角色与法定角色的差异分析

X县及下辖各乡镇(街道)政府是农村土地承包经营权流转的直接参与者,也是流转交易的上级权威,主导农村土地承包经营权流转,这与现行法律和政策中规定的政府角色不符,存在直接介入与间接介入、主导流转与引导流转的角色差异。从公共选择理论视角来看,地方政府追求"预算最大化"、政府间竞争和官员的个体计算是造成这一差异的主因。

(一) 地方政府"预算最大化"

自党的十五届三中全会决定允许土地使用权合理流转,中央政府加大对农地流转的推进力度,将其作为保护农民财产权利、增加农民财产性收入、促进适度规模经营、推进农业现代化、提高粮食产量、保障国家粮食安全的重要举措。[①] 特别是党的十八届三中全会后,明确鼓励承包经营权流转,并连续在中央一号文件和国务院及农业农村部(农业部)出台的相关文件中,提出鼓励、推进和规范农地流转。中央政府高度重视"三农"问题的同时,对粮棉生产、大田示范项目等扶持力度增强,财政补贴不断增加。供销合作总社、农业农村部(农业部)、科技部、国土部等相关部门出台农业补贴项目,促进农业生产。省级、市级等地方政府也投入相应配套资金,落实中央补贴。并且,中央政策的聚焦点也往往成为考察地方政府工作的重要核心标准。

---

① 李克强:《以改革创新为动力 加快推进农业现代化》,2014年12月22日中央农村工作会议讲话。

如果将地方政府比喻为非营利机构,则它与上级政府组织的关系可以用资助人和被资助人来形容。尼斯坎南认为资助人通过控制预算捐助数额,由官僚组织提供公共服务或产品。[1] 官僚组织的行为动机来自追求最大化的捐助数额和预算。农地流转过程中地方政府的行为动机亦是如此,为了最大化地获得"预算",调整行为方式。需要说明的是,对地方政府组织来说,"预算"不仅仅包括中央和上级政府的转移支付资金,也包括地方政府声誉和主要官员晋升等非物质激励。上级政府不仅仅是地方政府的捐助者,集中制行政体制下,更掌控着地方政府的人、财、物等资源,批准地方政府预算、决定重要官员晋升、监督地方政府工作。

为更好地执行上级政府政策、争取"最大化的预算",上级政府的政策导向往往变成地方政府的工作任务,通过"摊派指标""确定任务"等强制方式完成。2008年,X县所在M市《关于推进农村土地承包经营权流转意见》中明确,积极引导从事第二、第三产业和小规模的兼业农户把土地承包经营权流转出来,实行集中开发和连片种植。但是在2014年底中共中央、国务院出台的《有序流转意见》中明确,农业适度规模经营应当与城镇化进程和农村劳动力转移相适应;在相当长的时间内,普通农户仍然占据大多数。根据《有序流转意见》中的政策方向,农地流转应当是一个与城镇化、农民就业结构和农村社会化服务相适宜、自然而然的过程,而不应"一刀切"将所有小规模承包农户的土地全部流转出来。X县则表现得更为激进,在2015年底要将全县四分之一的农地进行流转。为完成这一目标,乡镇(街道)政府必须使用权威手段介入农地流转进程。

(二) 地方政府间竞争

长时间以来,X县的支柱产业以农业为主,第二和第三产业基础薄弱,位于所在市的最北端,在全部县(区)中财政收入排名常年在低

---

[1] Niskanen, William A., *Bureaucracy and Representative Government*, Chicago: Aldine Atherton Press, 1971, p.15.

位或者末位徘徊。中央政策聚焦"三农"问题，重视农村发展，通过农地流转推进规模经营和集约化生产。2014年中央经济工作会议指出"农业现代化是国家现代化的基础"。农业，成为经济新常态下的新经济增长点。这对急需提升经济发展水平和增加地方财政收入的 X 县来说，是一个难得的机遇。

20 世纪 90 年代实行分税制后，地方财政的主要税种来自农牧业税、营业税、企业所得税等。增值税作为中央和地方共享税，75% 归中央，25% 归地方。农业税取消和"营改增"之后，增值税虽然分配比例低但仍是地方税收收入的主要支撑税种。[1] 吸引农业工商企业，建立家庭农场、种植大户等独立经营体，有利于带动地方政府税收增收。在访谈 XCLZ 公司时了解到，农业企业虽然不上缴农业税，但是仍然要交增值税。农地流转，建设农业特色品牌基地，引入或培育龙头企业、农民专业合作社，对增加地方增值税等税收收入、发展地区农业带动经济发展水平有着极为重要的作用。

但是，X 县面临与同在黄河以北，同样位于冲积平原、拥有良好农地资源县（区）的激烈竞争。蒂布特（Tiebout）在一系列严格假设下发现，只要兼具消费者和投票人的双重身份者能够自由流动，就会根据偏好进行选择，"用脚投票"。所以，在分权体制下地方政府间为争夺居民定居一定会产生竞争，争先恐后地提供更好的公共服务。在地方间竞争的情况下，提供公共服务的效率不会比市场经济条件下供应个人物品的效率差。[2] 政府间相互竞争导致获得农业投资和上级转移支付与蒂布特"用脚投票"理论有异曲同工之妙。只要资本是可以流动的，那么政府间就会积极提供更好的投资环境或农地流转服务制度等软性公共物品，以争取获得资本投入。而农地流转制度和条件中的便利性、可操作性就成为这一竞争中的有力武器。

因此，在吸引农业资本、获得上级财政转移支付的动力下，X 县

---

[1] 黄荣锋、孙世刚：《完善分税制重构地方主体税》，《中国税务报》2014 年 11 月 19 日，http://www.ctaxnews.com.cn/lilun/caishuiII/201411/t20141119_27635.htm，2015 年 1 月 20 日访问。

[2] C.Tiebout, "A Pure Theory of Local Expenditures", *Journal of Political Economy*, no.64 (1956), pp.416 - 424.

政府选择了最为简易和操作便捷的流转方式:委托发包方流转。《中华人民共和国农村土地承包法》规定,承包方可以将农地委托给发包或者中介组织进行。X县推进农村土地承包经营权流转实施方案将委托发包方流转确定为农地流转的方式,且农村土地承包经营权流转程序仅规定了农地委托发包方流转这一种形式。实际上,为了增加农业资本的信任程度,乡镇(街道)政府在很多情况下承担村集体发包方职责,参与流转过程,帮助受让方寻找、谈判,并作为出让人签订合同。在实际访谈中也发现,农业规模经营主体认为与政府签订流转合同对其更加有保障,一旦农户出现提高租金等要求,也可以由政府出面调解。政府主导型的流转模式是由地方政府与流入方需求匹配的结果。

(三) 官员的个体计算

公共选择理论认为,组成政府的官员个体并没有改变经济人的本质,仍然追逐私利和个人效用最大化。唐斯给出的货币收入、权力、威望、安全和便利,以及尼斯坎南提供的工资、特权、公众声望、权力、任免性、进行变革与宽松性等官员效用函数中,都将个体经济收入和权力的获得放在显著位置。[1] X县把农村承包经营权流转速度和面积作为衡量官员的绩效指标,将农地流转问题与政府成员奖金、荣誉和升职,和村自治组织经费拨款、荣誉紧密结合,使农地流转成为决定官员能否获得实际利益的决定性因素。

在民主选举体制下,官僚个人并不关心公共利益的长远发展,只关心下次选举以及可以获得选票。[2] "服务公共的利益的愿望"与完成"公民责任"完全是为了符合理性投票者的效用。[3] 在非民主选举体制下,官员则以更为实际的经济利益和权力提升,比如综合考核分数作为"选票最大化"的替代品。唐斯曾推论:"政党是为了赢得选举

---

[1] 帕特里克·敦利威著,张庆东译:《民主、官僚制与公共选择——政治科学的经济学阐释》,中国青年出版社,2004年,第165—166页。
[2] 安东尼·唐斯著,姚洋等译:《民主的经济理论》,上海人民出版社,2005年,第158—159页。
[3] 帕特里克·敦利威著,张庆东译:《民主、官僚制与公共选择——政治科学的经济学阐释》,第184—185页。

而制定政策,而不是为了制定政策去赢得选举。"[①]借鉴唐斯的推论可以假设,在农地流转过程中,政府扮演的角色一部分是为了满足最大化的自利,而不是为了推动农地流转去挑选角色。推动100亩以上农地5年以上流转、建立市级土地流转服务中心、新增农民专业示范合作社等都可以获得相应分数。如前文所述,有些指标如果没有达到相应的要求,还会相应地扣分。并且在X县县直机关和乡镇(街道)绩效考核文件中明确指出,绩效考核成绩与嘉奖挂钩,作为干部任用的重要参考,如果综合考核排名最后一位,将会对党政领导班子进行调整。

在严格的绩效导向下,政府官员的行为也向着考核分数最大化前进。当然,如同无法否定地方政府是为了增加农民收入、扩大规模经营、促进地区发展等公共利益目的推进农地流转一样,我们也很难判别政府官员直接介入农地流转是否完全出于私利,丝毫没有实现公共利益的雄心。但是,X县YH镇农地流转服务中心的实例还是让政府官员从完全利他的圣坛上走下来,将所扮演的自利角色昭示于人。2011年,YH镇在镇政府的支持下成立土地流转服务中心,发挥农地流转中介的作用,被评为"市级土地流转服务中心",获得财政补贴10万元。当笔者在X县YH镇实地访谈,提出参观土地流转服务中心的请求时,YH镇主管领导回复,在评为市级土地流转服务中心后,该流转中心办公场所已转作他用;YH镇现在有专人协调土地流转事宜,但是已经没有信息发布等场所。

地方政府官员的自利倾向源于经济人的本质特征。虽然中央政府可以通过发文规范要求,不再将农地流转作为考评指标,但只能改变官员追求效用最大化的途径,而无法改变经济人的属性。威克斯蒂德"不关心对方利益"理论在残酷的现实面前,带来了一点希望。即使政府官员都是追求效用最大化的理性经济人,他们还是可以达成相互促进的正和博弈。所以,政府角色有效定位实际上是在承认政府利益、官员利益正式存在的前提下,设计一套更好的"立宪规则",达成自我利益和公共利益最大化的一致。

---

① 安东尼·唐斯著,姚洋等译:《民主的经济理论》,第25页。

第五章 农地流转中政府角色的国际比较研究

土地除资源属性和资产属性外,还具有社会属性以及权籍属性。土地的所有制形式成为决定社会制度的基础,农地的利用与开发也关系着国家粮食安全和社会稳定。农地自身的社会性和利用的外部性为政府约束规范农地权利人的所有权提供了合理性来源。世界大部分国家都对土地,特别是农地权利转移有所限制,只区别于限制的程度与形式不同。这一章试图回答两个问题:一是,农业较为发达地区,如日本、韩国、美国和英国的农地权利束是如何构成的?二是,上述国家政府在农地流转中的显著角色是什么,以及为什么会形成该类角色?

第一节 日本农地流转中的政府角色分析[*]

第二次世界大战结束后,日本经过两次农地改革,强制征购地主土地,再出售给佃农,建立起了以自耕农为主体的土地私有制。纵观战后日本农地流转制度的演进过程,经历了全面管制、允许流转和鼓励流转三个阶段。政府在农地流转中的角色也由管制者向市场引导者、培育者和协调者转变,主要通过放宽流转管制条件、扩大权利受让人范围、建立流转中介等方式推进农地集约经营。但是这些市场化倾向措施并没能改变农地权利转移制度的建立基础与本质特征,

---

[*] 本节部分内容已发表在《现代日本经济》2017年第5期。

农地权利束流转被严格限制。政府的管制角色仍然居于政府各项角色的首要位置,其服务职能仅是完善现有管制职能的辅助因素。

一、农地权利束构成

经过几十年的发展,日本以《农地法》(法律第 229 号,昭和二十七年 7 月 15 日)、《农业经营基础强化促进法》(法律第 58 号,昭和四十四年 7 月 1 日,简称《农促法》),以及《关于农业振兴地域整备的法律》(法律第 57 号,平成二十一年 6 月 24 日,简称《农振法》)三部法律为基础,配合 100 多部法律的相应规定,确定了农地权利束的构成和权利行使边界。

根据日本《农地法》规定,农用地是指以耕作为目的,以及因耕作或养殖事业而进行打草或家畜放养的土地。[①] 日本《民法》第三编明确,土地属于不动产,包含所有权和他物权两大权利类型。其中所有权是指所有人于法令限制的范围内,有自由使用、收益及处分所有物的权利;他物权则包含地上权、地役权、永佃权、抵押权、质权等。[②] 按照日本《农地法》和《民法》的规定,日本农地权利束主要由耕地或进行养殖事业的草地的所有权、地上权、永佃权、借用权、租赁权、质权或其他以使用或收益为目的的权利[③]构成,是农户最为重要的财产权利之一。日本《宪法》第二十九条规定,不得侵犯财产权;财产权的内容应适合公共福利,由法律规定;私有财产在正当的补偿下可收归公用。

虽然日本《宪法》明确保护公众财产权,但是在"自耕主义"原则导向下,日本《农地法》等法律和一系列政策条例通过农地流转许可制度、受让人准入制度等农地权利转移管制制度,严格限制农地收益权和处分权。日本《农地法》第二条第四款规定,"自耕农"是指根据所有权,在农地或草地上从事耕作或饲养家畜的个人。自耕农不得随意转让农地或割草放牧地的所有权,不得设定或转让地上权、永佃

---

① 《日本农地法》,法律第 69 号,平成二十六年 6 月 13 日,第 2 章第 1 条。
② 《日本民法典》,法律第 28 号,明治人事上年,第 3 编所有权的相关内容。
③ 《日本农地法》,法律第 229 号,昭和二十七年 7 月 15 日,第 3 条第 1 款。

权、抵押权、使用借贷权、租赁权和其他以使用和收益为目的的权利。日本《农地法》实际成为日本《宪法》和《民法》在农地问题上的限制与补充。① 在上述限制下,日本农地权利束体系并不完整,农地所有者的处置权和收益权受到制约。政府作为规制者的审批管制职能和规划监督职能占据日本政府众多流转职能中的主要位置。

随着日本工业化开始与经济水平不断提高,秉持"自耕主义"原则的农地产权制度显露弊端。日本农业面临着农地抛荒、劳动力老龄化、食品自给率下降等诸多问题。据日本农林水产省统计,1980—2010年,日本农地抛荒面积从12.3万公顷上升到39.6公顷,三十年间增长了三倍之多②;2013年核心农业生产者总数为174万人,其中70岁以上的老年人达到107万,占全部核心农业生产者的61%③;2012年,食品自给率下降到68%,与1980年相比下降约11.7%。④作为安倍"三支箭"经济计划关注的核心领域,日本政府提出2012—2020年,农产品及其他食品出口将计划从4 500亿日元增加到1万亿日元;到2023年,农民收入翻倍。⑤

为适应新的环境,日本采取放宽流转限制、扩大流转主体、建立流转中介等措施,鼓励农地权利转移。政府作为农地流转服务者的重要性日渐凸显。但值得注意的是,这种变化并不是对原有制度的根本性变革,而是通过设立各种特例规避原有制度的制约限制,从而达到完善制度的目的。即日本政府对农地权利转移制度的完善与变更,仍然以《农地法》第三条中的农地流转许可制度为基础,仅放宽了许可条件、在《农促法》和《农振法》等法律中设置了免予许可的特例,绕过农地管制制度中的严苛要求,以推进农地流转和规模经营。

---

① 《日本农地法》,法律第229号,昭和二十七年7月15日,第3条第1款。
②④ MAFF, Census of Agriculture and Forestry (2011).
③ 核心农业生产者(core persons mainly engage in farming),指自耕农中主要以农业生产作为主要或唯一职业的从业者。参见 MAFF, Survey on Movement of Agricultural Structure (2013)。
⑤ Aurelia George Mulgan, "Abe's Growth Strategy for Agriculture in Japan", East Asia Forum, 5th June 2013, http://www.eastasiaforum.org/2013/06/05/abes-growth-strategy-for-agriculture-in-japan/, 12th November, 2014.

二、农地流转中的政府角色

1952 年颁布的《农地法》将"自耕主义"原则及农民土地所有制的永久地位以法律形式确立下来。为了维护土地改革的成果、防止农地重新回流到地主手中,日本在《农地法》中对自耕农的土地使用权、收益权和处分权进行限制,建立起以农林水产大臣—都道府县知事—市町村农业委员为核心的三级农地权利转移许可体系。

(一) 作为管制者的政府

1. 农地流转许可制度

《农地法》规定,取得农地权利,需得到所在地农业委员会的许可;如果农地在市町村之外,则需要获得都道府县知事的许可。[①] 未经同意私自流转农地的行为属于违法行为,私自签订的流转合同不具有法律效力。[②] 农林水产大臣负责制定佃租上限管制标准,如果违反佃租上限收缴地租,则双方租地合同无效并且出租方要接受处罚。根据 1955 年颁布的日本《农地法》施行规则,农林水产大臣根据土地的实际情况分级定等确立地租上限标准[③],并依照标准地的地租上限标准,确立非标准地的地租上限。都道府县知事负责审批农地租赁合同的变更情况。租赁耕地或割草放牧地,如合同到期,当事人提出解约,需经都道府县知事的许可,否则不得解除合同,必须依条件续签。通过这种方式,保护佃户的永佃权。[④] 并且,《农地法》第四条规定除国家征用等情况外,农地转用为非农用需按照规定程序,得到都道府县知事的许可;如果将 2 公顷以上的农地改为非农地,则需要经过农林水产大臣的许可。

农业委员会是农地管理的基层组织,也是农地流转管制制度的

---

① 《日本农地法》,法律第 229 号,昭和二十七年 7 月 15 日,第 3 条第 1 款。
② Toshihiko Kawagoe, "Agricultural Land Reform in Postwar Japan", *The World Bank Development Research Group Working Paper*, 1995, p.38.
③ 标准水田是 1 091 元/反,1 反约为 0.1 公顷。引自关谷俊作著,金洪云译:《日本的农地制度》,生活·读书·新知三联书店,2004 年,第 173 页。
④ 《日本农地法》,法律 229 号,昭和二十七年 7 月 15 日,第 20 条。

主体。农业委员会委员经选举产生,主要由自耕农构成,在农地流转过程中充当了审查人的角色。根据《农地法》的具体要求,农业委员会负责本区域内农地权利转移事项的审批。《农地法》第三条"农地或割草放牧地权利转移的限制"规定了农地流转面积、流转对象、农地地租等细项。该条规定,农地所有面积上限为 3 公顷(北海道为 12 公顷),交易面积下限为 0.3 公顷(北海道为 2 公顷)。只有未达到农地所有面积上限且满足交易下限的农民才可以购买或租赁土地,出租土地的最高限额为 1 公顷。农地权利受让人必须自行或由其家属直接耕作;符合购买或租赁农地的面积要求;购买者或租赁者需有农业经营能力,如果家庭人手不足,或缺乏农业经营知识,不得购买农地。

20 世纪 50 年代中期至 70 年代早期,日本经济发展迅速。除 1954 年、1965 年和 1971 年外,日本国内生产总值年增长幅度都在 7% 以上。[①] 日本工业、制造业腾飞,农业生产却几乎停滞不前,农业劳动力大量向其他产业转移,农产品消费出现结构性的转变。为适应日本经济复苏后农业领域发生的新变化、增加农民收入,《农地法》经 1962 年、1970 年、1980 年、1992 年、2000 年,以及 2009 年多次修改,逐渐放宽了对农地流转面积、地租、租赁合同等事项的限制。农地流转面积方面,1962 年修改的《农地法》规定,如果农地购买方以农业家庭为主,则取得土地面积可以超过土地所有的上限。1970 年修改《农地法》时,完全废除了农地流转面积的上限,只规定农地转入方在转入土地后,农地面积不得少于 0.5 公顷(北海道为 2 公顷)。

佃租方面,改佃租上限管制为标准地租管制。各地区农业委员会综合考量区域内农地自然条件与耕作条件,进行分区和分级定等,确定地租标准额。同时,需将地租标准额告知都道府县知事。如发现租赁双方合同中规定的租金明显高出地租标准额,则可以根据各省命令,劝告当事人按照地租标准额减少额度。[②] 租赁合同方面,如

[①] Takatoshi Ito, "Japan and the Asian Economics: A Miracle in Transition", *Brookings Papers on Economic Activity*, no.2 (1996), pp.205-208.
[②] 《日本农地法》,法律第 229 号,昭和二十七年 7 月 15 日,第 24 条。

果合同当事人双方在解约生效六个月前,自愿达成解约意向,或经过调停后双方同意解约,则可不经过都道府县知事批准,在双方同意的基础上自行解约。① 农地流转许可方面,虽然日本《农地法》没有彻底废除租赁合同管制制度,却持续增加"无需审批"的条款,事实上放宽了原有的管制限制。

流转限制放宽刺激了农地流转市场的形成和农地流转规模的增加(见图5-1)。根据日本农林水产省土地管理情报收集分析调查,1970年日本各类农地流转形式的总面积为116 066公顷,到1985年上升为218 228公顷,2009年为209 015公顷,是1970年的两倍之多。大体来看,农地流转类型可分为两类:第一类,依日本《农地法》第三条经农业委员会或都道府县知事许可后进行流转;第二类,依日本《农促法》规定,属免予许可特例或农用地利用促进事业流转。1970—1995年,第一类农地流转面积占主流,第二类流转面积逐年上升。1995年之后,第二类流转面积超过第一类,占主要位置。2009年,第一类流转面积为45 158公顷,第二农地流转面积为163 857公顷,是前者的三倍多。

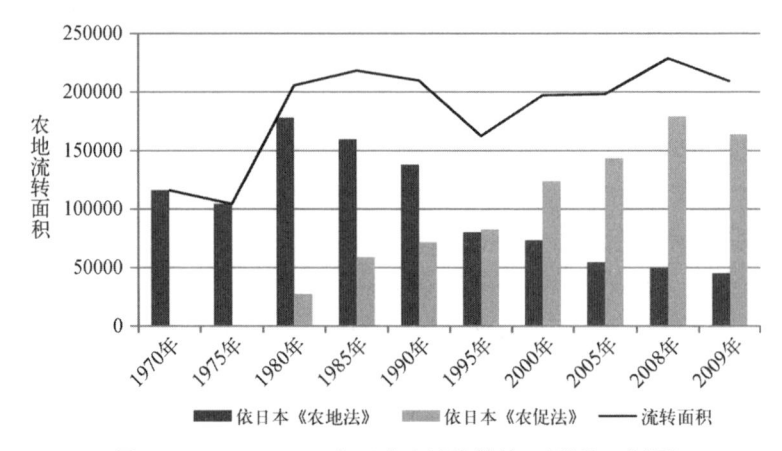

图5-1　1970—2009年日本农地流转情况(单位:公顷)

资料来源:根据日本农林水产省1970—2009年的统计数据整理而得。

---

① 《日本农地法》,法律第229号,昭和二十七年7月15日,第20条第1款。另外,该法第20条第5项规定,都道府县知事在许可之前,需要听取都道府县农业会议的意见。

1993年修订后的日本《农促法》增加了免予许可的情况,大多数农用地利用促进事业中的农地流转事业也通过《农促法》实施,并且农业生产法人的农地流转基本上也都按照《农促法》进行,《农促法》的适用范围大大拓展,依《农促法》流转的农地面积也不断增加。根据日本学者岛村健的观点,日本《农地法》是关于农地权利移动和农地转换用的管制法,是民事性的转移;《农促法》是在农地法规制的基础上,培养稳定有效的农业从事者的事业法,是商事性的转移。[①]《农促法》中设置的免许可特例事项与农地利用促进事业,及其他流转条件的放宽,并没有撼动以《农地法》为依据,以农地流转许可制度为核心的权利转移管制制度。农业委员会和市町村等地方自治体作为农地流转许可的审查者,享有较为广泛的自由裁量权,有权判定农地权利转移事业是否符合免予许可特例,以及农用地利用促进事业的要求,在整个流转环节中起着决定性的作用。

2. 农地流转受让人限制制度

1952年日本《农地法》颁布时,根据"自耕主义"原则,农地仅可由"农地所有、农地经营和农业劳动"的自然人——自耕农或其家庭所有,农业法人和其他组织拥有土地是非法行为。1961年颁布日本《农业基本法》,提出通过改善农业结构、扩大农业经营规模、农业机械化、农地保有合理化,以及农业经营现代化提高农业生产力和农业生产者的经营水平。[②] 同时,该法第17条和第18条提出,国家将发展由农业合作组织主导的农业合作经营,采取必要的措施赋予农业合作组织等机构获得农地的权利。建立和赋予农地流转权利,将有利于提升农业产业结构,允许农业生产合作组织租赁和买卖农地。与日本《农业基本法》第17条和第18条相适应,1962年日本《农地法修正案》和《农协法修正案》分别允许农业生产法人与农事合作社法人可以参与土地流转,购买或租赁土地。

---

① 岛村健:《农地法改正》,第22页,转引自伦海波:《中日农地权利中的自由与限制比较研究》,《私法研究》2011年第10辑。
② 《日本农业基本法》,法律第127号,昭和三十六年,第2条第3款。

虽然法律修正案允许日本农业生产法人与农事合作社法人[①]取得农地权利,但是对相关法人的资格认定和准入条件却有严格的限制。以农业生产法人为例,成为农业生产法人必须满足:第一,不包括股份公司的法人形态;第二,农业生产法人必须从事农业或相关产业;第三,生产法人成员必须是农村土地权利的所有者,或长期从事农业生产;第四,租赁土地面积不得超过经营面积的 1/2;第五,必须有一半以上的理事会成员每年进行农业生产的时间超过 150 天;第六,成员以外的劳动力原则上不得超过劳动力总数的 1/2。[②]

在"自耕主义"的严格约束下,日本农业生产法人虽被纳入农地流转受让人范畴,但是相关政策仍倾向维护原自耕农及农户在土地流转中的完全优势地位。农业生产法人及农事合作社法人仅是自耕农户的团体代表,更富有竞争力的非农业经济组织及运营方式被排除在外。随着经济的发展,城市与乡村,农业与第二、第三产业的差距日益凸显,日本试图通过放宽农地受让人的条件限制、纳入新的流转主体,推进农地规模经营、减少城乡差距。与改革同步,日本农地管理理念也发生了变化,从"自耕主义"转向"耕作主义",即由保护自耕农的土地权利转向最大限度地实现农地的使用价值、由保护农地的所有权向构建农地的经营权转变。在此背景下,农地流转的主体不仅包括自耕农、自耕农户,非股份制农业生产法人和农事合作社法人、股份制的农业生产法人,以及非农业生产法人也逐渐被纳入其中。

1993 年,日本原《增进农用地利用法》强化修订为《农业经营基础强化促进法》,旨在加强农业经营,进行农业集中经营与合理化管理。这部法律适当放宽了农业法人的认可条件。不仅从事农业及附带事业的法人可以被认定为农业生产法人,从事所有农业相关事业

---

① 农事合作社法人是指由农民组成的协作组织或是具有协作经营组织性质的法人,其目的在于通过促进会员在农业生产上的协作来增进会员的共同利益。日本《农协法》规定,实施农业经营事业的法人必须允许会员出资,长期从事农业经营事业的会员数必须超过 4/5,1970 年修订时将比例改为 1/2,1992 年修订为 2/3,并最终确定下来。
② OECD,"Evaluation of Agricultural Policy Reforms in Japan",*Working Paper*,2009,p.76.

的法人也可与农业生产法人享有同等待遇。例如，从事农产品的销售与经营或是农业技术培训等①事业的法人，也可买卖和租赁农地。这一举措将农业生产由单纯的"农业种植""农业耕种"和"耕种机械化服务"推广延伸到整个农业产业链，串联起农产品生产、加工、销售经营、改良等一整套机制。2000年，农业生产法人的范围进一步扩展到股份公司。据2000年修订的日本《农地法》第二条第七款，农业生产法人包括农事组合法人、股份公司、两合公司或有限公司。日本《农地法》修订后，农业生产法人数量增长迅速（见图5-2）。1995年农业生产法人数量为4 000家，2000年上升到5 889家，同比增长为32%；2005年为9 466家，同比增长为38%；2010年突破1万家，同比增长为20%，截止到2014年，农业生产法人数量为14 333家。

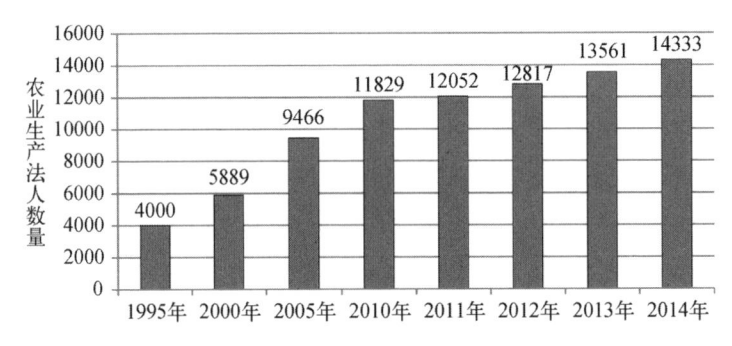

图5-2 农业生产法人统计（单位：家）

资料来源：日本农林水产省1995—2014年统计资料整理而成。

2003年，日本实行特别地区结构改革计划，在北海道等某些以农业生产为支柱的地区，试行非农业生产公司租用农村土地、投资农业相关产业、参与农地流转过程。特别地区结构改革计划，指通过赋予地方更大的自主权、提供较为宽松的政策环境，方便地方进行多样化、全方位的改革试验，为今后全国性的制度改革积累经验。其中，农业制度是很多试验地区改革的主要选题。据统计，截止到2004年底，日本共建立484个改革试验区，其中140个试验区的改革主题涉

---

① Aurelia George Mulgan, *Japan's Agricultural Policy Regime*, London: Routledge Press, 2006, p.58.

及农业产业,约占总数的30%。[1] 改革试验地区允许非农业生产法人租赁农地,但是不能买卖农用地,即只拥有土地的使用权而非所有权。另外,非农业生产法人只可通过农地保有合理化法人,得到地方政府批准后,租赁抛荒农地,不可租用其他类型的农地。有学者认为,日本设立特别地区结构改革计划的初衷是,希望通过地方因地制宜的政策设计冲破中央集权的制度壁垒,在不改变现有制度框架下进行多方面的试验,再将有益的经验推广到全国。在改革试验区,限制非农业生产法人进入农地流转领域,是因为农林水产省等行政主体不希望放弃农地流转的管制权力。[2] 2005年,全国范围内允许非农业生产法人经所在地方政府批准后,可不通过农地保有合理化事业法人租用抛荒农地。

2009年,日本《农地法》修正,放宽了个人及非农业生产法人租赁农地和投资农业企业的限制,帮助非农企业和非营利组织进入农业生产领域。个人或非农企业只需满足以下条件,即可租赁农地。第一,所有租赁的农地必须被有效利用;第二,公司一名或者多名经营人员必须全职进行农业生产;第三,农地租用合同中必须表明,如果无法在租用土地上进行农业生产,则租地合同自动解除。虽然非农企业与个人被允许租用农地,但是对农地买卖,即所有权的转移仍然限制十分严格,以保护农用地数量,防止农地非农化。《农业法》规定,只有符合资金来源规定的农业生产法人才可买卖土地。法律要求,获得农地所有权的农业生产法人,其资本构成中非农业生产法人的投资额需在10%以下,以防止非农企业借投资农业企业圈地、改变土地的使用用途。2009年《农地法》修订后,这一数字改为50%,允许非农业生产企业资金占农业企业资金来源的二分之一。[3] 修订案颁布后,进入农业产业的企业类型和数量大幅增加。根据日本农林

---

[1] Naohiro Yashiro, "Japan's New Special Zones for Regulatory Reform", *International Tax and Public Finance*, no.12(2005), pp.561-574.
[2] Aurelia George Mulgan, *Japan's Agricultural Policy Regime*, London: Routledge Press, 2006, p.58.
[3] MAFF, Annual Report on Food, Agriculture and Rural Areas in Japan, 2009, p.42.

水产省统计,截止到2013年6月,已经有1 261家非农业生产企业租用土地,是2010年6月的七倍之多。

2010年后,日本全力发展多产业化农业,将农作物种植、加工、销售与信息产业、医疗卫生业结合起来,打造"第六产业"(Sixth-order Industrialization)。"第六产业"由日本农业专家今村奈良臣提出,旨在通过第一、第二、第三产业的相互融合,提高农产品附加值和农民收入。在"第六产业"的号召下,跨行业、跨类型的非农企业进入日本农地流转市场。2011年8月,日本食品、农业、林业和渔业促进委员会颁布的中期报告中指出:"追求农地规模经营,平原地区每个农地经营主体的规模应在20—30公顷,山区每个农地经营主体的规模应在10—20公顷。"[1]2014年,安倍政府针对"第六产业"又提出了新的发展目标,准备引入多类经营者对农地进行农用耕作与开发,建立农业—工业、药材—健康—食品—农业等多产业的合作与共赢机制;引入人工智能和ICT技术创造"智慧农业",建立综合性的农业生产与分配系统。到2020年,"第六产业"的市场总量达到10万亿日元,成功培养新型农业和畜牧业产品。[2]

在政府的引导与推动下,农地权利受让人范围不断扩大,安倍政府的新农业政策更是鼓励各种产业参与农业发展,大大放宽了农地流转主体的准入限制。但是,农地流转主体的活动范围与经营权限仍然受到法规及政策的严格监管。只有自然人和农业生产法人才可获得完整的农地所有权,既占有、使用,又可处置和收益;非农生产法人等其他参与主体仅拥有使用权等部分权利。[3]并且,农业生产法人需经农业委员会审查,确认其是否符合法律政策规定的相关要件后,才能获得资格,决定农业生产法人是否可以参与土地流转。除此之

---

[1] The Council to Promote the Revitalization of Food, Agriculture, Forestry and Fisheries, "Interim Report for the Revitalization of Japan's Food, Agriculture, Forestry and Fisheries", 2011, p.3.
[2] Vitality Creation Headquarters of Agriculture, Forestry, Fisheries and Regions, "Vitality Creation Plan of Agriculture, Forestry, Fisheries and Regions", 2014-09-17, http://ap.fftc.agnet.org/ap_db.php? id=295 & print=1, 2014-12-20.
[3] Ronald Dore, *Land Reform in Japan*, New York: Bloomsbury Academic Press, 2013, pp.1-23.

外,日本《农地法》还确立了农业生产法人年终报告制度。每年农业生产法人需向所在地农业委员会报告事业实施情况。农业委员会根据报告,审核该农业生产法人是否符合规定资质。如相关资质不再吻合,则不允许该农业生产法人继续进行土地流转和农地经营,已拥有的农地所有权和使用权由国家收购。由此来看,虽然在政府引导下,日本农地流转主体的范围不断扩大,越来越多的个人与企业进入农地流转领域,但是农地流转绝不是完全的市场交易行为,农地权利受让主体的入场资格、活动权限仍受到严格管制。

(二) 作为服务者的政府

随着一系列立法调整和新政策的出台,日本逐渐放宽了对农地权利转移的限制,允许一定范围内的所有权买卖以及使用权的转换。在宽松的政策环境下,农地流转市场逐步形成,土地流转需求不断增加。为满足农地流转市场的需求,降低信息搜寻和交易成本,日本政府出资扶持建立"农地保有合理化法人""农地合并银行"等流转中介,作为连接买卖双方的桥梁,承担发布流转信息和评估土地价值等服务职能。

事实上,早在1965年和1966年,日本农业管理部门就曾向国会提交农地管理事业团法案,计划将政府属下的特殊法人——农地管理事业团发展成土地交易的桥梁,把散落在农户手中的土地进行整理和出售。但是国会认为这一法案有强制购地、危害农民权益的倾向,两次提交均未能通过。1970年,《农地法》第二次修订,建立农地保有合理化促进事业。修订案中规定,符合条件的非营利性法人可成为农地保有合理化法人,承担流转中介功能。并且,农地保有合理化法人作为中介机构取得农地所有权、出租农地使用权时,可免予《农地法》第三条关于农地流转的限制要求,无须进行流转许可审批,直接流转。

农地保有合理化法人主要包括三类:一是,依照日本《民法》第三十四条设立的公益法人,大部分为都道府县和市町村的公社。地方自治团体在这类公社中拥有绝对的决策权。根据规定,如果公社是社团法人,则都道府县或市町村应是该社团法人的社员,并且表决权重超过50%;如果是财团法人,则都道府县或市町村应是该财团法人的捐助人,并且捐助额度占到总捐助额度的50%以上。第二类合理化法人是区域性综合农协。农协通过农业经营代理事业,帮助那些因年龄、移居城市或其他原因无法继续耕种农地的农协会员经营农地,以及进行农地流转。第三类是市町村自治组织。合理化法人提供一系列的农地流转服务。流转前,帮助交易双方提供土地交易信息,购进小块土地集中卖出、减少交易成本,按照买卖双方需求进行目标地匹配等;流转过程中,帮助确认、评估土地信息,提供换地服务,发放流转补贴、一次性提供土地租金等;流转后,提供农业机械设施,提供育秧、施肥等有偿农作服务,帮助土地流入方实现规模化、机械化种植。

日本政府规定,通过农地保有合理化法人进行土地流转,可以享受税收优惠、财政补贴、租金提前支付等优惠政策。土地购买者可在登记许可税、契税、增值税等项目上,卖出者可在所得税等项目上获得优惠。政府补贴根据农地租赁时间来定,租赁时间越长,获得补贴金额越高。另外,在国库补助金的支持下,经农地保有合理化法人出租农地的权利让与人,由农地保有合理化法人预先支付十年期土地租金,保障出租人的租金收益。而承租人则仍然可按协议分期分次支付租金。20世纪90年代初期,三类合理化法人中,都道府县公社是流转农地的主要机构。1990年经都道府县公社出租农地为1 759公顷,经农协出租的农地面积为673公顷,经市町村出租的仅为2.1公顷。但是,到1999年,农协在各类农地保有合理化法人中占据主要位置。1999年,经农协出租的农地为4 658公顷,同期,经都道府县公社出租的为1 754公顷,而经市町村的仅为7.6公顷。[①]

1970—2013年的40多年间,农地保有合理化法人一直是最主要的农地流转中介结构。2013年日本制定《农林渔业和农村地区复兴计划》(以下简称"复兴计划")提出建立新型农地中介管理组织

---

① 关谷俊作著,金洪云译:《日本的农地制度》,第300页。

(Farmland Intermediary Administration Organization，FIAO)——农地合并银行(Farmland Consolidation Bank)[①]，替代原农地保有合理化法人，引导农民将农地出租给农地合并银行，再由农地合并银行进行转租或转卖。

根据复兴计划，到 2017 年末，日本所有县都需建立农地合并银行。与农地保有合理化法人相比，农地合并银行的运营目标更为细化，不再仅满足于推进农地的租赁与买卖，而是计划通过农地合并银行的运营调整农地流转方向，促进农地向大型、专业的农业企业和经营生产单位流转，限制农地所有者和佃农将农地出租、售卖给小规模经营主体。同时，保护耕地、防止耕地抛荒。[②] 农地合并银行通过地方农协获得农地租赁或买卖信息，为交易双方搭建信息平台。对于未利用土地和抛荒农地，农地合并银行鼓励租赁抛荒农地，并为租赁农地的法人或自然人提供租金支持。如抛荒农地无人租赁，则地方农协只需得到县级政府的许可，便可发布公告，取得抛荒土地的使用权。作为提升农业结构、降低生产成本的改革新举措，农地合并银行得到政府大力扶持。2014 年获得财政支援 705 亿日元[③]，足可看出日本政府对农地合并银行期望甚高。当然，由于农地合并银行建立时间较短，其实施效果仍有待检验。有学者质疑，农地合并银行的信息来源是地方农协组织，如农协与这一新型的农地管理中介机构合作不畅，其作用将大打折扣。

从日本农地流转中介的类型、资金来源及运行方式看，农地保有

[①] Vitality Creation Headquarters of Agriculture, Forestry, Fisheries and Regions, "Vitality Creation Plan of Agriculture, Forestry, Fisheries and Regions", 2014 - 09 - 17, http：//ap.fftc.agnet.org/ap_db.php? id＝295&print＝1, 2014 - 12 - 20.
[②] 根据《农林渔业和农村地区复兴计划》，农地生产经营主体主要包括农业企业、大型家庭农场、以农业委员会为基础的集体农场和新进入农业的个人与企业。参照：Vitality Creation Headquarters of Agriculture, Forestry, Fisheries and Regions, "Vitality Creation Plan of Agriculture, Forestry, Fisheries and Regions", 2014 - 09 - 17, http：//ap.fftc.agnet.org/ap_db.php? id＝295&print＝1, 2014 - 12 - 20。
[③] Jennifer Clever, Midori Iijima, and Benjamin Petlock, "Agricultural Corporations Help Revitalize Japan's Farm Sector", USDA Working Paper, 2014 - 07 - 03, http：//gain.fas.usda.gov/Recent%20GAIN%20Publications/Agricultural%20Production%20Corporations_Tokyo_Japan_7 - 3 - 2014.pdf, 2014 - 12 - 29.

合理化法人、农协经营代理事业和新成立的农地合并银行,均以政府为依托、借助政府财政支持与政策优惠提供流转服务。农地保有合理化法人主要是地方自治团体参与和捐助的公社,或本身就由市町村等自治团体担任;农地合并银行则完全是新农业政策的产物,成为类政府部门的公共组织。一方面,在日益增加的流转需求面前,农地保有合理化法人、农地合并银行等中介组织,有利于提升农户的流转积极性、提供更为完善的流转服务、加快农地流转和规模化经营的速度。另一方面,应该充分认识到,日本战后建立的流转中介是在政府主导下建立起来的政策性服务机构。与城市房地产中介等商业中介相比,农地流转中介更类似于具有公共服务职能的政府部门,它以实现农业政策为最高目标,兼具调节调整农地流转面积和方向的职责。比如农地积累银行引导农地向大规模种植企业及生产加工方转移以实现促进"第六产业"发展的计划目标。[1]

所以,这类机构绝不是市场经济中自由申请设立的私人组织或民营机构,而是在政府培育下形成的负责执行农地政策、达成政策要求的垄断性中介组织。农地权利经过这类中介组织流转,事实上受到政府对流转对象、流转收入和流转方式的限制。即便如此,不可否认的是,流转中介的建立帮助流转双方降低了信息搜寻成本、提供了更为多元的交易途径,推动了日本农地流转体系的发展,显示出日本政府协调各流转参与主体,解决交易信息不对称、道德风险等市场缺陷,促进农地流转市场的壮大及健康有序地发展的市场增进功能。今后,是否会有其他类型的中介组织加入其中,刺激竞争,值得期待。

总的来看,虽然经过几十年的发展,日本农地政策思想从"自耕主义"转向"经营主义",放宽了对农地权利转移的限制,但是没有改变政府管制型流转的本质特征。《农业法》设立的农地权利转移许可制度仍是整个农地流转体系的核心支柱;《农促法》中规定的农地利

---

[1] Jennifer Clever, Midori Iijima, and Benjamin Petlock, "Agricultural Corporations Help Revitalize Japan's Farm Sector", USDA Working Paper, 2014 - 07 - 03, http://gain.fas.usda.gov/Recent% 20GAIN% 20Publications/Agricultural% 20Production% 20Corporations_Tokyo_Japan_7 - 3 - 2014.pdf, 2014 - 12 - 29.

用促进事业仍需要农业委员会或都道府县知事审查,是否符合免予许可的条件;农业生产法人或非农业生产法人等农村土地流转主体仍由地方自治团体和农业委员会决定,能否参与土地流转及如何制约非农业生产法人的流转范围与活动权限;农地保有合理化法人及之后的农地合并银行等流转中介(或可称为类政府组织)依靠政府财政支持运转,仍以实现政府的农业政策目标为根本追求。以上在一定程度上限制了农地权利人的处置权和收益权。随着新农业政策的出台和"第六产业"的发展,日本今后农业流转制度的发展能否有所突破,值得关注。

第二节　韩国农地流转中的政府角色分析

韩国农地制度与日本农地制度有诸多相似之处。战争结束后,韩国政府通过"有偿购买、有偿分配"方式,从地主手中购买土地,再有偿分配给农民,建立了"耕者有其田"的农民土地私有制。土地改革将农地分成小块交由农民耕种,激发了农民的劳动积极性和创造力,成为韩国经济和资本主义发展的源泉。本着农地所有者才有权耕作农田的理念,韩国政府在农地所有权转移和使用权转移方面有诸多限制,构建了严格的农地流转管制制度,担当农地流转交易秩序管理者和农地经营代理人的角色。

一、农地权利束构成

韩国《农地法》第二条规定,农地主要指水田、耕地和果园。其他土地不受原土地类型限制,如实际用来种植和经营农作物、栽培多年生植被、建设农畜产品农业设施等也属于农地。但是,农地不包括韩国《草地法》中规定的草地。从农地内涵来看,韩国农地概念尊崇"现实主义"路径。不论原土地规划用途,只要实际经营农业的土地,都属于农地的概念范畴,应当受到保护。近年,韩国农地面积基本稳定,根据韩国统计厅国土情况统计,2010 年韩国农地面积为 1 715 301 公顷,其中水田面积为 984 140 公顷,旱田面积为731 161 公顷。到 2018 年,农地总面积为 1 595 614 公顷,其中水田面积为 884 265 公顷,旱田面积为 751 349 公顷。[1]

韩国《民法》第二编规定,物权包括占有权、所有权、地上权、地役权、继承权、留住权、质权和抵押权。所有权包括土地所有正当利益范围内土地上下的权利[2],如对所有物使用、收益、处分的权利。其中,地上权、继承权、租赁权、处置权等都是物品实际支配者对物品的间接占有。[3] 结合《农地法》和《民法》的相关规定,农地权利束应包括土地占有、使用、收益、处分、继承、抵押等权利。韩国《宪法》第二十三条规定,农地所有者的合法权利受到法律保护。但同时,韩国的农地权利不是绝对权利,而是必须以服从公共福利为准则的相对权利。韩国《宪法》规定,如依法给予合适补偿,可因公共需要收用、使用、限制个人财产权利。另外,《农地法》第五条明确规定,公民有尊重农地基本理念、协助施行国家和地方自治团体关于农地相关政策的义务。因此农地所有权人权利的行使必须符合"自耕主义"和"农地保护主义"的基本理念。"自耕主义"理念是为了保护农户的土地所有权,只有农地所有者才能从事农地生产经营。而"农地保护主义"是指农地在城镇化过程中受到法律特殊保护。

韩国《农地法》规定,原则上只有农业人和农业法人才拥有农地,从事农业经营。"农业人",指个体农业从事者;农业法人,指根据韩国《培育支援农渔业经营体法律》第十六条设立的农业合作法人,或是拥有业务执行权并且三分之一以上会员是农业人的农业协会法人。现行韩国《农地法》第六条规定,农地所有主体是农业人和农渔

---

[1] 韩国统计局:《2018 年农业生产统计调查》,2020 年 2 月 12 日,https://kosis.kr/statHtml/statHtml.do? orgId＝311&tblId＝DT_311001_001&vw_cd＝MT_ZTITLE&list_id=311_31101_1_1&seqNo=&lang_mode=ko&language=kor&obj_var_id=&itm_id=&conn_path=MT_ZTITLE,2020 年 10 月 20 日访问。
[2] 韩国《民法》第一百九十二条,2014 年 12 月修订。
[3] 韩国《民法》第一百九十三条,2014 年 12 月修订。

村公社等农业法人;企业等营利组织不可取得农地,仅在特殊情况下可获得面积较小的农地;农地必须由农地耕作者所有,其他人不得拥有农地。同时该法也规定了几种例外情况,允许非农地所有者经营农地,主要包括:国家和地方自治团体可以拥有农地;根据韩国《教育法》或由农林畜产食品部法令确定的公共团体、农业研究机关、农业生产者团体,以及其他以农业作为目标的试验地、研究地、实践地等可以根据农林畜产食品部法令可取得农地;周末农场或者体验农场可申请获得农地;通过继承或者遗赠方式可以获得农地的所有权;经营农业超过 8 年且不再进行农业经营的离农者,可以继续拥有农田;经过担保方式获得农地;获得农地转用许可,或者依法提请农地转用的情况下,可以继续拥有农地等。

除限制农地所有者类型外,韩国通过限制农地所有面积,预防农地过度集中和农地租佃制的形成。从 1950 年起,韩国废除农地佃租制,实行农田自耕制,同时规定农民最高拥有 3 公顷农田。限制农地所有面积一方面有利于保护自耕农的土地所有权和农地改革成果,另一方面也导致农地生产细碎化、无法进行机械化经营,农业的竞争力难以提高。为解决上述问题,韩国政府逐渐放宽农地所有面积限制。1993 年在《农渔村特别措施法》修正案中明确,农业振兴区域内,农业人最多可拥有 10—20 公顷的农地;农业振兴区域外,农地所有面积上限仍然为 3 公顷。[1] 1994 年,韩国废止《农地改革法》《农渔村特别措施法》等法令,统一出台《农地法》。该法完全废除了农业振兴区域内农地所有面积上限,但仍然维持农业振兴区域外 3 公顷的上限限制。经过 1999 年修订,这一限制由 3 公顷扩大到 5 公顷。2015 年韩国修订《农地法》,为保障农地的有效利用,规定继承获得农地者如未继续进行农业经营,最多可以保留 1 公顷的土地。农业生产超过 8 年且不再进行农业生产的,最多可以保留 1 公顷农地。经营周末农场和观光农业,最多可拥有 0.1 公顷农地。从韩国《宪法》《农地法》等一系列法律规定看,农业人和农业法人是农地的主要

---

[1] 박창수,토지정책론,서울: 범론사,2012 년 3 월,p.87.

所有者,政府严格保护农地所有者占有、使用农地的权利,限制农地的处置和收益权,农户或农业企业等农地所有者享有的权利束结构并不完整。

二、农地流转中的政府角色

韩国《农地法》规定,农地开垦者在利用农地时,应尽可能挖掘农地的生产潜能,做到"诚实耕作",如果自己离农到城市就业或出现其他法定情况,农地需要继续维持耕作和生产。韩国政府设计了农地租赁制度和政府代耕制度以保证农地生产力。

(一) 作为管理者的政府

韩国严格控制租赁制的发展,原则上禁止农地委托经营和租赁。韩国《宪法》第一百二十一条规定,国家努力践行耕者有其田原则,禁止农地租赁和买卖。韩国《民法》规定,公民享有租赁权,但是农地不可以成为租赁的对象。[①] 韩国《农地法》第二十三条规定,除非法律规定的情况,农地不可以被租赁和委托经营,在某些特殊情况下,韩国法律允许农地租赁或借出农地。但是租赁或借出行为的适用情形、期限、缔约方法、纠纷调解等都在政府的管理之下。韩国地方政府作为租赁或借出行为的管理者,维持农地租赁或使用借出制度的正常运行。

从上述法律体系看,农地权利人的农地处置权受到严格控制,仅在符合以下几种条件的情况下可以租赁或借出农地。第一,当农地属于国家或地方所有、通过继承方式获得、农地所有人已经离农、农地担保、农地获得转用许可、已经完成农地转用合同的农地,以及在农业开发地区拥有土地面积未达到土地上限的情况下;第二,被认定为农业利用增进事业,可以根据利用计划租赁或者借出农地;第三,由于疾病、入学、选举或就任公职,以及根据总统令规定的其他无法自耕的情况下,可以将农地进行租赁、借出或委托经营;第四,如农地

---

① 韩国《民法》第三百零三条,2014 年 12 月 30 日修订。

所有者超过六十岁无法进行从事农业生产,则根据总统令可以将自己所有耕作经营五年以上的农地租赁;第五,农地由农地耕作者个人所有,可以将农地租赁或借出给希望进行周末农场或体验农业的经营者;第六,农地虽然归个人所有但已委托给农渔村公社和相关法律指定的其他主体进行经营,则可由农渔村公社和相关法律主体进行委托或借出;第七,继承农地者无意愿进行农地经营并且农地所有面积超过农地所有上限限制,可以将农地租赁或借出,根据农林畜产食品部长官的命令,如果为了两季耕种,可以进行八个月以内的租赁和借出。

除严格管制农地租赁的适用情形外,《农地法》还严格限制了农地租赁与借出的缔约方法和时间。《农地法》第二十四条规定,农地租赁者和借入人必须缔结书面合同,这也是农地借贷的基本原则。如果书面合同没进行登记,但租赁人得到了市、郡、里、面长官的确认,自转交农地第二天起,也可对抗第三人。市、郡、里、面长官应当备有合同登记备案册,如果租赁双方提出申请,地方自治团体的行政长官需要根据相关农林畜产食品部的命令确立租赁合同,在备案册中记录合同的相关内容。由于农地要求持续投入和长时间耕作,韩国法律规定除因连续两季种植租赁农地的情况外,农地最少需租赁三年。即使农地实际租赁时间少于三年,也必须按照三年时间计算。如果出租人因患疾病、服兵役等情况出租农地,则农地租赁时间可小于三年。在租赁合同有效期范围内,如果希望延长或更新、重新缔约,经出租人同意即可办理。

租赁农地出现租赁期限、租金等纠纷时,可申请市、郡、里、面的长官进行调解。地方自治团体的长官收到调解申请后,应马上组织农地租赁调解委员会。如果调解委员会出台的调解方案得到出租双方同意,则该调解案的内容可以视为与农地合同具有相同效力。农地租赁调解委员会由 4 名成员构成,1 名委员长、3 名委员。其中委员长一般由副市长、副郡守,或者自治区的副自治区长担任。委员则根据韩国《农渔业·农渔村和食品产业基本法》第十五条的规定,由市长、郡守或者自治区区长在与农地租赁利益无关者中选拔产生。

韩国在租赁过程中,更加关注出租人的利益。法律规定,如果租赁契约中有不利于出租人的条款,则出租合同无效。①

(二) 作为代理者的政府

除租赁外,韩国农地还可以通过委托经营的方式,交由他人、政府或者公共团体进行经营。委托经营是在不剥夺农地所有权人所有权利的情况下,维持农地不因农地所有者的自身情况变更,终止农业生产。委托经营与租赁既有相似点,也有不同点。相似之处是,在"自耕主义"的要求下,委托经营与租赁都属于农地经营方式的特殊情况。正常情况下,土地应该由农地所有者自行耕作。只有在发生特别情况时,才允许他人委托经营或者租赁经营。不同点是,委托经营和租赁的法律关系不同。委托经营中,农地所有者需要向他人委托代为经营一部分或全部农地,并向委托人支付一定的报酬。②《农地法》第九条中规定了允许进行委托经营的几种情况:根据《兵役法》召集或征集农地所有者服兵役;土地所有者进行三个月以上国外旅行;处于农业法人清算过程;除患病、入学、选举或就任其他公职,以及根据总统令规定的其他无法自耕的情况;根据《农地法》第十七条,当执行农地利用促进事业计划委托经营,或在农人自身劳动力不足时,可以将农地一部分委托给他人。

韩国农地委托代理经营制度设计的初衷是为保持农地合理经营。当出现农地抛荒或农地经营不善时,政府可自动成为农地代理人,处置农地。农地抛荒情况下,政府可替代抛荒农地所有权人与使用权人,通知农地所有权人或使用权人后,指定委托者进行耕种。一般情况下,每期委托耕种时间为三年。被委托者将每年粮食产量的十分之一支付给农地所有权人和使用权人,作为土地使用费。如果土地使用权人或所有权人身份不清,土地使用费难以支付,则可将土地使用费作为农地信托资金。代耕结束三个月前,如果农地所有权人或使用权人希望自行

---

① 韩国《农地法》第二十七条,2015 年 1 月 20 日修订。
② 韩国《农地法》第六条,2015 年 1 月 20 日修订。

耕种土地,则可向市长、郡守提出自行耕种申请,经地方政府批复后,确定农地所有权人或使用权人是否可以继续耕种土地。

如农地所有权或使用权人没有抛荒农地,但是农地经营懈怠或经营不当,主要包括:除总统令规定的自然灾害、农地改良、患病等不可抗因素外,区和郡行政长官认定无故不进行农业耕作或即将不准备进行农业经营;农业会社法人拥有农地,但是没有根据法律规定,在取得农地三个月内未达到农业法人三分之一成员必须是农民的条件要求;获得农地后未按照原计划实施农业耕作;农地取得者自取得农地当日起,两年之内未开展相关农业事业;所有农地上限超过法律要求;通过提供虚假信息等方法,农地所有人经非正当途径获得农地取得者证明;除总统令规定的自然灾害、农地改良和患病等不可抗因素外,区和郡行政长官认定没有按照农业经营计划书进行经营。

当出现农地经营不当等问题时,地方自治团体长官可要求农地所有权人或使用权人在发现问题一年内对农地进行恰当处置,例如卖出农地等。如在一年内农地尚未卖出,经地方市、郡长官允许,可将处置期限延长六个月。① 如在延长期限范围内,农地仍未卖出,农地所有者可请求韩国农渔村公社购买农地。农地买卖价格参考农地周边交易价格定价。购买农地的资金将依照《韩国农渔村公社和农地管理基金法》进行农地管理融资。② 如在一年六个月期限内,农地所有者既没有对不当经营农地进行处置,也没有请求韩国农渔村公社购买农地,则市、郡行政长官可根据当时农地价格,每年向农地所有者或农地使用权人收取农地价格的 20% 作为强制执行金③,以保障农地被充分利用与开发。

(三) 作为推进者的政府

近年来,韩国逐步进入老龄化时代。根据韩国政府统计厅数据(见表 5-1),自 1990 年到 2010 年,韩国 65 岁以上人口占总人口的

---

①② 韩国《农地法》第十一条,2015 年 1 月 20 日修订。
③ 笔者翻译,韩语为"이행강제금"。

比例从5.1%上升到11%,基于这一趋势,韩国政府做出预测,到2026年,韩国总人口中将有五分之一左右是老年人,65岁以上的老年人口总数将达到10 218千人。韩国老龄化指数[①]也从1990年的20将会上升到2026年的178.6,上涨迅速。很多老年人在城市退休后选择到农村或城市郊区生活,韩国的"归农"与"归村"趋势逐渐明显。20世纪90年代到2011年,总共有48 949户回到农村生活。再加上农村劳动力老龄化、少子化,将来可能会出现农地耕种效率低下甚至无人耕种的情况。[②] 在"归农"和老龄化的趋势下,农地买卖、农地长期租赁的需求不断增长,关于进一步开放农地流转条件限制的呼声持续增加。

表5-1 韩国老龄化趋势(单位:千人)

年份 项目	1990	1997	2000	2006	2007	2010	2016	2018	2026
总人口	42 869	45 954	47 008	48 297	48 456	48 875	49 312	49 340	49 039
65岁以上人口	2 195	2 929	3 395	4 586	4 810	5 357	6 585	7 075	10 218
65岁以上人口比例	5.1%	6.4%	7.2%	9.5%	9.9%	11%	13.4%	14.3%	20.8%
老龄化指数	20	28.6	34.3	51	55.1	67.7	00.7	112.5	178.6

资料来源:韩国国家统计厅统计数据。

虽然韩国实行了严格的农地所有权和使用权转移管制制度,但在"老龄化"和"少子化"等因素的影响下,租赁经营农地面积与全部农地面积之比不断攀升。从2005年的42.3%,增加到2013年的50%。除租赁土地面积比发生变化外,从租金支付方式中也可发现农地承租人类型的变化。2005年,韩国农地实物租金比例为51.3%,货币租金比例为38.7%。但是之后,采用货币租金的比例逐渐升高。

[①] 老龄化指数是指人口总体中,0—14岁人口与65岁及以上人口的比值。
[②] 오수호,"귀농 귀촌가구의 이부 경착 특성과 지원방안에 관한 연구",공주대학교 대학원 지리정보학과 인구 및 도시지리학과,박사학위논문,2013.

2013年,实物租金比例和货币租金比例分别为51.1%和32%。一般情况下,农户与农户之间倾向于采用实物租金。但是城市退休的"归农"种植者、农业企业或农渔牧公社则更倾向于采用货币形式支付租金。

表5-2 韩国农地租赁的状况

年份 项目	2005	2006	2007	2008	2009	2010	2011	2012	2013
租赁农地比例	42.3%	42.3%	43%	42.8%	43%	45.9%	47.9%	47.3%	50%
货币租金比例	38.7%	40.0%	40.6%	41.5%	42.8%	41.7%	45.6%	48.7%	51.1%
实物租金比例	51.3%	50.8%	50.0%	48.6%	42.7%	37.8%	36.6%	34.8%	32%

资料来源:韩国国家统计厅数据。

韩国现行法律仍对农地所有人、所有面积、租赁人、期限、委托经营等有严格的限制,但是韩国政府已经意识到农地权利转移与农业规模化生产是解决农地经营困境的有效手段,希望通过农地利用增进事业促进农地流转、提高农业生产效率。农地利用增进事业与一般农地利用规划不同,它的主要目的是:促进农地买卖、农地交换、统筹农地所有权流转的事业;促进农地长期租赁、长期使用贷款等激活农地租赁权的相关事业;促进农地委托经营;促进农业人或农业法人共同利用农地,或是挖掘农地集团经营潜力,培育新型农业经营体。

地方自治团体是农地利用增进事业的主要推进者。农业利用增进事业既可以由市长、郡守等地方政府长官直接制定,也可由韩国农渔村公社、农业协同组织,或以农地共同经营或集团利用为目的十位以上农业人、农业法人共同组成的农业团体制定,经农林畜产食品部批准,在地方自治团体的监管下进行。[①] 申请农地利用增进事业需要

---

① 韩国《农地法试行条例》第十六条。

具备以下几个条件：第一，增进事业应以农业经营为目的利用农地；第二，应包含农地租赁权认定、所有权转移、农地经营受托、委托等帮助农业人或农业法人扩大农业经营规模、促进农地利用集团化的方式；第三，增进事业应能够降低农业生产费用和利用费用，促进农作物生产机械化和设施自动化，提高农地经营的利用效率。农地利用增进事业规划书中应当包括：农地增进事业实施的区域、农地所有权和租赁权的拥有者、权利转移者等利益相关人、权利流转农地的具体情况、设定的权利内容和农地权利转移的期限、相关费用支付的办法等。韩国《农地法》第十八条特别强调，在具体实施这一计划时，需要征得事业相关者的同意，取得同意书后，对相关的农地进行登记，然后再推进农地利用增进事业。

第三节　英国农地流转中的政府角色分析

英国的土地权利体系古老而复杂。承继了日耳曼法中持有（hold）的概念，形成了独特的地产（estate）权制度，并随着"五月花"号航行移植到美国。地产权指法律认可的最完整的、最有优先性的权利束。[1] 作为私人财产权利，农地的交易与流转可通过自由的市场交易进行。英国政府对农地流转行为几乎没有限制，只是通过农地登记制度和开发权购买制度，管理农地权利转移行为、限制农地必须用于农业用途。

一、农地权利束结构

英国法律体系中，土地的概念不仅包括土地实体，还包括土地上的建筑物及土地所有承载的各项权利。根据英国1925年《财产法》

---

[1] G.C.Cheshire, *The Modern Law of Real Property* (10th ed), London: Butterworhs Publisher, 1967, p.28.

定义:"土地包括任何形式保有的土地,矿山、矿物等无论其是否已经脱离表面的附着物,建筑物或者建筑物的一部分、土壤、土地中可继承的财产;同时还有庄园、牧师受封的土地、租赁地以及不可继承的土地,地役权、优先权、土地中承载或源自土地的权利。"英国《农业法案》(Agricultural Act,1947)第 109 条规定,农地是指用于农业耕作,或者交易与经营的土地,包括由农业主管部门或大臣指定的应用于农业的区域,也包括农业主管部门或大臣认为应该被纳入农业用途的土地。结合英国《财产法》和《农业法案》的定义,英国法律中的农地有一个较为宽泛的含义,不仅包括用于农地中可以感知到的实物财产,也包括不可感知的农地权利;既包括已经用于农业用途的土地,也包括被认为应该用于农业用途的土地。

所有权与使用权分离是英国地产权权利束的核心特征。1925 年《财产法》颁布之前,英国全部土地归国王所有,领主和封臣只持有国王所有的土地,负有供奉上级土地授权人的封建义务。近代以来,英国以契约和自由的财产权发起了对王权的反攻,打破了封建制度下的人身依附关系,在政治和法律上确立了"私有财产不可侵犯"的原则。英国虽没有成文宪法,但在一系列宪法性法律文件和判例中明确,上述原则不可动摇。1215 年《大宪章》第 39 条规定,任何自由人,如未依照法律经过同级贵族或者国家裁判,则不得被逮捕、监禁、没收财产、剥夺法律保护权或者对其实施其他的损害;第 63 条重申,英国的臣民及其子孙永远享有上述自由和权利。臣民可以通过武装反抗监督及纠正国王的违法行为。[①] 之后颁布的《权利请愿书》和《权利法案》在不同程度和层面涉及保护私人财产权。《权利法案》第 1 条、第 2 条、第 4 条限制国王的统治权,防止国王行使权力超过法律的限制;同时约定依照议会制度等机制捍卫自由人的财产权利。

20 世纪前期,英国形成了以《财产法》(Law of Property)、《土地担保法》(Land Charges Act)、《土地登记法案》(Land Registration Act)等成文法律为基础的土地法律体系,保护公民的土地财产权利。

---

① 赵文洪:《私人财产权利体系的发展》,第 217 页。

特别是1925年《财产法》颁布后,原有依附于地产权上的义务被消灭。英国土地虽然名义上仍然归属英王,但不限嗣继承地产权已经占据绝大多数。所以,国王所有土地实质上已被虚化,可由地产权所有者自由买卖、租赁处理。英国农地权利束中所有权与使用权相分离,使用权所有人拥有使用、处置和收益农地的权利,并受到法律和相应农地管理制度的保护。

二、农地流转中的政府角色

(一) 作为管理者的政府

土地登记,是英国政府管理农地权利转移的主要方式。通过农地登记,确认保护农地所有权,执行"凡交易、必登记"的原则。所有土地的转让、赠予等权利转移行为只有经过登记,权利取得主体才可以被认可,受到法律保护,即托伦斯登记制度。

英国农地登记制度经过了转让书登记制度到托伦斯登记制度、自愿登记模式到强制登记模式的转变。1925年制定的《土地登记法》,建立了一个较为完善的产权登记体系,作为判定农地权利是否真实存在的依据。[1] 1925年前,英国只对土地转让和交易的相关文件进行留存,类似现今中国农地交易或服务中心对土地交易文件的保存。而1925年《土地登记法》颁布后,农地登记成为证明农地权利人权利和农地转让及交易的必要条件,政府成为农地产权的担保者。英国政府希望通过这样的方法,促进土地交易市场的发展与繁荣。之后,《土地登记法》经过多次修改,到2002年已经形成了范围明确、程序严格的农地登记制度。英国《土地登记法》规定,土地及其附属物只有经过注册,才可以进行处置并受到法律保护。[2] 凡进行农地买卖或租赁,必须依照《土地登记规则》(Land Registration Rules, 2003)进行申报、变更和登记才可进行。

---

[1] Elizabeth Cooke, *The New Law of Land Registration*, Oxford: Hart Publishing, 2003, pp.4-5.
[2] Land Registration Act 2002, Part 1 Article 2, 2002-09, http://www.legislation.gov.uk/ukpga/2002/9/contents, 2015-01.

英国土地登记类型上可分为初始登记和变更登记。如不涉及土地转让等权利转移行为,土地权利所有权人可以自主选择登记或不登记自己的土地权益。但是如果农地处于强制登记区域,则农地流转必须登记,否则转移土地权利不具备法律效力、不受法律保护。在2002年的英国《土地登记法》中规定,地产权及七年以上还未到期的地租收益等可以自愿登记。变更登记主要是纠正登记中错误事项或不规范的情况,可以由法院命令提请,也可以由登记员申请。从以上规定来看,英国农地登记制度登记的不仅是土地实体,更是土地上附着的用益权等实际权利。

除自愿登记外,英国《土地登记法》规定：如果地产权没有登记,则在转让时必须强制登记;租借剩余七年以上的租借地产权转让必须登记等。转让的形式包括负价值转让,即由出让人支付土地转让金;赠予;法院命令转让,例如离婚时的财产分割;继承时自由保有地产权转让等情况。《土地登记法》中关于土地强制登记的内容,事实上是对1925年《财产法》规定的土地及其附属权益流转程序的完善。英国1925年《财产法》第52章规定,土地及附属于土地上的有关利益只有通过契据的形式才能有效转让,并规定土地所有权的转移必须经过注册。另外,如果租赁期满,开始下一期租赁,则无论租期有多长,必须在租赁开始三个月内进行登记。《财产法》与《土地登记法》虽然相互独立和互为补充,但是2002年英国希望通过新的《土地登记法》建立起"由登记确立起来的产权体系",而不是"产权的登记体系"。[①] 英国新《土地登记法》希望达成"镜像"作用,成为一面镜子来反映土地产权的所属情况、变动情况,为土地登记电子化铺平道路。

(二) 作为权利购买者的政府

在英国,不限嗣地产权人虽然拥有广泛的土地权利,但是为维护

---

① Elizabeth Cooke, *The New Law of Land Registration*, Oxford: Hart Publishing, 2003, p.1.

公共利益,仍受到公权力的限制。英国政府在土地规划制度的基础上,通过购买农地开发权维持农地面积稳定。

1. 农地规划与分类制度

英国土地规划制度可以追溯到1909年颁布的《住宅、城市规划等事务法》(Housing, Town Planning, ect. Act of 1909)。1947年英国正式颁布了《城市和乡村规划法》(Town and County Planning Act,简称《规划法》),正式确立土地规划制度。之后又数次对《规划法》进行修订,并于2004年出台《规划和强制购买法》(Planning and Compulsory Purchase Act)。限于英国的构成形式,现行英国的全国性规划法律主要用于英格兰和威尔士地区。

农地规划制度主要是对土地的用途和项目开发进行限制。一般由郡、市政府制定土地利用规划,确定不同区域土地用途和建筑物高度、容积率等问题。中央政府则负责解决土地规划中的纠纷和仲裁。例如,如果农地权利人希望进行农地开发,但是没有得到许可,可以上诉到中央政府,中央政府具有规划的否决权。在《规划和强制购买法》的要求下,英国土地规划计划被纳入地方发展框架(Local Development Frameworks),作为地方发展总体框架的组成部分。这一框架既包括长远愿景,又包括具体的专项行动指南,并且整个发展框架需要经过多个环节,听取各方意见。编制规划前举行听证咨询、农地规划结束后充分展示,听取公民和相关者意见,并举行公众测评。根据公众测评的意见和建议修改完善,最终整体方案通过后再实施。如果政府希望保护农地、限制农地非农化,则可以通过购买农地开发权,禁止农地再开发。

农地规划制度下,英国政府建立了农地分级定等体系(Agricultural Land Classification,简称ALC);将全国农地分为五个等级,其中第三级又分为3a和3b两个类别(见表5-3)。第一级是土壤质量最好的农地,几乎没有外在限制影响农业生产,可以种植农作物或园林作物,在冬天也可种植蔬菜。与一般农地相比,它的产量较高。第二级是土质上乘农地,农地的自然环境对粮食产量、种植和丰收几乎没有不良影响。但是在某些区域,冬天难以种植蔬菜,或者仅仅适于种植块根植物。该级土地产量与第一级土地有所差距。第三级是较为适宜种植作物或者蔬菜的土地。其中3a级土地可以种植谷物、油菜、土豆、甜菜等农作物并能获得丰收;3b级土地只能在全年中的某些季节种植谷物等粮食作物,产量也无法与第一、二级土地相提并论。第四级土地则为土壤质量较差的农地,只适合种植非常少的作物,降雨量较少,经常遇到干旱。第五级土地的状况更为严峻,仅适合做草场和放牧,或种植种类有限的饲料作物。①

表5-3 英国农地分类制度

类别		描述	梯度（等级）	洪灾危害（频率）	土层深度（厘米）	岩石状况（大于2厘米）②
1		土质最佳	7	极少	60	5%
2		土质上乘	7	少	45	10%
3	3a	较好	7	极少或少	30	15%
	3b	中等	11	有时或少	20	35%
4		较差	18	有时	15	50%
5		非常差	>18	经常	<15	>50%

资料来源：Natural England Technical Information Note TIN049.

根据2012年的测算,第一和第二等级土地大概占英国农地总面积的21%,3a级农地大概也可占到21%,较好的农地面积占到全部农地面积的42%以上。③ 农地分类的作用在于保护农地,特别是土质上乘农地不受侵害,严格限制农地的转用,同时为农地买卖双方和购买农地开发权提供参考依据。

2. 农地开发权购买制度

1942年的厄思沃特报告(Uthwatt Report)是英国政府以公共利

---

① Ministry of Agriculture, Fisheries and Food, Agriculture Land Classification of England and Wales, 1988-10, http://archive.defra.gov.uk/foodfarm/landmanage/land-use/documents/alc-guidelines-1988.pdf, 2014-10-28.
② 这一指标是指25厘米表层土中,硬石块数量的百分比。
③ Natural England Technical Information Note TIN049, Agricultural Land Classification: Protecting the Best and Most Versatile Agricultural Land, 2012.

益为前提对土地使用进行规划与规制的重要标志。厄思沃特报告全称为"补偿与土地增值专家委员会最终报告"(Final Report of Expert Committee on Compensation and Betterment)。这份报告提出:"土地未来可能会出现土地升值或者贬值的问题,特别是中心区域地价会不断上涨,因地价过高政府难以获得土地服务于公共利益。因此,国家应该即刻以合理的补偿取得土地的发展权。"[1]赞成厄思沃特报告的人认为,这一报告具有前瞻性,有效地解决了未来将会出现的国家与公众之间的矛盾,保障经济的和谐发展。但是,也有批评者认为,报告中的这一方法以国家规划的必要性和功能性为前提,忽略了对大众的生活和环境的考量。英国《城镇和乡村规划法》(Town and County Planning Act, 1947)明确:"未来所有的土地发展权都由国家占有。"

英国通过法律手段限制或者界定了土地开发权的归属,在一定程度上侵害了农地所有权人的未来权益。正如《农地规划法》中规定,农地与其他性质的财产一样,用途转变或开发都需要取得规划许可。农地开发规划许可指南中明确[2],凡是改变的农地用途和地上建筑物,以及在农地上新建建筑物,都需要取得开发许可。除非农地仍然保持农业用途、对农场上的建筑物进行细微调整和内部装饰,例如安装警报信号箱等,或是已批准发展权(permitted development)。如果农场面积大于5公顷,农场所有者自动拥有以下发展权:第一,有权建造、扩大或改变农场上的建筑物;第二,有权以农业为目的进行挖掘和兴建其他工程设施,但是进行过于庞大的工程设施仍然需要政府批准。具体来看,已批准发展权包括以下几种类型:暂时使用土地的权利、建造在一定范围内的农业生产相关建筑物的权利,以及在一些个别情况下允许建造房车驻地和相关建筑物的权利。

在农地开发权购买制度下,英国农地面积基本保持稳定,2008年到2013年农地面积略有下降,从17 703千公顷降到17 259千公

---

[1] Li Tian, *Property Rights, Land Values and Urban Development: Betterment and Compensation*, Cheltenham and Camberley: Edward Elgar Publishing, 2015, pp.54 - 55.
[2] Planning Permission for Farms, https://www.gov.uk/planning-permissions-for-farms/when-you-need-it, 2014 - 11 - 05.

顷。农地占英国国土面积的比例从73%下降到71%(见表5-4)。农业劳动力方面,2008年英国全国农业劳动力人数(包括农民及其配偶)为483千人,到2013年下降到464千人。另外,在全球老龄化的大背景下,英国同样遭遇农业劳动力老龄化的问题。2000年,约23%的农地所有者在45岁以下,仅四分之一的农地持有者在65岁及以上。但是到2010年,几乎三分之一的农地所有者都在65岁及以上,14%的持有者在45岁及以下,45岁到65岁之间的劳动者比例为53%。自2008年到2013年,农业带来的总收入持续上升,从2008年的4 195百万英镑上升到2013年的5 464百万英镑。

表5-4 2008—2019年英国农地基本情况

年份 项目	2008年	2011年	2014年	2017年	2019年
已用农地面积(千公顷[①])	17 703	17 172	17 190	17 476	17 532
农地占总面积比例	73%	70%	70%	72%	72%
农业劳动力(包括农民及其配偶,单位:千人)	483	476	481	477	476
农业总收入(单位:百万英镑)	4 195	5 272	4 704	5 731	5 280

资料来源:Agriculture in the United Kingdom,2008-2019.

农地经营规模方面,农地持有者大多持有20公顷以下的农地,但经营面积100公顷以上规模经营面积的占据绝对优势,约占到全国农地面积的84.21%。由这一数据可以看出,英国农地经营者之间土地占有不均衡,1.9%的农地所有者占据全国五分之四以上的土地。比较英国组成地区的数据,英格兰和苏格兰农地面积较为广阔,且100公顷以上农地规模经营面积占据主流。英国农地高度集中有着深厚的历史原因,一直为人诟病。凯文·加希尔(Kevin Cahill)指出,王室家庭拥有的土地相当于一个小的国家。[②] 根据2000年的数

[①] 1公顷相当于约15亩。
[②] Kevin Cahill, *Who Owns Britain and Ireland*, Edinburgh: Canongate Pub Ltd, 2002, pp.10-24.

字,全国 6 000 人拥有全国三分之二的土地。当然,这也与英国鼓励农业规模化、形成规模效益而采取的种种措施有关。例如,1967 年《英国农业法》就规定,政府对放弃小农场或者合并小农的经营者给予补偿,以促进农地向大型耕作规模转变。

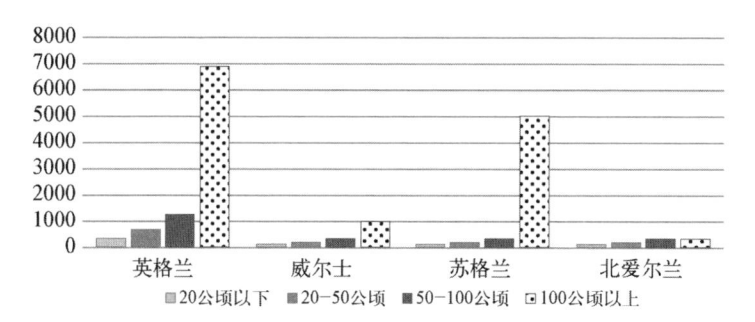

图 5-3　2019 年英国农地规模化经营情况(单位:公顷)

资料来源:Agriculture in the United Kingdom,2008-2019。

总体来看,英国农地权利束虽然分离,但是农地所有者的权利束结构仍然较为完整。除农地开发权外,权利所有者拥有绝大部分的农地权利。通过市场机制进行权利的转移与交易。即使政府介入农地流转市场,也采取倾向市场化的方式,通过购买农地发展权限制农地非农化,成为整个流转市场的维护者,担负主要的市场管理职能。

第四节　美国农地流转中的政府角色分析

一、农地权利束构成

根据美国 2014 年《农业法案》(Agricultural Act of 2014)界定,农地是指耕地、草地、牧场、非工业的私有林地和伐林地、沼泽,以及其他用于农业的土地。[①] 美国的农地所有制度主要分为公有制和私

---

① Agriculture Act of 2014,SEC. 1238D,2014.

有制两大类。与通常认知不同,美国有相当一部分土地是公有土地。公有土地是指由联邦政府和州政府掌握的土地。根据1976年美国《联邦土地政策和管理法案》(The Federal Land Policy and Management Act of 1976)阐释,"美国联邦政府所有土地的利用必须符合国家利益,按照该法中的规划程序进行规划"。1999年美国联邦政府拥有约6.5亿英亩土地,2010年降低2.79%,为6.3亿英亩[①],占美国国土总面积的31%左右。国有土地主要包括林区、国家公园、野生动物栖息地等,也包括少量农地。

地广人稀赋予美国农业规模经营以先天优势。根据美国农业统计年鉴1987年到2017年的数据(见图5-4),美国农场农地面积略有下降[②],从1987年的9.6亿多英亩[③]下降到2017年9亿英亩,下降比例达6.7%。农场数量保持稳定,从1987年2 087 759个小幅上涨到2017年的2 042 220个。农场经营规模以1—49英亩的农场规模占据主流,自1987年595 694个上升到2017年的856 326个,并且在1—49英亩的农场中,又以10—49英亩的农场为主,即农场的主要经

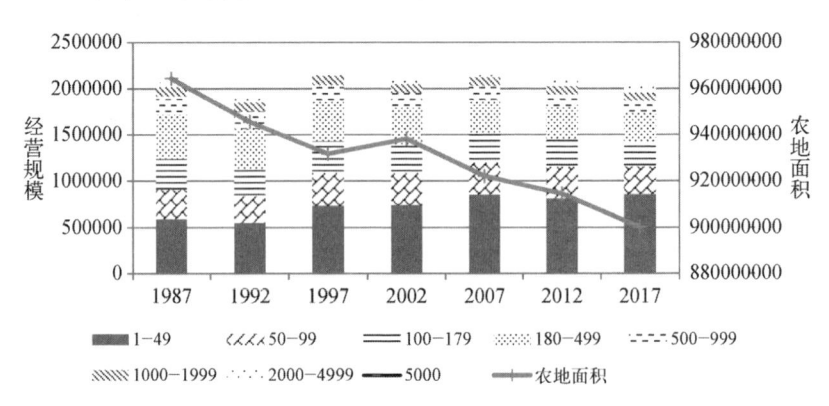

图5-4 1987—2017年美国农场面积及规模(单位:公顷)

资料来源:USDA, Census of Agriculture(1987-2017).

---

① Ross W. Gorte and etc, Federal Land Ownership: Overview and Data, 2010-08, http://fas.org/sgp/crs/misc/R42346.pdf, 2015-02-14.
② 农场中农地主要是指用来种植农作物、放牧的农业用地,也包括伐木场、抛荒地和没有进行耕种的牧场等。USDA, Census of Agriculture (1987-2012)。
③ 1英亩约合6.07亩。

营面积为 60—297 亩。根据 2017 年统计,这一类农场占全部农场数量的 41%左右。50—179 英亩和 180—499 英亩规模的农场分别占 27%及 15%左右。2 000 英亩以上的超大规模农场,占全部农场数量的 4.2%左右。受老龄化的影响,美国 65 岁以上农场经营者远远多于 34 岁以下的农场经营者。2017 年,前者的数量是 115 万多人,而后者的数量为 28 万多人。但是,得益于美国对农业新入者的政策扶持,年轻农场主的人数稳中有升,从 2002 年的 119 833 人增加到 2017 年 129 207 人。

美国宪法修正案第五条规定,不经正当法律程序,不得剥夺任何人的生命、自由和财产;修正案第十四条规定,无论各州,未经正当法律程序均不得剥夺任何人的生命、自由和财产。土地私有制下,农地属于农民合法财产,受到宪法保护。美国地产权体系大部分受继于英国并依照实际情况有选择性地接纳,具体分为自由保有产权和非自由保有权。自由保有产权根据保有期限又可分为终身产权、非限嗣产权和限嗣产权。非自由保有权可分为定期、续期、任期和逾期租赁产权。[①] 非限嗣自由保有产权是美国主要的产权所有形式,超过 99%的土地是以这种形式持有的。[②] 因此,美国非限嗣产权所有人拥有较为完整的占有、使用、处置和收益的农地权利束。

但是,与其他国家类似,美国农地权利所有者享有的权利不是绝对的,权利行使受到私人侵扰规则和遵守公共利益的限制。美国宪法修正案第五条规定,在程序正当和适当补偿的情况下,可以将私有财产充作公用。得益于资源禀赋的厚待,20 世纪初,美国几乎不存在政府介入土地利用的行为,少数的限制行为也仅存在于私人之间,公权力对私人财产权利的行使几乎没有限制。[③] 随着美国向城市化和工业化推近,拥堵、噪声、耕地减少等一系列问题要求管理私人土

---

① John G.Sprankling, *Understanding Property Law*, San Francisco: LexisNexis, 2007, pp.101-120.
② John G. Sprankling, *Understanding Property Law*, San Francisco: Lexis Nexis, 2007, p.101.
③ Robert C.Ellickson, "Alternatives to Zoning: Covenants, Nuisance Rules, and Fines as Land Use Controls", *Chicago University Law Review*, no.40(1970), p.681.

地利用问题。通过分区规划和购买发展权保护耕地,维持农业用途。

二、农地流转中的政府角色

近年来,美国农地交易价格(包括农地和农地上的建筑物)价格日渐上涨,并且由于自然条件、灌溉设施等原因,农地价格全国分布不均衡。[①] 美国平均农地价格从 2010 年 2 150 美元/英亩上涨到 3 160 美元/英亩,仅 2013—2014 年,上涨幅度就达到 8.1%。位于"玉米带地区"的伊利诺伊州、密苏里州等农地价格较高,2019 年平均农地价格为 6 100 美元/英亩。而位于山区的印第安纳州、科罗拉多州等 8 个州的农地平均价格仅为玉米带地区的五分之一左右,为 1 220 美元/英亩(见表 5 - 5)。

表 5 - 5　2010—2019 年美国分地区农地租金平均价格(单位:美元/英亩)

年份 地区	2010 年	2012 年	2014 年	2016 年	2018 年	2019 年
东北地区	4 690	4 790	4 930	5 270	5 550	5 690
大湖区	3 220	3 880	4 640	4 730	4 890	4 900
玉米带地区	3 830	5 190	6 370	6 100	6 110	6 100
北部平原	1 080	1 620	2 280	2 200	2 110	2 170
阿巴拉契亚山脉	3 480	3 530	3 690	3 880	4 030	4 080
东南地区	3 630	3 530	3 630	3 830	4 050	4 090
三角洲	2 210	2 440	2 640	2 830	3 000	3 100
南部平原	1 520	1 620	1 790	1 810	2 000	2 070
山区	903	953	1 070	1 140	1 200	1 220
太平洋地区	4 070	4 270	4 520	4 960	5 610	5 900
全国	2 150	2 520	2 950	2 990	3 100	3 160

资料来源:USDA, Land Values 2019 Summary.

---

① USDA, Land Values 2014 Summary, 2014.

一般认为,美国实行大规模的农场经营,机械化程度较高,农业生产成本降低,农民收入应当较高。但是据测算,美国农业产值占国内生产总值的比重和农场经营净收入逐年下降,大部分农场经营者难以与美国家庭名义收入持平。张锦洪和蒲实调查美国 1947 年到 2007 年的数据发现,如果将农业产值去除物价上涨等因素,美国国内生产总值中农业产值明显下降,从 1950 年的 8.9% 下降到 2007 年的 1% 左右。美国农场实际经营剩余值每年降低约 1.268%。并且,如果以农场经营维持生计,想要达到美国家庭每年平均收入水平,需要至少经营 1 000 英亩的农场。① 但如上文所述,美国农场还是以 50 英亩左右的小型农场为主。为维持农场经营,政府农业补贴逐年上涨。1980 年,政府补贴占到农业净收入的 28%,而 2002 年上涨到 31%。农业收入越来越依靠政府的支持。② 除作为农业经营补贴者外,美国政府还通过规划和购买农地发展权鼓励农地保持农业用途。

(一)作为规划者的政府

分区规划,是美国政府治理土地的主要方式。这一词汇最先出现在纽约,运用在城市区域,后扩展到全国。美国商务部 1992 年颁布的《标准州分区规划授权法》(Standard State Zoning Enabling Act)催化了分区规划的进程。在这一法案中,州以下地方政府第一次有权制定本辖区内的综合分区规划条例,将土地利用计划分为农业、工业、商业和住宅四类,也可按照自身需求增加分区。在不同的分区内,土地利用目的、建筑物建造高度、容积率等都有严格的限制。

美国早期分区规划原则是尤科里德式的,在尤科里德村诉漫步者地产案中③,最高法院认为尤科里德条例并不违反宪法规定,没有违反正当程序和平等保护的宪法原则。之后,在城市区域划分不同功能分区的做法风靡全美,被大多数地方政府所应用。但是,商业区

---

① 根据 2002 年的数字测算,参考张锦洪、蒲实:《农业规模经营和农民收入:来自美国农场的经验和启示》,《农村经济》2009 年第 3 期,第 127—129 页。
② 洪民荣:《美国农场家庭收入:经验、问题与政策》,《中国农村经济》2005 年第 8 期,第 73—79 页。
③ Village of Euclid v. Ambler Realty Co., 272 U.S. 365, 379-384(1926).

与农业区的土地价值有天壤之别,地方政府所拥有的分区规划权力也可能导致违背公共利益、中饱私囊。而宪法是限制分区规划权力的最终力量。宪法规定,分区规划必须符合平等保护条款、正当程序条款和言论自由条款。一般情况下,除非涉及基本权利如言论自由或宗教自由,法院通常支持与公共健康、安全相关的合理规划。尤科里德式规划实行多年,众多学者批评其过于僵硬,已经不适合社会发展的进程,滋生各种纠纷和问题。自20世纪80年代开始,美国的规划法就处于根本性变化过程之中。[1]例如,通过分区规划修改、变更和特别例外等方式处理分区规划中的不当之处,支持将分区整体规划碎片化,可针对单个地块进行规划。

美国的农地规划制度属于整个分区规划制度中的重要组成部分。美国90%以上农场属于个人和家庭所有,农场所有者拥有农地的大部分属于非限嗣产权,可以在农地交易市场上自由买卖、租赁农场,几乎没有对农地流转的限制。但是政府通过农业分区规划制度保护农业用地。这项制度主要分为两部分:一是分化农业用途土地,保护农田;二是在农业分区中再进行登记划分,保护"最好的农田"。在以上分区保护下,农地所有权或使用权转移,除非申请分区变更,否则必须按照原有农业分区用途进行。这一分区方式将农业生产与工业活动和城市扩张分割开来。在农业区划范围内,只允许进行农业生产以及与其相关的活动,严格限制农业配套设施建设。为防止城市规模扩大侵占农地,很多州政府采取划定城市扩张线和长期分区发展的措施。例如俄勒冈州划定城市增长的界线,城市扩张不得越线、侵占农地;马里兰州则按照将不同区域分成优先发展、限制发展等几个等级,然后按规划的先后次序进行开发。

根据美国农业部规定,农业规划区内农地可分为最优农地(prime land)、独特农地(unique farmland),以及在州或地方区域内较为重要的农地。最优农地是指担负国家短期和长期粮食及膳食纤

---

[1] Carol M. Rose, "New Models for Local Land Use Decisions", *Northwestern University Law Review*, vol.79, no.5&6(1985), pp.1155-1171.

维供应的农地。这类农地通过沉积或灌溉系统，水供应良好，在作物生长季节有适宜的温度、合适的酸碱度，不经常发生洪灾，土壤质量良好，斜度在0—6%左右。总之，这类土地十分适合粮食作物、饲料作物、纤维作物和油料作物的生产。独特农地是指除最优农地之外，特别适合生长某些高价值的粮食作物、纤维作物，例如柑橘、坚果、橄榄、蔓越莓等。它的土壤质量、适度、温度、水分饱和度、排水灌溉设施等较适宜专门的蔬菜和水果生长。这类土地更重视小环境的影响，比如加利福尼亚州适合生产红酒。如果土地没有达到最优农地和独特农地的条件，也可根据各州法律评出对州或郡具有重要作用的农地。

例如，加利福尼亚州的洛杉矶郡在《洛杉矶郡规划条例》(Los Angeles County Zoning Ordinance)中，就将农业区划分为轻农业区、重农业养殖区和重农业区，对不同农业区划的使用范畴、区域面积、高度限制等进行了详细的规定(见表5-6)。[①] 轻农业区是只进行农业生产的区域，例如种植农作物和饲养牛羊等牲畜。轻农业区耕种或饲养土地面积最低达到1—5英亩，且不得建造其他与农业生产相关的工业设施。居住建筑面积最多不超过5 000平方英尺/栋，高度不超过35英尺。为不侵害其他人的合法权益，养殖设施必须远离街道、人类居住区；农产品和畜牧产品交易场所必须由木材制成，且不得超过法定面积。重农业区则可以建造与农业生产和畜牧业养殖相关的设施场所，例如兽医院等。在重农业养殖区还可建造化肥厂等农业配套设施。

表5-6　加利福尼亚州洛杉矶郡农地规划类别

	A-1轻农业区	A-2-H重农业养殖区	A-2重农业区
用途	家庭独立住宅；可种植作物、建造温室和饲养动物等	家庭独立住宅；可以建造猪圈、化肥厂等	家庭独立住宅；可开设兽医院，建造狗窝、牲畜饲养场、牲畜粪便处理设施等

---

① Department of Regional Planning, Los Angeles County. Zoning Ordinance Summary-Agricultural Zones, http://planning.lacounty.gov/luz/summary/category/agricultural_zones/, 2015-02-19.

续表

	A-1 轻农业区	A-2-H 重农业养殖区	A-2 重农业区
面积	建筑面积最多为 5 000 平方英尺①/栋;农业耕种总面积为 1—5 英亩	建筑面积最多为 5 英亩/栋	建筑物面积最多为 10 000 平方英尺/栋;区域总面积最小为 1—10 英亩
高度	住宅高度最高为 35 英尺②	同 A-2	住宅高度最高为 35 英尺
车位	无	同 A-2	最少两个车位
庭院	与养殖有关的设施必须离街道、高速路和住宅 50 英尺;展示和销售农产品或其他产品设施必须木制,且不得超过 300 平方英尺,离街道最少 20 英尺	同 A-2	展示和销售农产品或其他产品设施必须木制,且不得超过 300 平方英尺,离街道最少 20 英尺

资料来源: Department of Regional Planning, Los Angeles County. Zoning Ordinance Summary - Agricultural Zones.

(二) 作为权利购买者的政府

农业分区规划是一种较为直接和"暴力"的管制措施,政府凭借规划权强制限制农地所有者处置农地、转变土地用途、获取更高收益的权利。农地所有者即使买卖、流转土地,也无法改变土地的农业用途,只能得到与其价值相匹配的收入。除强硬的分区措施外,美国政府还通过类似市场交易行为的权利购买与保护项目,购买农地发展权、保护地役权,控制土地用途转变、保护耕地。这类政策主要包括购买保护地役权项目又称为购买发展权项目,和土地发展权转让项目。

1. 购买保护地役权项目

保护地役权是指土地所有者与合格的保护机构、公共团体之间就土地的开发权达成志愿协议,保证土地一直用于农业或林业,禁止

---

① 1 平方英尺=0.092 903 平方米。
② 1 英尺=0.304 8 米。

在农地上进行商业开发和住宅建造活动。通常情况下,这类协议是长期的,根据实际情况不同,也可约定期限。① 购买保护地役权项目的基础是产权的权利束结构。所有者拥有土地的利用、买卖、遗赠、抵押、合法建造建筑物和获取地下资源等权利。权利束中部分权利可以转移、出卖或捐赠给他人。购买保护地役权或购买发展权项目就是将土地发展权从整个权利束中抽取出来,转移给政府或其他公共团体,以达到保护农地的目的。出让发展权后,土地所有者仍然拥有占有、买卖、转让等农地财产权利束的其他权利。

1974年纽约州的萨福克郡最早实行保护地役权项目。之后康涅狄格州、新泽西州、罗德岛州、宾夕法尼亚州等也相继实行。截止到2014年1月,已经有27个州实行了购买保护地役权项目,2014年一年获得13 981个地役权,保护了2 454 702英亩的农地和畜牧业土地。1996年,建立"联邦农业和畜牧业土地保护项目"(FRPP),为地方政府购买地役权提供资金援助。② 州政府是该项目的最主要出资人,联邦政府适当资助州政府、地方政府和公共团体,比如农地基金会购买农地发展权。自1979年建立保护地役权项目后,各州政府已投资25亿美元保护农地和畜牧业土地不受侵害。在已开展保护地役权项目的各州中,新泽西州保护土地面积最多,达到613 684公顷,累计投入10亿多美元。宾夕法尼亚州获取最多发展权,为4 532件,累计投入约8.8亿美元。③ 联邦政府购买土地发展权的投入也日益增多。2008年农地法案允许给予7.43亿美元帮助购买土地发展权。④

保护地役权项目购买农地发展权限制农地非农化,弥补土地农业用途与商业用途或工业用途之间的差价,激励土地所有者继续农业生产。这种单独分离土地发展权进行交易的方式,首先有利于永久保护农地,因为大部分发展权购买协议是长期的,并且不触动土地

---

①②③ USDA, 2014 Farm Bill Agricultural Conservation Easement Program, http://www.nrcs.usda.gov/wps/portal/nrcs/detail/national/programs/farmbill/?cid=stelprdb1242695, 2015-02-17.
④ Farmland Bill of 2008, Sec 2101 and 2702.

所有者的所有权。其次,购买行动既可以由州政府、地方政府或公共团体(例如美国农地信托)执行,也可以由私人组织执行,交易双方完全出于自愿。对农地所有者来说,由于出售土地发展权降低了农地市场价值,可帮助农业新入者进入农业,减少财产税。同时,购买农地发展权项目可以为农地所有经营者提供流动资金、增强农业耕作的活力。农地所有者可以利用出售发展权的款项降低负债金额、扩大农业生产、保障退休后的生活。最后,购买农地发展权能够增加现有的和未来的生态与农业资源。

购买农地发展权项目也存在一些问题。第一,购买价格昂贵,需要各级政府大力支持。购买农地发展权往往是逐步购买,政策目标实现的期限过长。第二,由于购买和出售农地发展权是自愿的,很多重要的农地没能受到保护。并且,各个州开展农地购买项目的进度和程度不均衡。2014年,有50个州在高速公路上投资,但是只有27个开展了农地保护项目。第三,农地所有者对永久购买地役权及相关协议要件有所顾虑,有时会产生误解。

2. 土地发展权转让项目

土地发展权转让与土地发展权购买项目类似,都以农地权利束中的发展权为对象,进行转让和交易。但是发展权的转入方主要是房地产开发商,购买发送区的农地发展权将其转让运用到接受区中的建筑,帮助增加接受区建筑的密度与高度。发送区的开发权一旦被买走,土地只可保持原有用途,大部分用于农用,不得随便变更。发展权转让的制度设计思路与中国城乡"增减平衡"政策异曲同工,都是将农地保护区的建设指标输送到城镇建设区,利用交易获得收入对发送区的农户进行补偿,以达到保护农田的目的。

土地发展权转让项目是完全的市场交易行为,政府公共部门或其他公共团体并不参与其中。与购买保护地役权不同,这一项目可以有效减轻政府的财政压力,通过商业行为实现农田保护的政策目标。另外,发展权转让使土地所有者受益,在不改变土地用途的前提下,享受城市化和工业化带来的土地升值收入,满足了土地所有者的经济需求,有助于长期保护农地维持农用。[1] 在整个土地发展权项目中,政府的功能是划分发送区和接受区,并不用实际介入到项目中,完全由发送区农场经营者与接受区建筑开发者进行合意,最终达成交易行为。由于能够增加接受区的容积率和建筑高度等指标,发展权的转入方大部分是房地产开发商,也乐于购买发送区的建筑指标。但是接受区的居民可能会受到影响,因为他们需要忍受更多的居民和嘈杂的环境。

总的来看,美国政府虽然对农地当前权利转移交易没有限制,但是通过分区规划法,购买保护地役权项目、土地发展权转让项目限制土地的未来权利,即开发权,以保持维护农地不受城市扩张的影响。并且,从发展趋势看,美国政府农地用途管制政策逐渐由单一、暴力的行政强制手段向市场经济手段靠拢,补偿由于法规政策无法依照自己意愿开发土地的土地所有者、纯粹出于自愿参加的发展权购买和转让项目,降低了纠纷和争议的成本。[2] 这一工具或措施对中国保护耕地政策的制定具有极大的借鉴作用。

---

[1] Thomas L. Daniels, "The Purchase of Development Rights: Preserving Agricultural Land and Open Space", *Journal of the American Planning Association*, vol.57, no.4 (1991), pp.421-431.
[2] Levinson, Arik, "Why Oppose TDRs: Transferable Development Rights Can Increase Overall Development", *Regional Science and Urban Economics*, vol.27, no.3(1997), pp.283-296.

第六章 立法与政策建议

农地权利束由多项权利组合而成。鉴于农地的权利束框架,政府在农地权利转移过程中的角色绝不是单一的,而是多元集合体。通过上文历史的、规范的、实证的研究和比较研究发现,当前中国农地流转中政府的实际角色与法定角色仍有较大差距,相关立法、政策和流转机构设置仍不完善,需要改进。本章将按照"立法先行、政策配套和机构推进"的设计思路,考虑各地区经济与自然条件的差异性,提出完善和创新农地流转制度、调适流转中政府职能和行为的立法与政策建议。

第一节 立法先行:作为规则制定者的政府

法律是维护社会秩序的重要途径。广义政府在农地流转中最重要的角色就是提供农地流转制度的规范,明确农地权利束的构成及权利束转移的规则,即成为农地流转制度的供给者和规制者。当前,中国关于农地流转和政府角色的相关法律主要有《中华人民共和国宪法》和《中华人民共和国民法典》《中华人民共和国土地管理法》《中华人民共和国农村土地承包法》《中华人民共和国担保法》。随着经济社会的发展和土地制度改革的深入,现行法律中的个别条款已经不能满足"推进农地流转、鼓励适度规模经营"的要求,阻碍了农业生产现代化和规模化,需要作为制度设计者的政府根据宪法至上、效益最大化和公平负担原则重新修订现有规则,以符合当前农村发展的需要,符合土地承包经营权的流转特征,完善流转制度。

一、规则制定与完善的基本原则

党的十九大报告指出,坚持全面依法治国,完善以宪法为核心的中国特色社会主义法律体系。政府在制定规则时,应以宪法作为基础,强调宪法至上,法律需求与社会需要相结合,实现效益最大化,权利与义务相统一,保障权利主体间负担公平。

(一) 宪法至上原则

宪法至上,即强调宪法的母法作用,要求其他法律、行政法规、地方性法规、部门规章等都需要符合宪法的要求。正如施密特的财产权利观点,财产权作为一种后天形成的制度性保障,特别通过宪法规定,提供"宪法保障"。[1]

《中华人民共和国宪法》规定,制定农地流转相关法律时应符合几个基本原则:一是,坚持农村土地的集体所有性质。《中华人民共和国宪法》第十条规定,城市的土地属于国家所有。农村和城市郊区的土地,除由法律规定属于国家所有以外,属于集体所有;宅基地和自留地、自留山,也属于集体所有。由此,确立了两种土地所有制度,第一,国家土地所有制,第二,集体土地所有制。农地流转过程中,应坚持农地集体所有制度不动摇。二是,坚持家庭联产承包责任制的基础地位。《中华人民共和国宪法》第八条明确,农村集体经济组织应当实行以家庭承包经营为基础、统分结合的双层经营体制。三是,根据《中华人民共和国宪法》第十三条和第三十三条的规定,制定农地流转相关法律规范时,应当加强对土地产权的保护,保障流转双方都享有宪法和法律规定的权利。四是,进行政策制度设计时,根据《中华人民共和国宪法》第五条,应符合依法治国的原则。政府作为农地流转规则制定者,保证立法先行和政策配套,供给科学合理的流转交易制度。五是,农地作为最重要的生产资料之一,与公众生活息

---

[1] 卡尔·施密特著,刘锋译:《宪法学说》,上海人民出版社,2005年,第239—240页。

息相关。农地立法时,应注重农地经营的综合效益,符合《中华人民共和国宪法》第二十六条规定,保护生态环境,与人口增长和社会发展相适应。

(二) 效益最大化原则

法律的效益最大化,是指通过立法有效进行资源配置,在保障农户承包经营权利的基础上促进农业生产与规模经营。实现法律效益最大化,不仅需要考量经济效益,更需要考虑立法后的政治、社会效益。特别是,只有法律与社会经济发展环境、历史文化传统、政治体制相统一时,才能获得更大的经济、社会效益。但是,以"增人不增地、减人不减地"为代表的农地流转相关法律规定,却与实际情况不符,成为农地流转的阻碍因素,难以达到效益最大化。

20世纪80年代中后期,湄潭试验中出现的"增人不增地,减人不减地"做法以法律形式稳固下来。《中华人民共和国农村土地承包法》第二十七条第一款规定:"承包期内,发包方不得调整承包地。"但随后又规定:"因自然灾害严重毁损承包地等特殊情形对个别农户之间承包的耕地和草地需要适当调整的,必须经本集体经济组织成员的村民会议三分之二以上成员或者三分之二以上村民代表的同意,并报乡(镇)人民政府和县级人民政府农业等行政主管部门批准。"《中华人民共和国民法典》第二百六十一条中也规定,个别土地承包经营权人之间承包地的调整,需要经本集体成员决定。在《农村土地承包法修正案(草案)》(二次审议稿)中,将第二十七条改为第二十八条,规定承包期内,除因特殊情形矛盾突出,需要对个别农户之间承包的耕地和草地适当调整的,必须坚持土地承包关系稳定、不得打乱重分的原则,严格控制农地调整。因与实际情况不符,这项法律修改建议最终并未通过审议。

在X县实地调查发现,虽然法律规定不允许调整承包地,但访问的所有农户均表示,村里都是"三年一小调,五年一大调"。村里新生儿、外嫁女或人口减少等需要根据集体成员的变动分配土地,村民认为这样才能体现公平。如果严格按照"增人不增地,减人不减地"的刚性法律规范进行,在一定程度上可以保障农民对土地承包经营权的权益和长时间对农地的持续投入,却绝对阻碍了新增集体成员农地权利的实现。现实中调整土地与承包经营权流转的矛盾要比简单法律规定复杂得多。在土地承包政策刚起步时,不允许调整承包土地,有利于维护承包关系稳定。但是在农村劳动力外出和农地承包经营权流转的新环境下,这种制度是否还要继续坚持? X 县 JZ 镇几个村庄在农地流转过程中,就创造性地将集体成员权转换为获得租金的评判依据,根据成员权按人发放租金,维护了农地成员的合法权利。

解决这一问题,有两种不同的途径。一是严格执行"增人不增地,减人不减地"政策,将农村土地承包经营权证作为权利证明文件,依循"谁有权,谁受益"的原则,分配农地流转收益;二是,改变"增人不增地,减人不减地"政策,允许农户调地。制度规范需要有一定的稳定性,不可朝令夕改。且"增人不增地,减人不减地"确实有助于保障农户的土地财产权利,促使农户加大对农地的投入,也更会视长久不变的农地为自己的私有财产,进行合理利用和保护。因此,法律规范应在现行制度的框架下进行可能的政策调适。根据不同地区的发展水平和环境,赋予各地调整土地的自由裁量权,而不应简单地进行"一刀切"。大中城市周边地区,务工就业岗位多,农户容易在城市就业,则可以根据实际情况,控制调整土地,以促进新增农村人口到城市就业和城镇化的发展。正如《中华人民共和国农村土地承包法》第二十七条修订所规定,保护进城务工农民的土地承包经营权。是否保留土地承包经营权,由农民自主决定。"老少边穷"地区,距离城市较远,非农就业机会较少,土地是农民主要的生活来源,则可适当进行农地调整,以满足新增成员的生活需求。

(三) 公平负担原则

公平负担原则,是指在任何情况下,都应该以平等为基础设定义务。农地承包经营权流转过程中,公平负担主要表现为两个方面:一是,流转当事人之间应负有平等的权利和义务;二是,农地现有权益与未来权益的统一,补偿因农地保护等原因农户权利所有人损失的未来权益。

当前,关于农地流转当事人的权利义务在《中华人民共和国农村土地承包法》《中华人民共和国土地管理法》和《承包经营权流转管理办法》中并不明确,仅规定:"农地流转必须符合依法、自愿、有偿的原则。并且农地流转不可以改变承包土地的农业用途的,流转期限不得超过承包期、不得损害利害关系人和农村集体经济组织的合法权益等。"根据宋亚平的研究报告,虽然法律规范和流转合同中已经明确规定了农地流转的程序、方式、期限等,但是有些农民依然我行我素。当从城市退回农村,或不满意当前租金标准时,其依然可能会采用一些极端的方式,索要原有承包土地,或者通过封堵道路方式,强制要求提高租金。有些地方政府会从"稳定高于一切"出发,抱着"睁一只眼闭一只眼"的态度,含糊了事。① 土地流转,长期在农户之间的私下进行;公开的市场流转行为中,农户间相对陌生,更难提农户契约意识和契约精神的培养。

因此,有必要制定专门的农地流转法规,明确流转当事人的权利与义务,以及流转程序等具体事项,以建立健全土地承包经营权流转制度及其相应的配套制度,维持农地流转市场正常运行。例如流转当事双方有遵循流转合同的义务、出让方不得随意收回土地、受让方按时交付农地租金的义务等。在充分调研和总结现有经验基础上,坚持法律保留、法律优先、合理行政、程序正当、诚实守信的基本原则,制定颁布"农村土地承包经营权流转条例"。丁关良提出,"农村土地承包经营权流转条例"建议稿,当按照流转关系法律性质分为物权性、债权性、股权性和行政性的农地承包经营权流转规范,并提出各类流转当事人的权利与义务,农地流转争议和纠纷解决的措施,以及需要承担的法律责任。在农地流转实际执行中,地方政府及村民自治组织,有必要向农户宣传和声明农地流转转让方的权利与义务。

---

① 宋亚平:《"祸兮福之所倚,福兮祸之所伏"——政府主导下的农村土地流转调查》,《研究报告》,第 55—57 页。

出现流转争议和纠纷时,不可以只追求暂时的维稳,忽视法律的权威性。党的十八届四中全会决定提出,依法治国、依法行政共同推进;党的十九届五中全会公报中明确,2035年基本建成法治国家、法治政府、法治社会。这就需要捍卫法律的尊严,在流转过程中,坚持农村土地集体所有制,严格执行农地流转程序,尊重保障流转双方权利。

《中华人民共和国农村土地承包法》等法律规定,土地承包经营权流转不得改变土地所有权的性质和土地的农业用途,并且受让方必须有经营农业的能力和资质。这实际上限制了农地未来的发展权利和农地承包经营权所有者通过农地用途转换获得更高收益的权利。《中华人民共和国宪法》第十三条规定,国家为了公共利益需要,可以依照法律规定对公民的私有财产实行征收或者征用并给予补偿。农村土地关系到粮食安全和社会稳定,具有较强的外部性。政府可以依照公共利益对财产权所有人行使权利进行限制,但必须程序正当。随着城市化进程不断加速,建设用地和农用地的价值差距已非常明显。法律虽然规定农地流转后不可转变农用用途,但是在利益驱动下仍然有大量土地被违法转用。英美等国家购买土地未来权益的方式可供中国借鉴。政府或公共团体通过购买或转移土地未来开发权,给予权利所有者一定的补偿。农地经营者同时可以获得经营农地的辅助资金。在强制约束力下,辅以正向激励,保障农地农用。

二、相关法律修正建议

近些年,随着城镇化和现代化的推进,中央政府多次下发文件,规范、推进农地流转。2015年5月,习近平总书记在讲话中曾强调,土地流转和多种形式规模经营是农村改革的基本方向。2018年《中华人民共和国农村土地承包法》修正,2019年《中华人民共和国土地管理法》修正,2020年《中华人民共和国民法典》颁布,农地集体所有权、农户承包权和土地经营权正式以法律形式确定下来。《中华人民共和国民法典》第三分编第十一章专章规定,土地承包经营权属用益物权,土地承包经营权人依照法律规定,有权将承包经营权互换、转让。土地经营权人有权在合同约定的期限内占有农村土地,申请土地经营权登记,自主开展农业生产经营并取得收益。

根据权利束理论和政府角色的归类,作为农村土地承包经营权流转的规则制定者,在上述三项原则的指导下,可对《中华人民共和国宪法》和《中华人民共和国土地管理法》《中华人民共和国农村土地承包法》等相关法律进行增修,以进一步完善土地产权结构和流转程序,构建公平有效的农地流转体系。值得注意的一点是,虽然上文提出农村土地承包经营权流转应当坚持"宪法至上"原则,但这并不代表《中华人民共和国宪法》不可改变。自1982年现行《中华人民共和国宪法》制定以来,已经经过1988年、1993年、1999年、2004年和2018年等多次修正,共计修正31个条文。这足以看出,《中华人民共和国宪法》是一个较为开放的架构,应当根据当前经济社会发展阶段,与时俱进。《中华人民共和国宪法》作为根本大法,其他法律也应与《中华人民共和国宪法》的变动修正保持一致。

第一,明确集体土地所有权范畴。《中华人民共和国宪法》第九条强调自然资源的国家所有权。但是,根据《中华人民共和国土地管理法》第四条土地用途管制制度的描述,农用地也包括草地、林地等自然资源。按照《中华人民共和国宪法》第十条规定,农村和城市郊区的土地属于集体所有。因此,大量位于农村地区的森林、草原、山岭等也属于集体所有,集体享有所有权。《中华人民共和国宪法》第九条不应单方面强调国家所有权,同时也应尊重集体所有权。故可在第九条的基础上,强调森林、山岭、草原等自然资源由法律规定属于国家所有或者集体所有。另外,中国的城镇化进程依照"城市包围乡村"的方式进行。城市的扩张导致原有城市、农村、城市郊区的空间界线并不明晰。依照《中华人民共和国宪法》第十条,在空间上对城市和乡村的简单划分容易出现混淆。尤其是,早期未通过征地转变为国有建设用地的集体土地,在城市中仍然存在,且部分集体建设用地及土地上的附着物已经处于城市的核心区域。除此之外,城市扩张中的"城中村"土地,如未征收也属于集体所有。所以,《中华人民共和国宪法》第十条依城市、农村空间分布划界需表述更加准确，可修订为，城市的土地，除由法律规定属于集体所有的以外，属于国家所有。

第二，赋予两种土地所有制，即国家所有制和集体所有制平等地位。《中华人民共和国宪法》第十条表述，国家土地所有制和集体土地所有制分属不同所有制形式，没有地位高低差别。但是，在低阶立法中对集体土地的限制远远多于对国有土地的限制，主要表现为土地权利束中使用权和抵押权方面。根据《中华人民共和国城镇国有土地使用权出让和转让暂行条例》（以下简称《国有使用权出转让条例》）第十九条和《中华人民共和国民法典》第三百五十三条规定，建设用地使用权人有权将建设用地使用权转让、互换、出资、赠予或者抵押，但是法律另有规定的除外。除未按土地使用权出让合同规定的期限和条件投资开发、利用土地的不得转让土地使用权外，几乎没有对土地使用权所有权人转让土地进行限制。但是《中华人民共和国农村土地承包法》第三十四条、第三十八条规定，需要经过发包方同意，承包方才可以转让土地承包经营权；土地经营权流转受让方必须有农业经营能力或资质，并且在同等条件下，本集体经济组织成员享有优先权。但是国有土地相关转让条例中，却没有设定受让的条件与范围。这实际上限制了承包经营权所有者的支配权利，减少了获得更高农地流转租金的机会。因为"物权是物权人依自己的意思，无须他人意思或行为介入，对标的物即得为管领处分，实现其权利内容之特性"[①]。

抵押权方面，《中华人民共和国民法典》第三百五十三条和《国有使用权出转让条例》第五章规定，土地使用权可以抵押，并且其上的建筑物、其他附着物也可随之抵押。虽然2019年、2020年《中华人民共和国土地管理法》《中华人民共和国农村土地承包法》相继修正后，受让方可以抵押土地经营权，但仍然受到限制。根据《中华人民共和国农村土地承包法》第四十七条的规定，通过流转取得的土地经营权

---

① 梁慧星主编：《中国物权法研究》，法律出版社，1998年，第22页。

必须先经过承包方书面同意并向发包方备案,才可以向金融机构融资担保,并且土地经营权的担保物权设立仅限于向金融机构而非全部具有融资功能的组织。但是,同法第五十三条规定,通过招标、拍卖、公开协商等方式承包农村土地,经依法登记取得权属证书的,可以直接采用抵押方式流转土地经营权,并未对土地经营权抵押设立过多限制条件。

为尊重和保护集体所有权,赋予国家土地所有权与集体土地所有权平等地位,《中华人民共和国宪法》第十条除分述土地集体所有制和土地国家所有制外,可考虑加入"国家平等保护土地所有权"的内容,同时强调"土地使用权可以依法转让"。与《中华人民共和国宪法》统一,适当修改《中华人民共和国农村土地承包法》的相关条款,减少对集体土地使用权转让的限制,赋予集体承包经营权独立的用益物权的完全支配权和绝对支配权等权能。有专家称,之所以没有完全放开农地承包经营权转让,是为了防止农户承包方因一时不理性,转让承包地,丧失生活保障。① 这种考量完全脱离了土地承包经营权流转的环境基础。根据《关于引导农村土地经营权有序流转发展农业适度规模经营的意见》,正是由于农村劳动力大量转移,农民收入来源多元化,才推进农地流转,实现规模经营。随着经济发展和城市化进程的加快,大量农民进入城市务工,非农收入占其总收入的比重日益升高,农地的社会保障功能逐渐下降。

并且,可考虑完全放开农村土地承包经营权抵押。经营权抵押是农地金融化的重要途径,解决新型农业经营主体在规模化经营中高额的流动资金需求。从国际经验来看,美国、韩国、日本均允许以农地作为抵押进行贷款,只是在抵押物的融资担保和价值评估上有所区别。例如,美国允许卖方融资,不经过银行办理抵押手续。买卖双方自行协商后确定价格、付款周期和利息,再由农地购买者直接分期付款给土地出卖者,还避免了产生经银行和第三方融资机构的中介费用。除农地抵押外,通过具体法律规定,解决农地抵押中不良贷

---

① 何宝玉:《土地承包将享有物权保护》,《经济观察报》2002年9月9日第A4版。

款的处理问题。例如,韩国《农地法》第十三条规定,不良贷款中的农地抵押品可以通过拍卖处理。如果在前两轮拍卖中,抵押农地流拍,为了实现农地抵押权,地方农协组织、韩国农渔村公社、韩国《银行法》中规定的相关银行和韩国资产管理公社等机构可以继续参加拍卖,取得农地的所有权。

可修改《中华人民共和国农村土地管理法》中关于抵押权的相关限制条文,真正发挥经营权的融资功能。修改关于经营权人合法抵押必须经过承包方同意的条文,修改发包方备案的条件,扩大抵押主体,除金融机构外,还可以向合作社、行业协会等主体申请抵押融资。明确农地经营权抵押价值专业资产评估程序,将合理地租水平作为参考,提高融资金额的合理性。

第三,保护承包户土地处置权,鼓励发展适度规模经营。农村土地承包经营权流转,是农村土地制度改革的主要方向,有利于推进农业现代化进程,也是发展现代农业的必经之路,在全面深化农村改革中具有举足轻重的地位。现行农地权利束体系,所有权属于农村集体所有,使用权、处置权和收益权属于承包农户所有。除所有权外,其余三种权利经组合配置又衍生出承包权和经营权,总体呈各权利支分置状态。农村土地承包经营权作为承包农户最重要的财产权利,理应受到保护与尊重。《中华人民共和国宪法》第十条明确农村土地所有权属于集体的同时,也应强调家庭承包者享有农地的使用权,并且使用权可以依照规定转让,由农地承包者自行决定使用权的处置。据此,《中华人民共和国土地管理法》第二条,也可加入"国家尊重和保障农民对集体土地的使用、收益和流转的权利"。

自 2013 年中央一号文件明确提出鼓励和支持承包土地向专业大户、家庭农场流转以来,中央和农业部下发多个文件,推进农地流转。根据《关于引导农村土地经营权有序流转发展农业适度规模经营的意见》《关于引导农村产权流转交易市场健康发展的意见》,坚持农村土地集体所有权、稳定农户承包权、放活经营权,引导多种经营方式共同发展。纵观日本、韩国、英国、美国等国家,农业也朝着现代化、规模化迈进,农业集约经营已经成为农业发展不可逆转的方向。

作为国家的根本大法,《中华人民共和国宪法》是制定各类规则的基础,可考虑在《中华人民共和国宪法》中加入农地流转与规模经营的内容,以构建新型农业经营体系,提升整个农业产业发展。建议修正《中华人民共和国宪法》第八条,加入"国家鼓励和支持发展以专业大户、家庭农场和农民专业合作社为主要形式的适度规模经营",将鼓励农业适度规模经营,以法律的形式确认下来。

第二节 政策配套:作为市场协调者的政府

一、转变政府介入方式

政府介入农地流转,按照介入方式可以分为直接介入与间接介入。直接介入是指,政府作为流转双方中的一方,直接参与流转;间接介入是指,政府只作为制度供给者、流转服务者等角色管理和服务流转。从第三章和第四章对流转过程中政府法定角色与实际角色的比较分析来看,当前政府法定角色与实际角色不符。法定角色要求政府间接介入农地流转,主要行使合同管理、土地登记、流转服务等职责;但是地方政府基于整体利益和官员个体利益的计算,直接介入农地流转,形成政府主导型流转和管理型交易。想要转变政府介入方式、改变政府主导型的流转模式,其根本途径在于实现公共利益和官员个体利益激励相容。在满足官员实现个人利益的基础上,促进公共利益的达成。

实现激励相容,首先要修正现有地方政府和官员绩效考核方式,坚决禁止将农地流转作为绩效考核指标,通过农民农业收入增长幅度和粮食产量等指标间接考核。《关于引导农村土地经营权有序流转发展农业适度规模经营的意见》已经规定,严禁定任务、下指标或将流转面积、流转比例纳入绩效考核等方式。2015年5月,习近平总书记对农地流转的批示中也明确:"不搞大跃进、不搞强迫命令、不搞行政瞎指挥。"①但是,农地流转通常与地方政府招商引资和新农村建设联系在一起,即使不单独作为绩效考核指标,仍与其他考核项目有紧密的关系。根本上,要改变地方政府以经济发展为主和唯 GDP 论的考核系统。经济发展初期,这种考核标准设定可能有利于带动经济的发展。当经济进入新常态后,片面强调经济发展的考核系统将带来负面作用。应当将民生、环境和公民满意程度等公共服务内容作为主要的考核内容。农地流转制度的最终目标是提高农民收入、促进农业现代化和国家粮食安全,所以可将农民农业收入增长幅度、粮食产出数量、农业社会化服务体系建设等项目替代简单粗暴的农地流转面积、速度等考核指标。

其次,引入第三方评估,引导地方政府将农地流转便利性优势转变为投资环境综合性优势。地方政府直接介入农地流转过程,大部分情况是为了提高农地流转效率和便利性,以此吸引资本投入,发展地方经济。绩效考核中,可考虑引入已投资主体和潜在投资主体对投资环境的评估,替代原有投资规模和金额的考核标准。投资环境考评中,倾向提供基础设施建设、劳动力水平等地方政府公共服务方面的测评,以鼓励地方政府将主要力量用于提供更好的公共服务,而不仅仅聚焦于政府直接介入农地流转,提升便利等方面。政府应由农地流转过程中的直接介入者,转变为农地流转交易市场的服务提供者。

最后,理顺地方政府间财权和事权关系。地方政府间相互竞争,主要是为了争取中央农业补贴和转移支付,以及工商资本投入。从根本上看,这是分税制后中央与地方财权和事权分配不均造成的。特别与 X 县情况相似的财政弱县,财政收入长期居于末位、赤字水平不断攀升。事权下放、财权集中,导致地方政府屈于财政压力,不得不通过预算外的方式获得收入。例如,X 县乡镇政府经城乡建设一体化中"增减平衡"项目,获得复垦补贴,并且可以通过交易复垦后的用地指

---

① 《习近平:土地流转不搞大跃进,做好耕地占补平衡》,新华社 2015 年 5 月 27 日,参考网址:http://news.ifeng.com/a/20150527/43843428_0.shtml?_share=sina&tp=1432656000000,2015 年 6 月 2 日访问。

标获益。解决这一问题的根本途径是理顺中央与地方政府之间的财权和事权关系,保持地方政府财政收入与公共服务提供相统一。

二、完善流转配套制度

农村土地承包经营权流转本质上是农户转移农地权利束权利的市场行为。基于农地利用的外部性和公共利益属性,要求政府间接介入其中。从各国农业发展进程来看,工业化和城镇化的发展,推进农业经营向"集约化、专业化、组织化、社会化"方向发展,即构建"新型农业经营体系"成为不可逆转的趋势。但是,即使在高水平的农业发达国家,家庭经营仍然占据主流。正如第五章中所探讨的,日本、韩国、英国,包括实行大农场经营的美国,仍以家庭经营为基础。中共中央和国务院在《关于引导农村土地经营权有序流转发展农业适度规模经营的意见》中指出,农地经营应以家庭承包经营为基础,推进多种经营方式共同发展。

农村土地承包经营权流转的平等交易行为属性、农地家庭承包为主的经营形式,要求政府通过完善产权体系、流转服务途径、流转保证金制度推进农户自愿流转农地、发展适度规模经营;通过建设农业社会化服务体系和农业科技培训制度,帮助以家庭为主的规模经营主体有效合理利用农地,提高作物产量,增加经济效益。

(一) 农地流转保证金制度

市场交易,机遇与风险同生。地方政府有责任设立相应的农地流转市场风险防范体系,例如农地流转保证金制度,以防止受让人农地经营不善,农户出让人蒙受经济损失,影响农村环境、农业生产安全稳定。

根据青木昌彦"市场增进论"和治理理论,政府不再是最高权威或绝对的控制者,而是市场各个参与主体的协调者,与各主体之间是"同辈"关系,最多可以作为"同辈中的长者"[1]解决各个主体之间"协

---

[1] Bob Jessop, "The Rise of Governance and the Risks of Failure: the Case of Economic Development", *International Social Science Journal*, vol.155 (1998), pp.29–45.

调失灵"的问题,保障整个市场的运行。政府作为市场的内在参与者,其重要职能在于维持市场契约的有效履行。"惩恶扬善",依照合同规定,提高市场违约者的违约成本,保障受侵害一方获得应有赔偿。再者,农地承包经营权与市场中其他流通商品不同,位置相对固定、性质改变不易复原。违约除流转双方需承担经济成本外,也可能对地方稳定和发展造成影响,增加社会成本。农地流转保证金制度能够为有效处理农地租金纠纷提供时间。一旦农地转入方因经营不善、转产或其他原因出现违约行为,出现无法按时支付农地流转金的情况,农地流转保证金可确保在一定时间内租金按时支付,争取时间对农地进行再流转,或寻找其他解决方式。

当前,可考虑的农地流转保证金制度有两种形式。一是,以年租金为标准,根据农地流转合同时限,提前支付一到两年的租金作为风险保障金。流转合同时间越长,需要提前支付的租金越多。例如,流转期限为五年以下(不含五年),需支付一年租金作为风险保障金;流转期限为五年及以上,需支付两年租金作为风险保障金。二是,以租金总额为标准(粗略估算中可暂且忽略通货膨胀率),按比例收取流转保证金,以应对农地经营风险。例如,流转合同约定年租金为1 000元/亩,租期为10年,每亩租金总额为10 000元。若租金风险保证金比例为10%,则受让方需提前支付给村集体或农地流转服务相关部门1 000元/亩作为保证金。流转合同期限和租金标准与农地转入方违约成本紧密相关。合同期限时间越长、租金标准越高,农地转入方违约成本越高。遇到经营不善等问题时,农地受让方不遵守协议,"跑路"风险越大。将农地流转保证金计入违约成本,除可降低受让方的违约风险,也可为农地转出方提供保障,降低因违约行为带来的社会成本,维持整个农地流转系统正常运转。

(二) 农业社会服务体系

农业社会服务体系涵盖农业生产全过程,将农业生产与多主体、市场化服务联系起来。完善的农业社会服务体系将有助于解决农地流转后经营主体农业生产配套问题,提高流转积极性,达到农地流转的根本目的,即高效、适度经营。当前,农业生产服务主体主要由政府农业技术部门,例如各级农业技术推广机构和服务机构,农业技术协会和专业服务主体构成。值得注意的一点是,作为农业生产体系中的农业规模化经营主体,也是农业社会化服务的重要组成部分。孔祥智、徐珍源对山东、陕西、山西等省份社会化供求情况调查发现,政府农业技术部门主要提供技术、法律等信息服务和水利设施、施肥指导、购买良种等农业生产前期服务;合作组织在提供集体借贷服务上占据较大比重,同时为农产品储存、施药等关键性农业生产环节提供支持;龙头企业则主要负责收购、销售、加工、运输等农业生产后期环节。[1] 构建农村土地承包经营权流转过程中的农业社会服务体系,一方面应加强政府农业技术部门等公共机构引导、协调和管理职能,因地制宜建立层级合理、辐射广泛的农业公益性服务体系;另一方面需要支持培育新型经营主体和民间专业组织的服务能力与服务水平。

农业税取消后,村级财政能力下降,"统分结合"中"统"的功能大大减弱,乡镇农业服务机构由于"乡财县管乡用"的财政分配体制,政府农业社会服务的供给能力下降,统筹作用减弱,市场化引导、支持和协调多元社会服务供给者。其主要作用是调整传统农业社会服务中的供需结构和滞后要素,正如党的十七届三中全会决定中所述,作为整个"新型农业社会化服务体系"的依托,建设农业社会化服务供给的公益性服务组织。应当明确的是,在整个服务体系中,各级政府及其主导的公益组织仅起到基础作用,负责"公平"问题。协调、统筹和规划各个区域农业服务资源的分配与推广;提供相应制度安排,特别是公益性主体与经营性主体之间的衔接机制;建立政府等公共机构农业生产服务的清单;制定相应鼓励政策,推进"冷门"服务项目发展。农业社会服务"效率"问题,需由龙头企业、民间专业合作组织等社会组织解决,以提供更为专业化、多元化和高竞争力的服务。在财

---

[1] 孔祥智、徐珍源:《农业社会化服务供求研究——基于供给主体与需求强度的农户数据分析》,《广西社会科学》2010年第3期,第120—125页。

政、税收等相关政策倾斜下,支持龙头企业和相关农业合作组织进行农业技术和服务系统的创新与推广;以新型农业经营组织为主体,培育家庭农场、农机服务户等小型农业服务供给主体的供给能力,形成高技术、广覆盖、低成本的服务体系。

除生产性农业社会服务体系外,农业科技培训也是完善农业社会服务体系的重要一环。根据《关于引导农村土地经营权有序流转发展农业适度规模经营的意见》中的表述,中央政府大力推进土地流转和适度规模经营,是为了优化土地资源配置和提高劳动生产率,保障粮食安全和主要农产品供给、促进农业技术推广应用和农业增效与增收。地方相关农村家庭农场或承包经营权有序流转意见中,也明确表示农地流转对于增进农户利益的重要性。例如《辽宁省海城市人民政府办公室关于印发海城市发展农村家庭农场实施意见》中就指出,推进家庭农场是为了提高海城市的农业产业化经营水平,促进农业增效、农民增收。但是,农业增收增效不能单纯依靠土地面积的扩大,更要依托农业科技的投入。上文农地流转定量分析的结果显示,使用过农业技术的农户比没有使用过农业技术的农户,更倾向于流入土地,增加规模经营。"科学技术是第一生产力",农地流转不是规模经营的最终结果,最终结果是农地产出效率的提高。因此政府应以农村土地经营管理机构和农村集体自治组织为依托,针对农地经营主体,进行科技培训,发展现代农业。

农地流转后,必然会面临农业劳动力大量剩余的现实问题。根据宋亚平的测算,如果根据现存中国耕地面积总量计算,那么流转后,这些耕地只能满足 6 000 万人的生产要求,剩余 8.4 亿人需要安置。[①] 现行安置农民的主要方式是引入规模经营主体后,将转出农地的农民就近吸收到新建农业合作社、农业企业务工,但是容纳人数有限。地方政府可以考虑对流转失地农民进行职业培训,特别是农业科学技术方面的培训,增强流转失地农民的劳动能力。拓

---

① 宋亚平:《"祸兮福之所倚,福兮祸之所伏"——政府主导下的农村土地流转调查》,《研究报告》,第 47 页。

宽国内、国外劳动力流通输出渠道,帮助流转失地农民通过多种形式实现再就业。

第三节　机构推进：作为流转服务者的政府

一、农地流转服务机构

正如前文所述,中国农地流转制度的建立是强制性的制度变迁过程。允许流转和鼓励流转之前,农地流转多是在农户中私下进行的,没有公开交易的产权市场。在这一变迁过程中,农地流转市场机制尚未兴起、各种程序设计和规制仍未健全,需要政府进行创设与培育。地方政府应当在符合当地情况的基础上推进设立农地流转服务机构与农村产权流转交易市场,健全市场服务项目、服务标准,以满足转入方和转出方的需求。

2014年中办第61号文件明确指出,需要完善县乡村三级流转服务网络,建立农地流转服务体系,提供信息发布和法律咨询等服务。《国务院办公厅关于引导农村产权流转交易市场健康发展的意见》中也明确,产权交易市场应当提供信息传递、价格发现、交易中介、法律咨询、资产评估、抵押融资等一系列服务。对比日本和韩国的经验来看,农地流转服务机构一般以政府或公共团体作为依托,中国主要依托农村经营管理机构。日本的农地保有合理化法人及之后的农地积累银行,韩国的农渔村公社均由政府提供一定的财政补贴和支持,帮助流转服务机构开展工作。如果忽略农地资源的特殊性,流转是一种纯粹的市场行为,需要专业机构提供服务。当前,中国大部分地区已经建立了农地流转服务机构,也宣称这一服务网络已经覆盖县乡村三级。但也存在类似X县的情况,流转服务组织的建设是为了完成指标、获得上级的财政支持;补贴入库、检查通过,就改头换面,流转大厅、服务中心等成为只在统计名单上的虚设机构。

因此,在推进和完善农地流转服务机构时,首先应明确农地流转服务中心和产权交易市场,本质上是为了规范和引导农村承包经营权合理、有序流转,维护农村土地承包经营权市场正常运行。应以实际情况为立足点,基于农地数量、农户数量等自然社会环境,在流转需求大、数量多的地区建立县、乡流转服务中心,设立固定的办公地点和人员;对于农地少、流转需求少的地区,可在县一级设立统一的流转服务中心,在乡镇一级可不设类似机构,但是需要安排专门的农地流转服务人员或部门,负责将本乡镇的流转信息发布到县级流转服务平台,提供法律咨询、辅助签订流转合同等服务。其次,农地流转服务机构应以市场需求为导向,开展信息沟通、委托流转等服务,帮助农地流转市场顺利运行。最后,鉴于农地的资源属性和外部性,农地流转服务平台应该以政府相关农地经营管理机构为依托,接受政府的管理与引导,重点突出公共服务与支持作用。不以农地流转面积和区位作为是否可以在流转中心发布信息的衡量依据。即使少量、分散的农地也可在流转中心流转。农地流转服务机构还可以帮助匹配流转双方需求,并在合理、自愿、有偿的原则下,推进流转。值得注意的是,流转交易服务平台的设立者和依托者虽然是政府,但应将平台委托给第三方运营,以避免出现农村土地承包经营权流转因政府权威,出于主观或客观原因导致管理型交易等现象。

二、农地流转金融机构

当前中国农地流转金融支持机构的主体是中国农业银行和中国农业发展银行,农村合作社、农业保险公司等也属于整个金融体系的组成部分。在英、美、韩、日等国,低息政策贷款、农产品保险等措施是购买农地、发展农业生产的重要举措。例如,美国农民特别是小规模经营的农民遇到财政困难,但又无法提供足够的私人和商业信用或抵押品时,可以向美国政府农业服务处(FSA)申请帮助。FSA 提供相关的农业贷款,用来购买农地、资助农产品生产或购买设备和牲畜。① FSA 的目标是帮助那些无法提供足够贷款信用的农民,达到商业贷款机构的信用要求,从而获得贷款。② FSA 直接贷款要求以一定的资产作为抵押并有正向现金流,用于购买农地的贷款上限是 30 万美元,还款年限最多为 40 年。如贷款不涉及购买农地,贷款上限为 30 万美元,但还款年限最多为七年。一般情况下,FSA 贷款的利率低于商业贷款。③ 日本和韩国农业贷款主要来自农业协同组织,即各类农协组织。据统计,韩国有 84.2%农业贷款来自基层农协及它们的中央组织——国家农业协作联合会(NACF)。④

农地流转过程中的金融支持,是决定农地流转能否顺利进行的重要一环。中国各级政府应发挥引导和扶持作用,引导涉农金融机构,创新金融服务方式,满足农地流转过程中受让方和出让方的资金需求。例如中国农业银行福建沙县支行就推出土地信托流转贷款,通过农户联保、土地承包经营权抵押等多种担保方式,提供超过农户小额贷款的贷款金额,以帮助农地流转后规模经营主体开展规模经营。政府还需引导涉农金融机构将信贷投向农业领域,特别是以吸收农业存款为主的金融机构,可以规定明确的存贷比例。除引导涉农金融机构外,还可适时加快农村民间金融机构的发展。中国农村民间金融十分活跃,并且一直处于灰色地带。被动打压与禁止,不如适时疏散与引导,保护民间金融交易的主体,通过相应法律法规进行监管。并且,可尝试建立农地流转基金,向农地流转出让方和受让方提供支持。

农业生产时间长、回报慢,涉农金融机构面临一定的风险,需要政府扶持。政府可以适当为涉农机构提供财政支持,并建立农地流转贷款保障金。日本和韩国都建立了农业贷款保证系统——农业信

---

① Karen Klonsky, How to Finance a Small Farm, University of California Small Farm Program, http://sfp.ucdavis.edu/pubs/Family_Farm_Series/Farmmanage/finance/, 2012 - 07 - 15.
②③ USDA. Farm Service Agency, Your Guide to FSA Farm Loans, http://www.thegreenhorns.net/wp-content/files_mf/1344530520fsaloans.guide.pdf, 2012 - 06.
④ Seong-Jae Park, Debt-Restructuring Program for Heavily Indebted Farm Households in Korea, http://www.agnet.org/htmlarea_file/library/20110725173559/eb553.pdf, 2015 - 03 - 01.

用保证基金。农民有时会因缺少抵押品而无法获得贷款,影响农业经营;政府则通过农业信用保证基金,向缺乏抵押品的农民提供贷款担保,帮助其顺利获得资金。中国也可建立相似的信用担保系统,解决涉农行业担保难的问题。

结 论

　　财产权是一组由占有、使用、处置、收益等权利支组成的权利束，土地财产权也是如此。《中华人民共和国民法典》规定，农村土地承包经营权作为独立用益物权，是占有、使用和收益等权利的集合。农村土地承包经营权流转，实质上是农村土地权利束的转移和交换过程。在农地权利束框架下，研究农村土地承包经营权中的政府角色，就是探讨政府在农地权利转移过程中的行为、作用与动机。

　　本书通过考察中国农地权利束结构和政府角色历史变迁发现，由于农地的自然属性和经济社会属性，以及农地利用的外部性，从古至今政府都积极介入农地权利转移过程，农地流转不是完全的市场经济行为，受到政府的干预与管控。中国农地制度变迁过程中，随着土地私有制的发展，农地权利所有者的权利束结构日益完善，政府角色受到统治权威性与社会环境的影响，呈现出规律性和多元性：中国古代王朝初建时期，统治者为恢复生产，往往赋予农户更多的土地权利，并坚决管制农地流转以防止土地兼并；王朝后期，统治权减弱，违法流转盛行，政府往往会迫于现实压力，放松对农地流转的管制。

　　党的十八届三中全会决定中明确提出鼓励农村土地承包经营权流转。之后，农地流转速度与规模不断加快与扩大，同时也出现了流转"非粮化"、流转纠纷增加等问题。通过政府行为与农户承包经营权流转决策的定量分析发现，政府提供的养老保险等公共服务、政府的满意度、农户非农收入所占比重等都会显著影响农户决定是否转入或转出农地。总结法律规范和政府文件中关于农地流转政府角色的相关规定，可将农村土地流转过程中的政府法定角色划分为积极推进者、中立维护者、消极规制者等几个类别。但是，在山东省 X 县实地访谈和调查中发现，地方政府在农村土地承包经营权流转中的角色，已经超越了相关法律规范和文件中界定的角色,将农地流转与政府绩效考核相结合、与新农村建设相结合,以及与招商引资相结合。出于地方间政府竞争和追求"地方财政最大化"等地方政府整体利益计算,以及晋升、荣誉等地方政府官员个体利益计算,政府直接代表出让方介入农地流转过程,依靠权威形成了政府主导型土地流转模式和管理型交易模式。

归纳日本、韩国、英国、美国等国政府在农地流转中的角色,可将其总结为两大类:第一种以日本和韩国为代表,秉持"自耕主义"信念,实行严格的农地流转许可制度,凡流转必须经过地方政府批准。对流转方式、面积、受让人资格等有严格的管制要求。但随着农业人口老龄化等问题日趋严重和大力发展农业的需求,日本与韩国逐渐放宽农地流转管制条件、建立农地积累银行等新型农地流转中介,促进农地流转。第二种以英国和美国为代表,具备较为成熟的农地产权交易市场,对农地现有权利交易没有过多限制;但是,为防止农地转用,政府通过分区规划制度、发展权购买制度管制农地未来权益的行使。

本书提出通过"立法先行、政策配套、机构推进"这一路径,完善政府在农村土地承包经营权流转中的角色,构建科学的、可持续发展的农村土地承包经营权流转制度。政府首先应作为农地流转过程中的规则制定者,清晰界定权利归属和行使边界。坚持宪法至上、效益最大化和公平负担原则,对《中华人民共和国宪法》和《中华人民共和国土地管理法》《中华人民共和国农村土地承包法》等相关条款进行增修。公平保护农村承包经营权权利束中的各项权利支,强调国有土地所有制和集体土地所有制的平等性,鼓励农地流转和适度规模经营。其次,政府应作为土地承包经营权流转市场的协调者和规范者。调和市场主要参与者,发挥市场增进的功能;修正不合理的交易规则;促进公共利益与个体利益激励相容,鼓励官员个体在追逐利益的过程中,最大化地实现公共利益。最后,政府应作为农村土地承包经营权流转市场的服务者,建立发展农地流转服务机构和农地流转金融机构,提供更好的农地流转市场环境。

参考文献

[1] 优士丁尼著,徐国栋译:《法学阶梯》,中国政法大学出版社,1999年。

[2] 彼德罗·彭梵得著,黄风译:《罗马法教科书》,中国政法大学出版社,1992年。

[3] 周枏:《罗马法提要》,北京大学出版社,2008年。

[4] 梅因著,沈景一译:《古代法》,商务印书馆,1959年。

[5] 狄骥著,徐砥平译:《〈拿破仑法典〉以来私法的普通变迁》,中国政法大学出版社,2003年。

[6] 布洛赫著,张绪山等译:《封建社会》,商务印书馆,2004年。

[7] 西奥多·F.T.普拉克内特:《简明普通法史》,中信出版社,2003年。

[8] 泰格、利维著,纪琨译:《法律与资本主义的兴起》,学林出版社,1996年。

[9] 洛克著,瞿菊农等译:《政府论(上篇)》,商务印书馆,1982年。

[10] 洛克著,叶启芳等译:《政府论(下篇)》,商务印书馆,1964年。

[11] 哈德罗·J.伯尔曼著,贺卫方译:《法律与革命:西方法律传统的形成》,中国大百科全书出版社,1993年。

[12] 高富平:《物权法原论》,中国法制出版社,2001年。

[13] 李石山等:《物权法原理》,北京大学出版社,2011年。

[14] 罗纳德·科斯著,刘守英等译:《财产权利与制度变迁》,上海人民出版社,2014年。

[15] 罗纳德·科斯著,盛洪等译:《论生产的制度结构》,上海三联书店,1994年。

[16] A.爱伦·斯密德著,黄祖辉译:《财产、权力和公共选择——对

法和经济学的进一步思考》,上海三联书店,2006年。

[17] 周其仁:《产权与制度变迁——中国改革的经验研究》,北京大学出版社,2004年。

[18] 萨缪尔森、诺德豪斯著,萧琛译:《经济学》,华夏出版社,1999年。

[19] 丹尼斯·C.缪勒著,杨春学等译:《公共选择理论》,中国社会科学出版社,2010年。

[20] 詹姆斯·M.布坎南、戈登·塔洛克著,陈光金译:《同意的计算——立宪民主的逻辑基础》,中国社会科学出版社,2014年。

[21] 詹姆斯·M.布坎南著,冯克利等译:《宪政经济学》,中国社会科学出版社,2004年。

[22] 詹姆斯·M.布坎南著,罗根基、雷家端译:《经济学家应该做什么》,西南财经大学出版社,1988年。

[23] 威廉姆·A.尼斯坎南著,王浦劬译:《官僚制与公共经济学》,中国青年出版社,2004年。

[24] 方福前:《公共选择理论》,中国人民大学出版社,2000年。

[25] 包万超:《行政法与社会科学》,商务印书馆,2011年。

[26] 帕特里克·敦利威著,张庆东译:《民主、官僚制与公共选择——政治科学的经济学阐释》,中国青年出版社,2004年。

[27] 安东尼·唐斯著,姚洋等译:《民主的经济理论》,上海人民出版社,2005年。

[28] 查尔斯·K.罗利编,刘晓峰译:《财产权与民主的限度》,商务印书馆,2007年。

[29] 柏拉图著,张智仁、何勤华译:《法律篇》,上海人民出版社,2001年。

[30] 亚里士多德著,吴寿彭译:《政治学》,商务印书馆,1965年。

[31] 罗尔斯著,何怀宏等译:《正义论》,中国社会科学出版社,1988年。

[32] 彭彭:《政府角色论》,中国社会科学出版社,2002年。

[33] 斯蒂格利茨著,郑秉文译:《政府为什么干预经济》,中国物资出

版社,1998年。

[34] 高王凌:《政府作用和角色问题的历史考察》,海洋出版社,2002年。

[35] 奚从清:《角色论:个人与社会的互动》,浙江大学出版社,2010年。

[36] 丁水木、张绪山:《社会角色论》,上海社会科学院出版社,1992年。

[37] 张国庆:《公共行政学》,北京大学出版社,2007年。

[38] 西尾胜著,毛桂荣等译:《行政学》,中国人民大学出版社,2006年。

[39] 伦纳德·怀特著,刘世传译:《行政学概论》,商务印书馆,1941年。

[40] 张金鉴:《行政学典范》,台湾三民书局,1989年。

[41] 保罗·A.萨巴蒂尔著,彭宗超等译:《政策过程理论》,上海三联书店,2004年。

[42] 弗兰克·鲍姆加特纳、布莱恩·琼斯著,曹堂哲等译:《美国政治中的议程与不稳定性》,北京大学出版社,2011年。

[43] 朱光磊:《当代中国政府过程》(修订版),天津人民出版社,2002年。

[44] 胡伟:《政府过程》,浙江人民出版社,1998年。

[45] 施雪华:《政府权能理论》,浙江人民出版社,1998年。

[46] 俞可平:《社群主义》,中国社会科学出版社,1998年。

[47] 汪永成:《经济全球化与中国政府能力现代化》,人民出版社,2006年。

[48] 郝伯特·西蒙:《管理行为》,北京经济学院出版社,1988年。

[49] 弗里德里克森著,张成福等译:《公共行政的精神》,中国人民大学出版社,2003年。

[50] 登哈特等著,丁煌等译:《新公共服务:服务,而不是掌舵》,中国人民大学出版社,2010年。

[51] 马丁·阿尔布罗著,阎步克译:《官僚制》,知识出版社,1990年。

[52] 阿尔蒙德著,曹沛霖等译:《比较政治学:体系、过程和政策》,

上海译文出版社,1987年。
[53] 塞缪尔·P.亨廷顿著,王冠华等译:《变化世界中的政治秩序》,生活·读书·新知三联书店,1980年。
[54] 施密特著,刘宗坤译:《政治的概念》,上海人民出版社,2004年。
[55] 关谷俊作著,金洪云译:《日本的农地制度》,生活·读书·新知三联书店,2004年。
[56] 沈汉:《英国土地制度史》,学林出版社,2005年。
[57] 速水佑次郎、弗农·拉坦著,郭熙保等译:《农业发展的国际分析》,中国社会科学出版社,2000年。
[58] 王文革:《土地法学》,复旦大学出版社,2011年。
[59] 丁关良、童日晖:《农村土地承包经营权制度立法研究》,中国农业出版社,2009年。
[60] 高富平:《土地使用权和用益物权——我国不动产物权体系研究》,法律出版社,2001年。
[61] 郭正林:《中国农村权利结构》,中国社会科学出版社,2005年。
[62] 王卫国:《中国土地权利研究》,中国政法大学出版社,1997年。
[63] 费孝通:《乡村经济》,商务印书馆,2001年。
[64] 韩俊:《中国农村问题调查》,远东出版社,2009年。
[65] 温铁军:《"三农"问题与土地制度变迁》,中国经济出版社,2009年。
[66] 温铁军:《中国农村基本经济制度研究——"三农"问题的世纪反思》,中国经济出版社,2000年。
[67] 许经勇:《中国农村经济制度变迁六十年研究》,厦门大学出版社,2009年。
[68] 贺雪峰:《地权的逻辑——中国农村土地制度向何处去》,中国政法大学出版社,2010年。
[69] 贺雪峰:《乡村研究的国情意识》,广西师范大学出版社,2003年。
[70] 贺雪峰:《乡村的前途》,山东人民出版社,2007年。
[71] 乌廷玉:《中国历代土地制度史纲》,吉林大学出版社,1987年。
[72] 蒲坚:《中国历代土地资源法制研究》,北京大学出版社,2011年。

[73] 李埏、武建国主编:《中国古代土地国有制史》,云南人民出版社,1997年。
[74] 徐汉明:《中国农民土地持有产权制度研究》,社会科学文献出版社,2004年。
[75] 姜爱林:《土地政策基本理论研究》,中国大地出版社,2001年。
[76] 薄一波:《若干重大决策与事件的回顾(下卷)》,中共中央党校出版社,1993年。
[77] 吴敏先主编:《中国共产党与中国农民》,东北师范大学出版社,2000年。
[78] 蒋省三、刘守英、李青:《中国土地政策改革:政策演进与地方实施》,上海三联书店,2010年。
[79] 刘守英:《直面中国土地问题》,中国发展出版社,2014年。
[80] 张静:《基层政权:乡村制度诸问题》,上海人民出版社,2007年。
[81] 中国社会科学院农村发展研究所:《中国农村发展研究报告NO.7》,社会科学文献出版社,2010年。
[82] 黄贤金:《农村土地市场运行机制研究》,中国大地出版社,2003年。
[83] 包宗顺等:《农村土地流转的区域差异与影响因素——以江苏省为例》,《中国农村经济》2009年第4期。
[84] 北京大学国家发展研究院综合课题组:《还权赋能——成都土地制度改革探索的调查研究》,《国际经济评论》2010年第2期。
[85] 戴中亮:《农村土地使用权流转原因的新制度经济学分析》,《农村经济》2004年第1期。
[86] 邓大才:《农村土地使用权流转难在何处》,《社会科学战线》2000年第4期。
[87] 邓大才:《从效率与公平角度看农村土地制度变迁方向》,《地方政府管理》2001年第1期。
[88] 刁孝堂等:《土地流转是统筹城乡发展的关键——江津区创新土地流转制度的调查》,《探索》2007年第6期。
[89] 冯锋:《基于土地流转市场的农业补贴政策研究》,《农业经济问题》2009年第7期。

［90］傅晨、刘梦琴：《农地承包经营权流转不足的经济分析》，《调研世界》2007年第1期。

［91］傅鸿源、段力誌：《城乡统筹模式下三峡库区产业集群发展研究》，《重庆大学学报(社会科学版)》2009年第5期。

［92］洪民荣：《美国农场家庭收入：经验、问题与政策》，《中国农村经济》2005年第8期。

［93］胡亦琴：《农地市场信息缺失的成因及对策》，《农业经济问题》2004年第6期。

［94］黄祥芳、陈建成、陈训波：《地方政府土地流转补贴政策分析及完善措施》，《西北农林科技大学学报(社会科学版)》2014年第2期。

［95］华彦玲等：《国外农地流转理论与实践研究综述》，《世界农业》2006年第9期。

［96］冷小杰：《农用土地流转中存在的问题及对策研究》，《平原大学学报》2005年第12期。

［97］李成贵：《我国发展现代农业面临的主要问题和政策选择》，《学习与探索》2007年第4期。

［98］李桂荣：《提高土地边际生产力是农民持续增收的重要途径》，《农村经济》2005年第9期。

［99］刘洪彬、曲福田：《关于农村集体建设用地流转中存在的问题及原因分析》，《农业经济》2006年第2期。

［100］刘怀山：《浅谈农业产业化经营问题》，《农村经济》2006年第11期。

［101］罗光莲等：《农村土地流转市场的农户行为选择实证分析——基于重庆市34个区县大样本调查数据》，《开发研究》2009年第2期。

［102］马小勇、薛新娅：《中国农村社会保障制度改革：一种"土地换保障"的方案》，《宁夏社会科学》2004年第3期。

［103］马晓河、崔红志：《建立土地流转制度，促进区域农业生产规模化经营》，《管理世界》2002年第11期。

[104] 钱忠好:《农地承包经营权市场流转:理论与实证分析——基于农户层面的经济分析》,《经济研究》2003年第2期。

[105] 钱忠好:《农村土地承包经营权的法律属性探讨》,《南京社会科学》2001年第11期。

[106] 钱忠好:《农地承包经营权市场流转的困境与乡村干部行为——对乡村干部行为的分析》,《中国农村观察》2003年第2期。

[107] 钱忠好:《乡村干部行为与农地承包经营权市场流转》,《江苏社会科学》2003年第5期。

[108] 钱忠好:《制度变迁理论与中国农村土地所有制创新的理论探索》,《江海学刊》1999年第5期。

[109] 姜锋、罗宇航:《重庆市农村土地流转问题刍议》,《重庆师范大学学报(哲学社会科学版)》2008年第3期。

[110] 姜海、陈江龙、曲福田:《中国农地承包经营权登记制度研究》,《江苏农业科学》2006年第1期。

[111] 姜和忠:《统筹城乡建设用地中的农民土地权益保障——以浙江省宁波市为例》,《宁波大学学报(人文科学版)》2010年第5期。

[112] 金松青、Deininger Klaus:《中国农村土地租赁市场的发展及其在土地使用公平性和效率性上的含义》,《经济学(季刊)》2004年第3期。

[113] 王锦国:《浅析制约农村土地流转的因素及对策》,《农村经济》2009年第12期。

[114] 王文等:《集体建设用地使用权流转收益形成及其分配研究》,《中国土地科学》2009年第7期。

[115] 王祥军:《土地承包经营权流转的模式及其法律评价》,《安徽农业大学学报(社会科学版)》2007年第5期。

[116] 吴一鸣:《英美法中是否存在所有权?——"ownership"在英美不动产法中的真实含义》,《清华法治论衡》2011年第1期。

[117] 伍振军、张云华、孔祥志:《交易费用、政府行为和模式比较:

中国土地承包经营权流转实证研究》,《中国软科学》2011 年第 14 期。

[118] 吴郁玲、曲福田:《土地流转的制度经济学分析》,《农村经济》2006 年第 1 期。

[119] 吴霞:《广东财税支持农村土地流转的方法研究》,《安徽农业科学》2010 年第 25 期。

[120] 肖大伟:《关于实施土地流转补贴政策的研究》,《中国土地科学》2012 年第 12 期。

[121] 姚洋:《非农就业结构与土地租赁市场的发育》,《中国农村观察》1999 年第 2 期。

[122] 杨丹宫、义飞:《农村集体建设用地使用权资本化的模式探索》,《宏观经济研究》2009 年第 12 期。

[123] 杨德才:《论我国农村土地流转模式及其选择》,《当代经济研究》2005 年第 12 期。

[124] 杨国玉:《对农村土地使用权流转理论与实践的思考》,《经济问题》2003 年第 11 期。

[125] 杨继瑞、任啸:《农地"隐性市场化":问题、成因与对策》,《中国农村经济》2002 年第 9 期。

[126] 杨鹏程:《新型"两田制":破解家庭承包制产权缺陷的现实选择》,《农村经济》2006 年第 5 期。

[127] 叶剑平、蒋妍、丰雷:《中国农村土地流转市场的调查研究——基于 2005 年 17 省调查的分析和建议》,《中国农村观察》2006 年第 4 期。

[128] 赵成根:《经济人假设在公共领域的适用性分析》,《中国行政管理》2006 年第 12 期。

[129] 赵文洪:《私人财产权利体系的发展》,中国社会科学出版社,1998 年。

[130] 张锦洪、蒲实:《农业规模经营和农民收入:来自美国农场的经验和启示》,《农村经济》2009 年第 3 期。

[131] 钟涨宝、汪萍:《农地流转过程中的农户行为分析——湖北、浙江等地的农户问卷调查》,《中国农村观察》2003 年第 6 期。

外文文献

[1] Mossoff, A. (2009). "The use and abuse of IP at the Birth of the Administrative State", *University of Pennsylvania Law Review*, 157.

[2] Demsetz, A. (1973). "Property Right Paradigm", *Journal of Economic History*, 33(3).

[3] Honoré, A.M. (2000). "Ownership", A.G.Guest ed, *Oxford of Essays in the Jurisprudence*, Oxford: Clarendon Press.

[4] Walder, A. G. (1995). "Local Governments as Industrial Firms: An Organizational Analysis of China's Transitional Economy", *The American Journal of Sociology*, 101.

[5] Mulgan, A.G. (2006). *Japan's Agricultural Policy Regime*, London: Routledge Press.

[6] Rose, C. M. (1985). "New Models for Local Land Use Decisions", *Northwestern University Law Review*, 79(5).

[7] Thomas, D. L. (1991). "The Purchase of Development Rights: Preserving Agricultural Land and Open Space", *Journal of the American Planning Association*, 57(4).

[8] Klaus, D. (2011). *Agriculture and Rural Development: Land Governance Assessment Framework*, World Bank Publications.

[9] Downs.A, (1957). *An Economic Theory of Democracy*, New York: Harper and Row.

[10] Burn, E. H. (2000). *Cheshire and Burn's Modern Law of Real Property*(16th ed), London: Butterworths.

[11] Cooke,E. (2003). *The New Law of Land Registration*, Oxford: Hart Publishing.

[12] Baumgartner, F., & Jones, B. D. (2009). *Agendas and Instability in American Politics*, Illinois: The University of

Chicago Press.

[13] Feder, G. & Feeny, D. (1993). "The Theory of Land Tenure and Property Rights", *World Bank Economic Review*, 5.

[14] Baron, J.B. (2013). "Rescuing the Bundle of Rights Metaphor in Property Law", *University of Cincinnati Law Review*, 8.

[15] Lewis, J. (1909). *A Treatise on the Law of Eminent Domain in the United States*, Chicago: Callaghan & Company.

[16] Sprankling, J.G. (2007). *Understanding Property Law*, San Francisco: Lexis Nexis.

[17] Duke, J.M. and etc. (2004), "Price Repression in the Slovak Agricultural Land Market", *Land Use Policy*, 21.

[18] Cahill, K. (2002). *Who Owns Britain and Ireland*, Edinburgh: Canongate Pub Ltd.

[19] Demsetz, H. (1967). "Towards a Theory of Property Rights", *The American Economic Review*, 57(2).

[20] Arik, L. (1997). "Why Oppose TDRs: Transferable Development Rights Can Increase Overall Development", *Regional Science and Urban Economics*, 27(3).

[21] Aoki, M., & Kim, H.K. (1977). *Role of Government in East Asian Economic Development*, Oxford: Clarendon Press.

[22] Gorton, M. (2001). "Agricultural Land Reform in Moldova", *Land Use Policy*, 7.

[23] Macmillan, D.C. (2000). "An Economic Case for Land Reform", *Land Use Policy*, 17.

[24] Yashiro, N. (2005). "Japan's New Special Zones for Regulatory Reform", *International Tax and Public Finance*, 12.

[25] Wicksteed, P.H. (1933). *The Common of Sense of Political Economy*, London: Rutledge and Kegan Paul.

[26] Coase, R. (1960). "The Problem of Social Cost", *The*

Journal of Law & Economic.

[27] Repetto, R. (2006). *Punctuated Equilibrium and the Dynamics of U.S.Environmental*, New Heaven: Yale University Press.

[28] Dore, R. (2013). *Land Reform in Japan*, New York: Bloomsbury Academic Press.

[29] Ellickson, R.C. (1970). "Alternatives to Zoning: Covenants, Nuisance Rules, and Fines as Land Use Controls", *Chicago University Law Review*, 40.

[30] Rowley, C. K., & Peacock, A. T. (1975). *Welfare Economics: A Liberal Restatement*, New York: John Wiley & Sons Inc.

[31] Cheung, S. (1962). "The Structure of a Contract and the Theory of a Non-Exclusive Resource", *Journal of Law & Economics*, 4.

[32] Tiebout, C. (1956). "A Pure Theory of Local Expenditures", *Journal of Political Economy*, 64.

[33] Kawagoe, T. (1995). "Agricultural Land Reform in Postwar Japan", *The World Bank Development Research Group Working Paper*.

[34] Wang, J., & Gail L. (1996). "Production Efficiency of Chinese Agriculture: Evidence from Rural Household Datas", *Agriculture Economics*, 15.

[35] Wegern, S.K. (2003). "Why Rural Russians Participate in the Land Market: Socio-economic Factors", *Post Communist Economics*, 15(4).

[36] Balckstone, W. (1962). *Commentaries on the Laws of England: in Four Book*, Boston: Beacon.

[37] Holdsworth, W. S. (1927). *Historical Introduction to the Land Law*, Oxford: Calrendon Press.

后 记

燕园十载,十年一梦,一梦十年。

这本小书是在我的博士论文《中国农村土地承包经营权流转中的政府角色分析》基础上修改而成的。书的选题和灵感来自我的父亲,以及山东沂蒙腹地那个叫透明崮的小山村。父亲十八岁从军以前是一位地道的农家子弟,上山放羊、下河抓鱼、掀石头捉蝎子,小小的身躯扛着锄头走在田间地头,踩着自己的影子、哼唱着《沂蒙山小调》。作为大队上少数几个读过书的孩子,父亲夕阳下站在村里大大的磨盘上为全村人读报传达上级精神,也是记忆中色彩斑斓的一笔。带着农家子弟的勇敢善良、坚韧不拔,父亲走出大山,探索人生的更多可能,心底深处仍是对那片土地连绵不绝的爱。父亲最爱的运动是爬山,看到撂荒的农地总是深感惋惜,甚至带着全家到城市周边的小野山开荒,种下几棵地瓜苗、栽下一捧小豌豆,乐呵呵地等待着收获。土地是农民安身立命之本,我虽然没有生长在广阔的乡村田间,但作为沂蒙大山的后代,对这片土地饱含深情,有"春余草木繁,耕种满田园"的美好想象,有"小麦青青大麦黄,护田沙径绕羊肠"的生动画像,也有"田家少闲月,五月人倍忙"的由衷感叹。每次回到日渐凋零的乡村,我总在想如何充分发挥土地的财产性功能,在坚持农村土地集体所有制的宪制前提下,保护、激活农民的财产性权益,真正能让面朝黄土背朝天的农民,因为手中的土地变得富裕。

人生中最宝贵的是时光,不同的人和事构成了时光中泛黄卷起的片段。从懵懂少年到执着青年,从未名湖畔杨柳依依到钢琴湖边繁花纷纷,从博雅塔下芳草萋萋到胡桃林旁叶子青青。在北京大学求学的岁月里,在中国传媒大学任教的时光中,在本书写作的苦行中,得到太多双手的托举,小书才能顺利出版。

感谢我的恩师张国庆教授和包万超教授。博士论文的选题、结构设计、逻辑推理、实地调研，都倾注着两位恩师的心血。张老师严谨治学的态度、精益求精的追求，是我学术之路上永远的典范。感谢包万超教授，他如黑暗中的一轮红日照亮了我前行的道路；未名湖畔的湖心亭边、俄文楼前的长椅上、勺园食堂的餐桌旁，都记录着包老师对论文细致耐心的点播与指导。包老师是我学术上的恩师，更是人生路上的向导，他的简约大气令我终身受益。感谢我的硕士生导师白智立教授的关心与指导；老师儒雅淡然，引我走入行政学研究领域，遇到问题时总会竭尽全力帮助我、答疑解惑。

感谢哥伦比亚大学政治系黎安友(Andrew Nathan)教授、国际与公共事务学院伊丽莎白·豪(Elizabeth Howe)老师，他们总能克服语言的障碍，愿意耐心地听我描述问题，并从不同的背景和视角给出建议与方案。真诚地感谢美国农村发展研究中心的罗伊·普罗斯特曼教授和李平律师。与他们的谈话令我收益匪浅，总是能够激荡起思维的火花，这些火花最终成为我论文的重要理论框架。感谢哥伦比亚大学政治系的刘含章博士，无论是在纽约街头的咖啡馆，还是在北京的路边摊，她总是不厌其烦地听我讲述论文，提供解决思路。感谢对我实地调研给予大力帮助的各地政府、企业和农业合作社工作人员，没有他们的支持这项研究难以完成。感谢北京大学姜明安教授的指点，并在百忙之中为小书作序。感谢北京大学外国语学院肖伟山教授，他是引我入燕园的伯乐。

博士毕业后，有机会在中国传媒大学政府与公共事务学院任教是我一生的荣幸。感谢中国传媒大学陈文申书记、廖祥忠校长，政府与公共事务学院董关鹏院长、战琦书记的指导和指教，感谢公共管理系高慧军教授，以及同事们的帮助和支持。感谢商务印书馆的编辑，没有他们的鼎力相助，就没有这本书的面世。感谢刘笑尘、舒宇、张艳婷和马龙同学辛苦的校对工作。感谢与我共度北大时光的所有师门的兄弟姐妹，你们的鼓励和信任，是我不断向前的动力。

感谢北京大学公共管理研究中心、清华大学中国农村研究院和国家社科基金项目(19CH192)的资助。

最后,特别要感谢我的父母。他们总是在背后默默支持和鼓励我,尊重我的意见与想法。为完成论文,修订书稿,提供各种帮助,只是付出、从不索取。他们总说让我专注做好自己的工作,不要牵挂家里,为我遮风挡雨。我近年几乎没有时间能够陪伴在他们身边,心中十分愧疚。希望他们看到这本小书时,能有一丝安慰。爸爸妈妈,我爱你们!

这本小书几经修改,但不足之处尚多,望各位读者批评指正。

王琳琳

2020 年 9 月于北京